国家"双一流"建设学科"南京大学中国
江苏高校优势学科建设工程"南京大学中
江苏省2011协同创新中心"中国文学

南京大学戏剧学科百年传统研究丛书

吴白匋教授纪念集

李　晓编

南京大学出版社

图书在版编目（CIP）数据

吴白匋教授纪念集 / 李晓编. —南京：南京大学
出版社，2022.11
（南京大学戏剧学科百年传统研究丛书）
ISBN 978 - 7 - 305 - 26150 - 3

Ⅰ. ①吴… Ⅱ. ①李… Ⅲ. ①吴白匋(1906—1992)
－纪念文集 Ⅳ. ①K825.6 - 53

中国版本图书馆 CIP 数据核字(2022)第 169877 号

出版发行　南京大学出版社
社　　　址　南京市汉口路 22 号　　　邮　编 210093
出 版 人　金鑫荣
丛 书 名　南京大学戏剧学科百年传统研究丛书
书　　　名　吴白匋教授纪念集
编　　者　李　晓
责任编辑　施　敏

照　　排　南京紫藤制版印务中心
印　　刷　南京玉河印刷厂
开　　本　635×965　1/16　印张 21.25　插页印张 1　字数 283 千
版　　次　2022 年 11 月第 1 版　2022 年 11 月第 1 次印刷
ISBN　978 - 7 - 305 - 26150 - 3
定　　价　88.00 元

网　　址　http://www.njupco.com
官方微博　http://weibo.com/njupco
官方微信　njupress
销售咨询　(025)83594756

吴道台宅第正门，
右为吴氏四杰雕塑
（吴泽晶提供）

吴道台宅第之测
海楼（吴泽晶提供）

测海楼一楼敞厅有福读书堂（吴仲嶂提供）

青年时代的吴白匋（扬州市档案馆提供）

1930年代，吴白匋与师友合影，前排中为胡小石，后排右二为吴白匋（吴泽晶提供）

1946年，吴白匋与台静农在四川白沙国立女师院合影，前排右吴白匋，左台静农，后排三位女学员廖蔚卿、朱绰裕、李华琼（扬州市档案馆提供）

環球照相
南京中山路一四至一八號
电话：四二六六

1960年代，吴白匋（吴泽晶提供）

1948年，吴白匋先生全家福（吴泽晶提供）

1978年，吴白匋四兄弟合影
左一吴征铠，左二吴白匋，右二吴征鉴，右一吴征镒（吴泽晶提供）

1982年夏，吴白匋五兄弟合影
左一吴征铠，左二吴征莹，居中吴白匋，右二吴征镒，右一吴征鉴
（扬州市档案馆提供）

1980年代，吴白匋（吴泽晶提供）

1980年代，吴白匋在备课（扬州市档案馆提供）

1980年代，吴白匋在夫子庙李香君故居 （吴泽晶提供）

1980年代，吴白匋与著名昆剧艺术家张继青（扬州市档案馆提供）

1980年代，吴白匋与昆剧《酒楼》演员台上合影
二排右六吴白匋（扬州市档案馆提供）

吴白匋在省昆排练场
左二艺术家郑传鉴，右一吴白匋，右二导演刘卫国（扬州市档案馆提供）

1980年代，吴白匋与陈白尘

1984年12月，吴白匋与南京大学中文系教授在一起
右四吴白匋（扬州市档案馆提供）

1987年5月，吴白匋、陈白尘、白先勇在南京大学西南楼前合影
左吴白匋，右陈白尘，中白先勇（扬州市档案馆提供）

1974年，吴白匋与考古
专业学生在洛阳龙门石窟合
影（吴泽晶提供）

1984年，吴白匋与其弟子在上海人民公园合影
中吴白匋，左李晓，右郑尚宪（扬州市档案馆提供）

1985年6月，硕士论文答辩后，吴白匋与弟子合影
中吴白匋，左郑尚宪，右邹世毅（邹世毅提供）

黄侃《书灵琐词后》赠吴白匋诗手迹

书灵琐词后

雄诵新篇喜不胜君家君特有
传镫论书突过王僧保御论词绝
鸿之上　始信清才在广陵
句贵见在太
白判乃南山由
俟商榷

凤褐盦诗賸稿

真州吴白匋陶甫

丁卯夏重到金陵

橘花已落朱门在大道高轩自往还昨夜雀
毂千户嚮依然龙气六朝山黄尘不碍时人
目金粉能骄壮士颜把酒莫言惆怅事秣陵
新柳又堪攀

猛士篇

石城无风数扬埃万人掩耳晴市雷玉虎停

凤褐盦诗剩稿

吴白匋1940年代绘画作品二幅(吴泽晶提供)

吴白匋1940年代绘画作品二幅(吴泽晶提供)

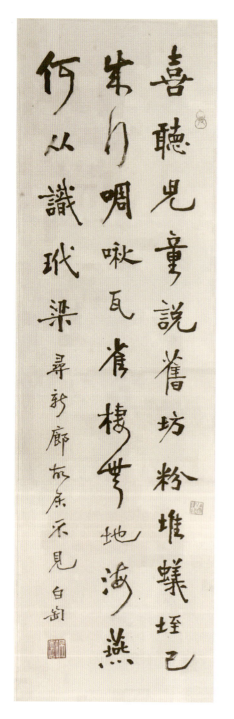

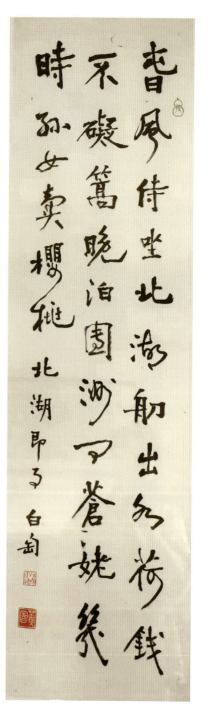

吴白匋晚年书法作品二幅（吴泽晶提供）

目　录

吴白匋先生小传

　　吴白匋先生,名征铸,以字行,江苏省扬州市仪征县人,祖籍安徽歙县。伯祖吴引孙曾官浙江宁绍台道,广东按察使,署理甘肃、新疆巡抚,浙江布政使等职;祖父吴筠孙系光绪甲午恩科传胪(二甲第一名),曾官翰林院编修、天津兵备道、湖北荆宜道、江西浔阳道等职。外祖父刘启彤,以举人为清朝第一代驻法公使馆参赞。父吴启贤,曾任北洋政府农商部主事,善书法。母刘钟璇,出身名门,知书识礼。先生为吴启贤长子,1906年10月20日出生于山东济南,幼从祖辈流寓天津、北京、上海、九江等地,1918年回扬州定居。其祖辈曾仿宁波天一阁建藏书楼"测海楼",藏书八千多种,二十四万多卷,故先生自幼得以涵泳书海,深根厚植。

　　先生五岁(虚龄,下同)开蒙,由母亲刘太夫人教识字,九岁入家塾,从前清廪生黄吉甫读书,十二岁学完"四书"、《诗》《书》《礼》《左传》,以及《唐诗三百首》与古文多篇,皆能背诵,十四岁能写流畅的文言文,十五岁开始诗词写作,十七岁加入扬州著名的诗社"冶春后社",从扬州诸耆儒名宿游,为该社最年轻成员。

　　1922年,先生考入教会学校扬州美汉中学,1925年考入金陵大学预科,1926年升入金陵大学文学院,主修历史,辅修中国文学。1931年毕业,留中文系任教,先后任助教、讲师、副教授。其时南京名家云集,硕彦如林,黄侃、胡小石、吴梅、汪东、汪辟疆、王伯沆、胡翔冬、王易诸大家执教中央大学同时，多兼职金陵大学。先生颖异好学，深得诸师赏识。先生肄业于金陵大学预科时，初听胡小石先生授课，大为倾倒，此后终胡公一生，追陪杖履，长侍笔砚，深得其书画、金石之学真传。先生早年从乡先辈陈含光先生学诗，已窥门径，至南京后复师从著名诗家胡翔冬先生，为翔冬先生入室弟子。

国学大师黄侃时为中央大学兼金陵大学教授，先生经前辈引荐，正式拜师，得黄侃先生在家为其单独授课。先生自幼习词，追步白石、梦窗，拜师时以词作《梦芙蓉》投献，深得嘉许。留校任教后，开设《词选》《学术文选》与《中国近百年史》等课程，《词选》即为黄侃先生相让。先生为此惴惴不安，黄侃鼓励曰："汝能为此，足够开课。如恐资望不足，我赋诗为汝张目。"即题一绝句云："雏诵新篇喜不胜，君家君特有传灯。论词突过王僧保，始信清才在广陵。"先生从此得在名家如林的大学讲坛立足。

因祖、父辈皆酷嗜戏曲，先生自幼深受影响，曾大量观摩谭鑫培等名角演出，1928年参加南京阳春社票房，1932年在扬州从谢莼江先生学昆剧老生戏，能戏多出。1933年，曲学大师、中央大学吴梅教授来金陵大学兼课，先生作为助教，奉派接引，因师事之，得吴梅先生多方指授，曲学造诣由此精进。1935年春，吴梅先生介绍其参加词坛耆宿主盟的词社"如社"，每月一会，与仇埰、夏仁虎、吴梅、汪东、蔡桢、陈匪石、乔大壮、唐圭璋、卢前等词家切磋酬对，"当世声党莫不推挹，而诗名反为词名所掩矣"（程千帆教授《吴白匋先生诗词集序》）。

1937年11月，南京沦陷前夕，先生随金陵大学内迁成都，与胡翔冬先生等师友赁屋同住，备尝艰辛，仍治学不息，在《斯文》等杂志发表词学论文多篇。1941年夏，应小石先生召，转任白沙国立女子师范学院副教授（后升教授）。同事有胡小石（系主任）、台静农、黄淬伯、魏建功、游寿、姚奠中、柴德赓、章荑荪、詹锳、舒芜等，皆一时名流。

抗战胜利后，先生辗转跋涉，于1946年春回到扬州。是年秋移家无锡，任江苏省立教育学院教授,继又兼任无锡国学专修学校、东吴大学、江南大学等校教授。

新中国成立后,先生先后任苏南文化教育学院(由江苏省立教育学院与苏州国立社会教育学院合并而成)文史部副主任、无锡市政协副主席、苏南文联副主任兼研究部部长等职。1953年秋,调任江苏省文化局戏曲审定组组长,次年任江苏省文化局戏曲编审室主任,1956年起任江苏省文化局副局长。先生自幼雅好戏曲,又得吴梅大师真传,深谙曲中三昧,此际分管全省戏曲工作,大有施为,主持、指导或整理、改编、创作剧目达三十多种,最著者有锡剧《双推磨》《庵堂相会》(均由上海电影制片厂于1954年拍成电影)、《红楼梦》(1958年),扬剧《袁樵摆渡》《百岁挂帅》(海燕电影制片厂1959年拍成电影,后被移植为京剧《杨门女将》)、《金山寺》《义民册》,昆剧《活捉罗根元》等。

1966年"文化大革命"爆发,先生因写戏获罪,遭《新华日报》点名批判并大会批斗,后被赶到农村劳动改造。1973年,形势稍缓,适南京大学历史系亟需古文字学与书画鉴定教师,经江苏省当局同意,先生于当年9月份调入南京大学。旋编就《说文解字部首分类述评》与《鉴别书画》讲义两种,登台讲授,并带学生至咸阳、临潼、西安、洛阳、郑州等地,考查秦、汉、唐文物古迹,归来撰写《从出土秦简帛书看早期隶书》论文,在《文物》杂志上发表,引起学界关注,并被日本杂志转载。1978年,南京大学恢复其教授职称。同年底,中共江苏省委召开大会,为其彻底平反。

1979年,应南京大学中文系主任兼戏剧研究室主任陈白尘之请,先生改任中文系教授、戏剧研究室副主任,次年开始招收戏曲史专业研究生,先后培养两届四人:李晓、杜朝光、邹世毅、郑尚宪,皆学有所成。1987年退休家居,登门求诗求字求教者日众。先生来者不拒,自号无隐室主人,著述不辍,所撰《胡小石先生传》《吴瞿安先生遗事》《郦承铨传略》《夫子庙与秦淮河》《十竹斋复业记》《金陵词坛盛会——记南京"如社"词社始末》《唐圭璋教授墓表》等,皆具史料价值。1992年,其戏曲方面文章结集为《无隐室剧论选》,由江苏文艺出版社出版。

1992 年 8 月 25 日，吴白匋先生安详辞世，享年八十七岁。

先生束发学诗，初以"灵琐"名集，盖取《离骚》"欲少留此灵琐兮，日忽忽其将暮"之意，其后迭遭丧乱，颠沛流离，家愁国难，多形诸吟咏。1949 年曾将历年诗作严加删汰，订为《凤褐盦诗剩稿》一卷，存 1927 年夏至 1949 年春所作诗七十四首。又删订历年所作词，自署《凤褐盦词》，计《灵琐集》一卷，存 1929 年春至 1937 年春所作词四十四阕；《西征集》一卷，存 1937 年秋至 1941 年春所作词五十八阕；《投沙集》一卷，存 1941 年秋至 1949 年春所作词四十五阕。诗词四卷合称《凤褐盦诗词集》，盖以杜甫《北征》"天吴及紫凤，颠倒在短褐"诗意，寄寓身世之感。1949 年后，专致力于戏曲事业，不作诗词者十年。1958 年后，感于时事，哀乐交错，始重提诗笔，作诗、词、散曲甚夥。1981 年夏，将 1958 年后所作整理芟除，汇为《热云韵语》三卷，称："念今日诗词皆属旧体韵文，虽格律风貌不同，宜合为一集。热情始终不改，而际遇变化如云，因以《热云韵语》自署。"会同前所编《凤褐盦诗词集》一并油印行世，程千帆先生为作《序》。1989 年复将 1987 年退休之前所作诗词曲编订为《热云韵语》卷四，并对前三卷再加删汰，言明："凡集外诗、词、散曲，一概视为弃稿。"先生去世后，其弟子郑尚宪在程千帆先生指导下，依以往各卷体例及去取标准，择选其 1987 年后所作诗词四十六首（阕），编成《热云韵语》卷五，连同先前各卷，合为《吴白匋诗词集》，2000 年由南京大学出版社出版。

先生博学多才，学贯中西，儒林文苑兼擅，治学从政咸宜，社会兼职甚多，如中国戏剧家协会理事暨江苏分会副主席、名誉主席，《中国大百科全书·戏曲曲艺》卷编委，文化部振兴昆剧指导委员会委员，江苏省文联常委，江苏省民俗学会会长，江苏省锡剧研究会名誉会长，江苏省诗词学会副会长，江苏省美术馆顾问，第一、二、三届江苏省人大代表，第四、五届江苏省政协常委等。

先生兄弟六人，皆卓尔不凡，尤著者：二弟吴征鉴（1909—1982），著名寄生虫病学专家，中国医学科学院副院长；四弟吴征铠（1913—2007），著名物理化学家、核化学家,中国科学院资深院士;五弟吴征镒(1916—2013),著名植物学家,中国科学院资深院士,"国家最高科学技术奖"得主。世人习惯将三人与先生合称"吴氏四杰"。其扬州故居"吴氏宅第"今为全国重点文物保护单位,并被辟为"院士博物馆"。

吴征铸

水龙吟 哭瞿安先生

暮年萧瑟江关，即用其挽彊村老人词起句。紫霞一瞑无留意。孤棺月冷，蛮云万叠，军声四起。风洞余悲，湘真残梦，竟成身世。先生作《风洞山》《湘真阁》传奇，皆咏明末事。想零丁鹤影，魂归恨见，阊门柳、烟中翠。

陪坐斠宫斟徵，荡琼箫、船灯在水。酡颜照客，刚肠敌酒，古欢还记。沧海尘飞，西州恸哭，思量何地。待收京痛饮，石桥金陵大石桥先生僦舍。重过，洒羊昙泪。

编者附注：1939年3月底，吴白匋在成都闻恩师吴梅（字瞿安）在云南大姚逝世，作《水龙吟》挽词，后收入其《凤褐盦词·西征集》。

吴征铸

翔冬先生遗事

先师胡翔冬先生，讳俊，翔冬其字也。以逊清光绪甲申岁生于安徽和州。先世服农居皖，洪杨乱后，徙金陵。改业商，遂家焉。师六岁受书，以颖悟称。胡小石师为其总角交。年二十入泮。旋与小石师入两江师范学堂肄业，受知于监督临川李梅庵先生瑞清。戊申，负笈日本，专治农博于早稻田大学。庚戌，学成归国，梅庵先生延为教习。自庚子拳乱后，海内之士苟非昏瞀，咸思发愤有为，科举既废，人才大萃于学校。一时两江黉舍中，颇多精学通人，非今日大学比也。先生年二十六，讲授其间，时出瑰论，震愕四座。梅庵先生异之，以师行三，遂呼之曰"三怪"。诸同门随声附和，师因亦以好怪自居，而怪名自此起矣。

师自幼嗜酒任侠，酒酣耳热，每解衣磅礴，纵论天下事。平居不喜与冠盖中人游，而寒士方外，与夫卖浆屠狗者流，则接之若有宿契。见其困乏，辄解衣推食，唯恐不及，以故闾里中无不知有三太爷者。辛亥革命军起，师一呼而得千人，组革命自卫军，以响应徐绍桢。雨花台清军闻而骇走，金陵遂光复。

绍桢入城,以萑苻未靖,加委师以地方保卫团总办名义,负责维持南城一带治安,并得便宜行事。时有某叟,本朱家、郭解之流,方以嫌疑罪陷狱中。师知其为宵小所畏服,进言绍桢,力保靡他,释出之。叟乃陈炉香酒醴,叩拜于师之门曰:"三太爷生我,愿供驱使,死无悔也。"师谕之曰:"告尔徒众,缺衣者我与尔衣,断食者我与尔食,银钱什物,若有所需,一切取之于我。但不得淫掠,犯者杀无赦。"叟曰:"唯谨遵命。彼辈断不敢也。"保卫团所驻地,盗贼敛迹。各商肆既咸乐其业,每月踊跃捐饷糈。即市井无赖,亦复视师犹父母也。师每夜必短装缚袴,左右佩枪,从者数十人,张灯巡视各街巷,鸡鸣始归。如是者数月。清帝逊位,地方秩序恢复,师乃尽散其众。有业者复归本业,无业者加以给介,各得其所。众皆感悦,有泣下者。当时政府为禄蠹所挟持,故赏赉不及,然功业自昭昭在人耳目,不可磨灭。癸丑赣宁之役起,师方客在沪上,未及返里。辫兵入城,群盗乘隙抢劫,地方糜烂,不可复问。金陵父老,乃念思师不止。

师见军阀当道,国事日非,淡于仕进,任教苏皖各中学师范,先后十余年,而移其毕生精力,专注于诗。散原老人(义宁陈伯严先生三立)时居金陵,于梅庵先生许,见师所作各体诗,大加激赏,遂与订交。叠相倡和,题师稿本曰:"沈思孤往,窈冥幽邃,殆欲追晞发而攀无本。"其推许有如是者。间为师斟酌字句,而实未尝以弟子视师,每曰吾效翔冬体。今散原遗集中五律,民国初年在金陵所作者,多与前后气格不类,明眼人自能辨之。其赠师诗曰:"人海掉头去,寻僧牛首山。酒肠煎石溜,诗胆出天顽。瞰梦众壑瘦,县吟清磐闲。一琴听猿鹤,不忍负之还。"亦以师曾仿唐人作五仄四平对句体也。老人诗名遍天下,尝谓师曰:"七律诗最难脱前人窠臼。余七律不工,而每为世人所乐道,真索解不得。子不作七律诗,是也。"又曰:"商务印书馆欲印余诗,余以全稿付海藏,求其删定。海藏竟不去一首,悉交排版,多留酬应之作,至今恨之。子暇日其为余重选一过。"又叹曰:"余年四十,未尝一读宋人集,而天下判余学宋诗,宁非冤狱?"师笑曰:"然则人谓余学公,独非冤乎?"老人亦为之莞尔。

　　梅庵先生晚年以黄冠隐沪上，自署清道人，恃鬻字为活，师岁数自宁至沪存问之，执弟子礼不衰。道人交游素广，其日常往来者，若谭祖庵、张子午、梁节庵诸公，亦皆视师为怪侣。当时文酒之会，甲于沪渎。道人殁，师与诸同门葬之金陵牛首山，庐墓者数年。师尝叹晚清以来，抵隙倒戈者日多，小则卖友，大则卖国，其害不可胜言。故于诸公之能各尽一节，时亟称之。今遗集中哭梁李诗，皆仍用清谥，盖本此意，亦犹明人之称余忠宣也，倘以遗老口吻视之，则误矣。

　　道人书法，为近代第一人，胡小石师传其法乳。师自谓不能书，而于书道源流，辨析极精。曾农髯先生熙，初自衡阳至宁。贫且困，世知其能书者盖寡，师一见若平生欢，延主其家。农髯病，躬为理汤药，数月不辍。师友辈多以是重其风义。农髯继至沪，道人以其齿尊，推崇之不遗余力。道人殁，名益甚，乃有人以为师亦农髯弟子者矣。师尝与小石师论宋仲温用笔法，小石师以告农髯，次日农髯书大进，即以宋法书《瘗鹤铭》一卷赠师。道人见而喜，亦临《瘗鹤铭》一通寘其后，其用笔则倪高士法也。此卷铸曾亲见之，用墨甚淡，而精采夺目，盖非泛论曾李书者所能梦见。惜今日已与煌煌首都，共落敌手矣。

　　牛首山在金陵南郊，双峰浮眉，万松叠浪，有唐宋塔各一，及观音洞、白乳泉诸胜，以地较僻，游者不多。师常襆被往，居僧寺中，闭户不与人语，一事吟咏。松间月上，则携瓶酒登高峰，踞坐悬崖，酣饮达旦。某夜以醉甚坠崖下。次晨，寺僧不见其归，大惊，命人四出访求，乃得之于古松顶，伤肋骨几死矣。幸长老本习拳勇，有妙药，饮之而苏。伤愈，登崖醉啸如故。山有野茶十余株，唯长老知其处，岁可得叶一二斤，悉以赠师，粗如松毛，而色香浓郁，煎五六度不减。铸幸得一尝，以为世间绝品也。师岁必入山数月，既葬道人，益视为精神寄托之所。赋诗占遗集中十之七八。尝刊《牛首集》于金陵。癸酉甲戌以后，山归官，先改造林场，尽逐寺僧，伐老林，栽新树，丙子复改为要塞，建炮垒，虽扫墓者亦不得往。师以国策如此，未尝致恨。后闻首都沦陷，始深惜其不能为数日之守。

丁卯国民革命军北伐成功，定都金陵，谭公祖庵任行政院长，以故人谊，延入其幕，谢不就。旋受金大学聘，任中国文学系教授。未至，诸生闻小石师语，仰望其丰采。继见师状如村翁，甚易之。及至升堂讲授，精义百出，咸大悦服。铸同级某君，素性近，遇激谈及旧文学，辄诋谌不已。偶至师讲室中旁听，乃为之神往，顿改口吻。亦有某君，高肥喜睡，无论听何课，不移时即入梦乡，独于师课室中，一学期未睡一次。同学中之学诗者，苟有近作呈正，师必细加评阅，课室中言之不足，则命至其家，煮茗置酒，对谈终夕。偶改诸生诗一二字不就，往往终夜不寝以求之，必至妥帖而后已。所居在南门外窑湾，距金陵校址甚远，隆冬祁寒，雨雪载途，未尝迟到，以故诸生莫不爱而敬之。金陵本教会所立，乃以国学腾誉东南，师与有力焉。

己巳岁，蕲春黄师季刚亦以小石师之介，至金陵授课。与师始晤谈甚欢，终以论诗不合相迕。二师皆擅词峰，其谐谑语，乃颇为人所乐道。学生中之无识者，又好以胡门黄门自炫，驯至参商之说，为士林所尽知。实则铸所亲闻者，翔冬师曰："音韵训诂之学，自推季刚，余但知诗中当用某字某韵耳。"季刚师亦曰："翔冬诗最善，化腐朽为神奇，如明倪鸿宝不可废，不可废。"二师固未尝不互相重也。

师既专力于诗，诗以外之学，乃得以诗法一一贯通之。好蒙庄，耽禅悦，皆多独特之解。尝盛赞明方密之《药地炮庄》。密之工诗通禅，浪迹江湖，又曾作《物理小志》，其能事盖与师无异也。师晚年复好耶稣《圣经》，尝曰：所罗门《雅歌》《保罗默示录》，涉想之奇，用字之美，中土所无，以后作诗者，大可于此处致力。因专用《圣经》语作诗数首。然自以不通西文，浅尝教义，虑有阙失，故不以之入集。其理解之广，抉择之严，可以并见于此。

师用诗法贯通之事，当得二端：曰鉴别，曰烹调。尝曰："辨宋人工笔画，当注意其粗处；辨八大石涛画，当注意其细处。"其鉴别后者尤精。尝以贱值得八大山人书《自怡宁薄劣，独步逦幽偏》十字条幅，遂以铭其斋。朋辈中之熹鉴赏者,苟有所获,率请师决疑。京沪一带书画贾,亦皆知有三大爷也。金陵南门外马回回酒肆,光绪末年始有之,初仅小屋两间,座上客亦不过贩夫走卒。然厨师名老漆者颇慧,师以己意指点之,渐能制奇品之菜。师时邀朋辈及诸生往饮,列坐高谈,非至口耳俱饫,不言归也。金陵成首都后,南门外新修驰道,此肆亦经改建,虽地位略敞,而漆已病死,继起者貌似神非,师雅不善也。一日,鹤亭先生游南郊归,入肆小酌,见小石师所书市招久为烟火所熏,大惊,以为是乃明人书也,疑肆亦明时所立,以询佣保。佣保漫应之,益以为信。归乃为揄扬于府院间。于是达官贵人,咸以饮明代酒肆为时尚。肆门往往列黑牌汽车十数,主人获巨利,腹便便如大酒瓮,然而师绝不往饮矣。

散原老人养病庐山者数年,师常驰书候居。继赴北平就医,道出金陵,馆其婿俞大维先生家。师未常往谒,朋辈金以为异。师曰:"老人久病,理宜静摄。今往探视者,多于江鲫,户限为穿。又复置酒高会,强邀主盟,拈韵赋诗,是直以翁为奇货,非敬爱之道也。"老人既至北平,师始约王伯沆先生同往视之。次年,卢沟桥变起。老人闻倭寇入城,愤恚不食,数日而卒。伯沆先生亦以风疾陷首都围城中,音问不达。师感而作《雨不绝有悲往事》一首云:"诗传槐叶落,文丧德星孤。陈实死何怨,王维病起无。同云天丑老,类我月糊涂。莫道成都好,朝昏听屋乌。"悲愤苍凉,得未曾有,至比喻确切不移,反其余事。师年五十,须发无一茎白者,双眸炯炯射人,于理当寿。然饮酒伤多,潜伏胃疾,时发时愈,亦不以为意也。丁丑秋,倭大举入寇,以飞机肆虐首都,投弹中窑湾,师几不免。惊骇之余,胃痛猝剧,呕血盈斗,乃移居镇江乡间,调治两月始瘳。而倭寇已至苏常,首都危如累卵,仓皇移家西上,尽弃其所藏书籍文物。抵汉皋,遇金大迁校诸师生同行。征途三月,舟车拥挤,艰苦备尝,最后至成都得少休。屡体疾心,病侵入益深矣。方在道中时,与诸生共甘苦。至成都,则命其哲嗣留重庆,而自与铸辈之未及移家室者,赁屋白丝街而居。躬理米盐琐碎,不厌絮烦,视铸辈犹子侄也。兴到时亦复沽酒市脯,剧谈诗法,然每把盏嗟唶,豪情大减。盖家国废兴,交旧存没之感,纷触于中,不能自已矣。每谓铸等曰："蜀中山水，一写于杜老，再写于放翁，欲另立藩篱，大非易事。余精力已衰，难再作笔战矣。"故师入川以后之诗，不复流连光景，所馀者唯感时伤逝之音，往往沉郁低回，令人不能卒读。以今视之，竟成诗谶。

师有子三人。次男家艮、三男家建皆已就业于国中。长公子家羲勤敏好学，留法习应用化学，凡十一年，师最爱之，盖无岁不望其归也。戊寅夏，得博士学位，方欲返国自效，不幸罹肠疾，殁于里昂。噩耗传至，家人恐怖心碎，秘不使知。顾师思虑极密，久断羲亲笔书，不能无疑。家人门人，多方慰藉，迄不能解，胃疾又随心疾而日深。己卯六月，成都遭大轰炸，白丝街位城中心，不可复居。师避地郫县高店，铸等散居各处。萍聚经年，回首如梦。自是寇机来虐日频，而师疾愈难静养矣。其犹子经欧业医，今年春，延之赴重庆，亲为诊治，历九阅月，终无起色。十月力疾返成都，十一月九日竟归道山。易箦时犹不知羲死讯也。萧然一棺，权厝义地。乌乎伤矣！享年五十七。遗《自怡斋诗》一卷，未刊稿若干。庚辰十二月门人吴征铸记。

（原载金陵大学《斯文》半月刊第 1 卷第 8 期）

吴征铸

莼江曲谱序

艺林典籍,唯曲谱最易散佚,唐宋大曲、法曲固绝响矣。即如元人杂剧,鸿篇钜制,煊赫一时,今乃仅留文字可供目治,而乐章歌谱片纸不存,雅音妙奏,唯有付诸想象而已。盖戏曲一道,创腔订谱,大率为伶工之事,流传多仗口耳,盛衰实有时会。方其盛时,万口同歌,不知贵重,暨乎时移世换,趋于衰退。古音不谐于今耳,曩之下里巴人,乃渐变为阳春白雪,爱习之者日少。此际倘无笃好者为之抄集收藏,则曲谱势必随老伶工下世而俱亡矣。

昆曲自明嘉靖中,魏良辅诸家创始,流传已四百余年。记其极盛之日,盖在清初,有"家家'收拾起',户户'不提防'"之说。乾隆以后,日见衰微。近百年来,国家多难,和雅正声,随以消逝。今则南北昆班,久已辍演,剧场爨弄,全属乱弹,里巷咏歌,更多西乐。昆曲之传不绝如缕,欲其不蹈元曲覆辙,钞存旧谱,诚刻不容缓之事也。

吾师谢先生,讳庆溥,号莼江。本山东济南人,流寓扬州。毕生甘守清贫,不求利禄,舍昆曲外别无嗜好。髫龄即学歌吹,旁及各种乐器。闻有能昆曲者,不问其为当代名家,为伶工,为里巷小民,辄拜访求教。昆曲分角色甚严,细习者往往专攻一门,不及其余;师则生旦净丑兼收并蓄。闻歌即学,遇谱必抄。考其源流正变,订其宫调板式,审其唱法字音,并记其场面锣鼓,必求其全备尽善而后可。竭数十年之精力,熟谱之曲能不观谱而吹唱出者近四百折,钞存之谱多至千余。大江以北能昆曲者,腹笥之广,盖无出其右者焉。扬州时有广陵曲社,推师为中坚。扬人之愿学者争趋于门,座客常满,歌管终日不绝。第五师范学校、第八中学、省立扬州中学、江都县立中学曾先后设昆曲课程,敦聘施教。

铸年方弱冠,以师为先君至交,亦得幸列门墙,亲承指授。虽因素质钝鲁,所学不多,而师治学之谨严,诲人之诚挚,感受甚深,固没世不能忘也。师每教一曲,必句传字授,往复回环,百遍不厌,期受者能达准确精熟。所贻谱折皆出亲抄,从不假手他人。尝云:谱为前贤精心结撰,传抄不能草率,若有讹脱,纵属一二细腔、小眼,亦足贻误后人,余心不能安也。学校油印讲义,必校雠再三,而后散发。恐诸生不能读工尺蕤衣谱,则翻为西式简谱并与之。盖师以传曲为毕生事业,处处为学曲者设想,其周密也如此。昆笛以六孔翻七调,俗工多不能准。师乃苦心钻研指法、吹法,或放半孔,引轻重气调节之,以求其准,终能吹出小工调仉、伬高音与尺字调、上字调低音,试以钢琴键盘较之,七调一一吻合,听者无不称其神妙。以是声名日盛,渐出乡里。

丙寅岁,常州中学校长童伯章先生斐,特邀至宜兴和桥曲社任指导。童先生曾著《中乐寻源》,为世推重,觌面欣然若旧识,与刊度宫商,釐定音韵,并各出罕见之谱互抄焉。甲戌岁,镇江成立京江曲社,继之,省立护士助产学校、镇江师范学校皆设昆曲课,江苏广播电台亦立昆曲组,皆延师为指导。时师年已花甲,犹精力充沛,诲人不倦,就诸生之便,或深夜未休。尤以乙亥岁省立镇江医院庆祝成立五周年,举行昆曲彩串,师且粉墨登场,与李凤云合演《闹学》一折,饰陈最良,当时称为盛事,有“真最良”之誉焉。

丁丑冬,倭寇大举入侵,扬州濒于沦陷,师义不受辱,举家避地盐城。既极山河破碎、生民涂炭之悲，复切道路流离、衣食匮乏之苦，疾心蒿目，愤慨难平，遂于己卯正月以脑溢血殁于泰州旅次，春秋六十有三。民族气节，凛然无亏，呜呼烈矣。生平所集曲谱，以仓皇转徙，散落大半。幸哲嗣也实、真弗二兄，寇平返里，于旧书肆中搜得一百余册，共数百折，彚为《莼江曲谱》，虽非往日全貌，然以通行刊本核对，犹得《双红记·降仙》《万里缘·三溪》《江天雪·走雪》《折桂令·拷婢、产子》等折，为《遏云阁》《六也》《昆曲大全》《集成曲谱》诸书所未见。而马致远《秋思》散套，昔人推为元曲第一者，亦有其昆曲谱存焉。初，铸逃死入川八年，于家书中闻师噩耗，悲痛难名。近日东旋，获睹斯谱，端楷细字，手泽俨然，吟讽再三，更觉往日声音笑貌，历历如在目前。乃深庆吾师苦心孤诣，延水磨调一脉之传，得也实、真弗二兄箕裘克绍，虽经空前浩劫而不磨灭也。又忆乙亥岁，曾将《降仙》一谱抄呈长洲吴瞿安先生，先生注视良久，慎重告铸云："此谱出《双红记》，苏州久无传习，颇足珍赏。扬州在乾嘉盛时，为昆曲中心之一，所存旧谱可补苏州之阙者，当不止此一种。又扬州曲家审音吐字守律谨严，颇合正宗规范，不似苏州末流之转趋花俏，渐失其本原也。"瞿安先生以曲学名满海内，历主南北大学讲席，著有《南北词简谱》，校律细入毫芒，所言良非轻易推许，惜乎亦于己卯岁殁于云南，今日乃不得以此谱求其全部评定矣。

丁亥九月及门吴征铸谨序于梁溪

（中国昆曲博物馆供稿）

（录自《莼江曲谱》，中国昆曲博物馆编，苏州古吴轩出版社 2018 年版）

吴白匋

读蕲春先生遗词小记

清季番禺陈兰甫先生澧(1810—1882)毕生治音韵训诂之学,为当时硕儒。其所著《东塾读书记》《声律通考》《切韵考》诸书,皆体正思精,为后世治此学者所必读。出其余力,从事倚声,存《忆江南馆词》一卷,亦复清醇修洁,在晚清词人辈出之际,自成一家。朱彊村先生以《忆江南》题咏诸名家词,抉择甚严,只有二十四首,其咏陈一首云:"……若举经儒长短句,岿然高馆忆江南,绰有雅音涵。"具见推崇之致。

先师蕲春黄先生,于经学、小学、史学、选学,无所不窥。其音韵学之成就,如定古韵二十八部、古音十九纽,为新旧学者一致公认,后来居上,固非陈先生所能及。至于余事填词,绰涵雅音,亦不仅后先辉映而已。盖师所处时世,毕生经历,迥异于陈:幼而孤露,即目击甲午、庚子之变,面临列强瓜分之局,宗社覆亡,迫在眉睫,非若陈之犹可苟安一时,闭门治学也;弱冠志在救亡,遂以贵介公子,留学东瀛,受知于余杭章先生,既承受其经学,复追随于革命。同门先进曾圣言先生称其:"遍交当世贤豪,意气甚高,傲倪自喜。

中年以后，尊为人师，马融授徒，不废声伎。迂拘者议其儇薄，寒俭者震其高华。皆不屑与争，而词则缘此益进。"（《量守庐词钞·序》）盖实录也。感触不同，心声自异，综观遗词，情致之深，堂庑之大，较诸忆江南馆，骎骎然欲过之矣。

先师在日，作品不轻示人。殁后十年，其哲嗣子畊先生哀集遗稿，存《繻华词》一卷，《擘蕙词》二卷，《繻秋华室词》第一集一卷，《楚秀盦词》一卷，小令、长调共三百余首，总题《量守庐词钞》，乙酉（1945）四月，于成都铅印行世。铸因得漱芳润而诵清芬矣。

《繻华词》为师手定，铅印于上海，有王邑、汪东两先生序与况周颐题词。只有小令，按调排列，不编年，亦极少加题。据先师所作"后记"云："起丁未迄辛亥（1907—1911），五岁间所得。"盖二十二岁至二十六岁时少作。又云："茧牵丝而自缚，烛有泪而成灰。聊为悄怅之词，但以缠绵为主。作无益之事，自遣劳生；续已断之丝，犹期来世。"其风怀有所专注，语意自明。然而情深意挚，才清格高，往往以习见文藻，常人所能道者，一加镕裁，顿呈新意妙趣，为常人所不能道，而又浑成自然，不见雕绘之迹。谨录三首为例：

转应曲

蝴蝶，蝴蝶，飞上罗裙双帖。便教叠入空箱，差胜分飞断肠。肠断，肠断，忍向别枝重见。

六韵三十二字，写人写事，竟作多重跌荡，意味无穷。"双蝶绣罗裙"，出张子野词，泛常实语也，改用"飞上"二字拟人，便见空灵，且为下文"分飞"作铺垫。中间二语最妙，实际罗裙如故，人已分飞，乃强作自解之词，云弃置空箱，旧日"双帖"恩情仍在。收句"别枝重见"，虽点明肠断，然亦可作二解：所见者，旧蝶耶，抑新蝶耶？迷离惝恍，留与读者体会之。

浣溪沙

一夜秋风万里寒！所思遥在碧云端，不堪漂泊又摧残。　　帘密惟应星暗入，楼空一任月低看，生愁珠泪湿阑干。

首句境界极其开阔，人人能感之，而为前人所未道。况蕙风题词所称"偶于疏处见苏辛"，是也。次句用江文通"日暮碧云合，佳人殊未来"诗意。四五两句承之，写足凄凉情景，亦复未经人道。卷中【浣溪沙】凡廿七首，此为第一。其寄托家国之痛虽显，但不必一一强作郑笺也。

踏莎行

丁未冬日闲居东京，眷怀故国，怅然赋此

远道秋还，高楼客去，天涯梦醒浑无绪。寒烟偏解趁秋风，丝丝散尽归何处？复堞藏云，遥山隐雾，闲情渺渺从伊误。斜阳却照断魂归，苔痕绿遍来时路。

全卷一百六十五首中，其标明时地，如汪旭初先生序言所称"有哀郢之志"者仅此。按系初至东京之作，难免前途渺茫之感。结句写欲归不得，以苔痕刷色，更使读者悽然欲绝。

《擘蕙词》二卷，存词仅二十八首；《繡秋华室》卷一，为子畊先生之兄念华先生所录，存词亦仅二十一首。合计尚不足《繡华词》之半，但长调甚多，可见先师功力之深。所难解者，虽多注甲子，而不按先后编次。纪年最早者为丙午(1906)，在《繡华词》前一年，最后者为丁巳(1917)，则在其后六年；属于同期所作者，亦不乏其例。参差错落，分列三卷，原因不明。然此十一年间，变乱频仍，哀时忧国，情见乎词，固有加无已也。《擘蕙词》以下三集，皆兼收令、引、近、慢，多哀时忧国之作。当时未付印行，无自序，亦无朋辈题词，分集之旨难明。《楚秀盦词》有师自注"自庚申(1920)六月起"。其他两集，起迄皆未

注。尤以其哲嗣念华先生所录之《繻秋华室词》卷一，最为参差错落。而师自注曰："在《繻华》《擘蕙》《楚秀》三稿者此不录。"去取原因，更难臆测，或先师未尝手自定稿也。佳作如林，美不胜收，敬录其感触深厚、格律谨严者两首：

寿楼春

去国已将一年，故乡秋色，未知何似，登楼眺远，万感填胸，古人有云：长歌当哭，远望当归。无聊之极，赖有此耳（原自注：庚戌作）

看微阳西斜，倚层楼醉起，秋在天涯。怎奈乡关千里，断云犹遮。悲寄旅，思年华，问浪游何时还家。想故国衰芜、长亭旧柳，唯有数行鸦。

摧蓬鬓，惊尘沙。听寒风野哭，荒戍清笳。换尽人间何世，海桑堪嗟。凉露下，沧波遐，澹一江凄凄蒹葭。但遥念苍茫，招魂路赊，愁转加。

此调创自史梅溪，首句定格用五平声，他句又多限三平四平，名见"寿"字，响归呜咽，声家视为畏途。先师此作，语语妥帖，举重若轻，上阕远望当归，下阕长歌当哭，就标格言，实超梅溪原作。末句"招魂"，乃招华夏国魂，为当时革命常语，非泛常运典也。

西平乐慢

晚经玉蝀桥，见团城以北，宫观渐荒，岸柳渚荷无复生意。西风乍过，膚篥吹愁。因和梦窗西湖先贤堂词韵，以写感今伤往之怀。

故国颓阳，坏宫花草，秋燕似客谁依。笳咽严城，漏停高阁，何年翠华重归？看殿角孤云覆苑，林杪轻烟漾晚，疏灯数点，波间替却余晖。还爱西山暮色，苍翠处，散影入杨丝。

坠梧瑱井，漂花暗水，一夕西风，人事潜移。空漫想楼延宝月，桥压金鳌，剩有深苔碎蟀，丛竹残萤，犹伴惊鸦认旧枝。凭吊废兴：铜盘再徙，沧海三尘，树老台平，尽划琼华，孤蓬更逐沙飞。

亦用难调，"凭吊废兴"，令人黯然销魂。以格律言，下阕句多韵少，异于长调恒蹊，苟无师之才情魄力，潜气内转，则未有不陷于重叠堆垛者也。或疑师一向主张种族革命，而有"何年翠辇重归"之句，岂非有违素志？殊不知北京故宫，营造规模，建于大明永乐盛世，一切规模悉遵南京旧制（主其事者木工出身之工部侍郎蒯祥），乃属我国整个历史文化结晶，固非爱新觉罗氏所能独据也。"翠辇"句本意指当时国家无主，为发端句"故国颓阳"作进一步之推衍，若徒就字面非议之，误矣！题下原注"丁巳"，为民国六年（1917）之作。"铜盘再徙"，指国都自南京再移北京；"沧海三尘"，指辛亥革命失败，袁世凯窃国称帝失败，与张勋复辟失败，含义皆甚明晰。

在《量守庐词钞》外，尚存若干手稿。据子畊先生编后"附记"，先师"晚年所为词载在《量守庐日记》里，以版权契约限制，未能录入"。然香缣片楮，犹可见其复印本，上有先师改笔与圈点，其惨淡经营，反复推敲之迹，俨然俱在，至足取法。谨选一通，妄谈粗浅体会如下：

高阳台

（原注"甲寅"，为民国三年）

纤月摇情（原作"藏烟"），明河鉴影，微（原作"深"）凉暗（原作"欲"）透绨衣。虚籁将沉，车声远陌初归。高楼祗在疏灯外，料（原作"想"）绣帘彻夜空（原作"低"）垂。最输他，萤照云屏，蚊傍罗帏。　玉阶携手当时事，甚流年易换，佳会（原作"约"）终稀。倚遍雕栏，如今莲漏偏（原作"嫌"）迟。嘶骢不向横塘去，问羁（原作"此"）怀更（曾改作"还"，又改回）有谁知。度风萝，笛韵凄清，巧共愁吹。

调名上加双圈，全词皆圈，"高楼"以下四句、"倚遍"两句与结尾三句，皆加双圈,盖先师极惬心之作。通首情境不外今非昔比,佳会难再,本极寻常,而能枢轴清英,抽思织梦,顿呈奇彩。上阕抒写痴恋,笔墨含蓄而层次井井:首三句写星月交辉,单衣冒寒,当是初更景象。改"藏烟"为"摇情",甚是。前者仅仅写月,后者用张若虚《春江花月夜》诗:"不知乘月几人归,落月摇情满江树。"含有怀人之意。四五句写景,万籁俱寂,已达夜半,遥闻车声,疑是情人归来。六七两句妙极,不知含有多少愁泪,彻夜无眠,高楼可望而不可即,真乃堪断肠矣。绣帘不动,情人归否,无从究诘。此处改"低垂"为"空垂",甚妙,因语带双关,可解为始终人去楼空,亦可解为人在而宿愿空。于是乎羡慕萤蚊,身属微虫,犹能深入屏帷,与所思者亲近矣。下阕换头处点出主题,改"约"为"会",语意更悲,"约"必谈话,"会"则只见面而已。下接两句,遣词造境,又出人意表,"莲漏偏迟"与"流光易逝",相反相成,矛盾统一,写足今昔之感。"嘶骢"句融合晏小山"紫骝认得旧游踪,嘶过画桥东畔路"与贺方回"凌波不过横塘路,但目送芳尘去"而成,谓无从传递款曲,有此提挈,下句始不单薄。收尾暗用邻笛故事,而以"度风萝"领起,便运熟入生,以"巧共愁吹"作结。"巧"字亦熟字生用,盖非工巧之巧,乃本《广韵》"能也,善也"之义,故不同凡响矣。

曾圣言先生序《量守庐词钞》,述先师曾以骨牌戏"天九""地八"之数品词云:"'天九'已为古人攫去,吾所获者'地八'耳。今世无'天九',则'地八'亦贵,然耻其终为'地八',故不欲示人。"今幸读全集,细味再三,乃觉其小令纯出真情,不事雕饰,高者可侪阳春之清新;长调合白石、梦窗于一手,高者可达清真之浑化,为一般宋人集中所稀见。实已早臻"天九",先师特自谦耳。

民国十八年己巳(1929),先师授《词选》课于金陵大学,铸始得幸列门墙后进,时以习作呈正,蒙师不弃,亲为点改,获益至深。尤忆"九·一八"事变起,先师感愤万分,见铸所作《烛影摇红》,大加奖赏,题七绝一首于后,继而正色曰:"汝词虽大有进步,终属可上可下之材,若能锲而不舍,前途无限。"期望殷殷,铭刻肺腑。不幸乙亥重九,泰山崩颓,临丧恸绝。流光易逝,不觉已值五十忌辰,敬献雏诵心得,报答深恩。以蠡测海,九泉有知,恐责其浅率也。

说明:1985 年 8 月,南京大学中文系举办"纪念黄季刚先生诞生一百周年、逝世五十周年学术讨论会",先师撰成此文,提交会议油印散发。后收入《中国海峡两岸黄侃学术研讨会论文集》(华中师范大学出版社 1993 年出版),嗣后又收入《量守庐学记续编——黄侃的生平和学术》(张晖编,生活·读书·新知三联出版社 2006 年出版)。因辗转编辑刊印,出现一些异文,且手民误植之处甚多,今据扬州市档案馆所藏先师手稿予以订正。门人郑尚宪敬识。

吴白匋

胡小石先生的书法艺术

先师胡小石先生(1888—1962),名光炜,字小石,号倩尹,又号夏庐,晚年别号沙公、子夏等。原籍浙江嘉兴,生长在南京。

先师学识渊博,兼为文字学家、史学家、诗人与书法家。就其书法成就而言,博采众长,自成一体,世所公认。尝著《中国书法史》讲稿,未及印行,即遭"十年浩劫",原稿下落不明,无可究诘。幸存《书艺略论》一文,今收入《胡小石论文集》第一册,可见其论书旨要。

先生曰:"尝见昔人赞美文艺或学术之高者'前无古人,后无来者',此语割断历史前后关系,孤立作者存在地位,所当批判也。今易其语曰:前不同于古人,自古人来,而能以发展古人;后不同于来者,向来者去,而能启迪来者。不识贤者以为何如?"此一结论深合"推陈出新"精神。先师毕生治学,都本此宗旨,不仅书法而已。兹将其各体书法成就,分述如下:

(一) 篆书

先师学书,得笔法于李梅庵先生(名瑞清,辛亥革命后,署款"清道人"),

自 1917 年至 1919 年，曾在上海为其家庭教师，朝夕相处，亲得指授。

梅庵先生云："学书必须习篆，不善篆则如学古文不通经学"；"求篆于金，求隶于石"；"神游三代，目无二李"。主张学书者应追本穷源，从殷周金文学起，因书法基础在于用笔构成有血肉、有感情之线条。

笔法有方圆两种：方笔多折，断而后起；圆笔多转，换而不断。殷及西周早期金文皆用方笔。西周中叶以后渐变为圆笔。篆书石刻始于秦公猎碣（即"石鼓文"），沿袭西周晚期遗风，亦用圆笔。发展至秦始皇诸纪功刻石，小篆成为文字规范，纯用圆笔。只学小篆，不学金文，不能了解方圆笔法全部。

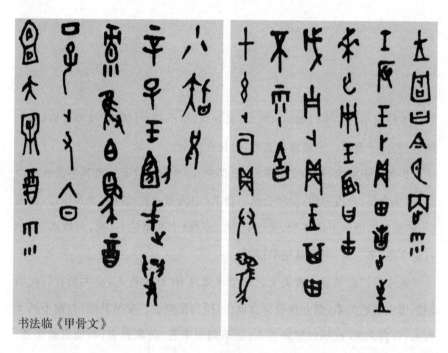

书法临《甲骨文》

"二李"指秦李斯、唐李阳冰。李斯奏请始皇以小篆统一六国文字，功绩不朽。但就书法艺术言，则用笔、结体力求整齐匀称，实为馆阁体之始。自唐李阳冰至清中叶王昶、孙星衍诸人，皆继承李斯小篆一系，常剪去笔锋，以求粗细一律，尽失天趣，更不足法。邓石如不剪颖，篆书始见血肉，然仅学汉碑额而止,未为上乘。吴大澂研究金文,定《说文》所载古文为战国时书,独具卓识,而摹写金文,仍沿袭正始三体石经,作两头尖体。

梅庵先生出,尽破前人窠臼,创用涩笔,行笔有顿挫,以临摹金文,始有血肉之感,生动飞舞,耐人寻味。先师尽受其法,复分东周圆笔书为齐楚两派,云:"齐书宽博,后期笔尚平直而流为精严;楚书流丽,后期笔多冤曲而流为奇诡。"书四条屏,能各见一派,为前人所未有;若书一条,则多临西周方笔。

至于秦篆,则偶临权量与诏版,取其改圆为方而多矫变。总之,师从学篆得涩笔、方笔之法,隶、楷、行、草,皆运用之。有人讽刺为"战战兢兢",师笑曰:"凡用笔作出之线条,须有丰富之弹力,刚而非石,柔而非泥,须如钟表中常运之发条。倘出于抖战,则如汤锅中煮烂之面条矣。"

(二) 隶、分书

师讲书法史,以八分为书艺之关键。八分之"八"非指数量,而是相背之笔势,早见于方笔金文,直到今日写字,不能不有撇捺,其势尚在,因而不可不学。

又分东汉碑铭为十四派,首列张迁,以其纯用方笔,结体丰满严整。师遵梅庵先生教导,自此入手,肄习甚勤,而每有"不能忘道州(何绍基)"之叹。道州临张迁碑凡二百余通,每通记数,前数十通不似,中数十通极似,后百余通又不似以至于大不似,乃尽化"张迁"为"道州",先师念念不忘者在此化境。何以能化? 道州得力于多方临摹汉碑(谭泽闿曾影印其字课,凡十二种)。先师效之,兼学礼器、乙瑛等碑。

20世纪30年代,马姜碑新出土,喜其矫变,亦常摹临。唯不临史晨碑与熹平石经,谓其过于平整匀称,为分书中之馆阁体也。师谓学书,最好临摹墨迹。本世纪初,西北地区,两汉魏晋简牍帛书不断发现。1914年,初见《流沙坠简》影印本,先师即揣摩对临,终身未已,乃其最得力处,道州固无此际遇。晚年所作汉隶分书,遒劲奇丽,变化无方,与道州面貌不同,能臻化境则一。

雲鸛奇翼

潛虬媚幽姿

白匋賢弟雅鑒

光煒

为吴白匋书楹联

（三）楷、行楷

先师于篆书得笔法，于分书得体势，取精用弘，融会贯通，而成本家正楷、行楷。前后可分三期：尝云少日楷书曾学颜体，陷于板滞，行书碌碌从众人，两江师范前，得梅庵先生指导，始学北碑郑文公碑与张黑女墓志，于郑取其坚实严密，于张取其空灵秀美。自习《流沙坠简》，始明两汉隶分、章草与魏晋楷书、行草之真相，而书法大进。

当时逊清遗老云集上海，与梅庵先生过从甚密，其中唯嘉兴沈子培（名曾植）先生精研帖学与金石文字，为书法大家。师执同乡后辈礼拜谒之，得其器重，时加教诲。毕生唯师事两先生，或云亦受康有为、郑孝胥之教益者，谬矣。又两先生在当时负精鉴之名，以书画碑帖登门求其审定、题跋者络绎不绝，先师在旁，乃得广览珍品，饱闻笃论，日后讲授历代书法之源流正变，与鉴别名家书画之真伪优劣，皆在此时期内建立基础，是为第一期。

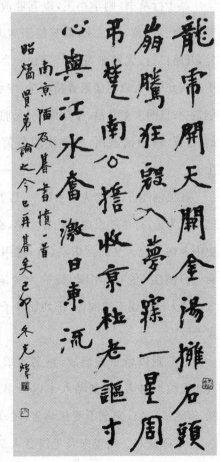

第二期始自 1926 年前后，始改署款"炜"字作"㷭"（如右图落款所示）。白匋已入门下，常得亲见其染翰，闻其议论。

师日有字课，除临金文与汉碑外，于楷书则兼临钟繇与二王。尝云，书法家以钟王并称，当求其异；所谓异者，即二家书体中所含分势多寡之悬殊也。钟书尚翻，真书亦带分势，其用笔尚外拓，故有飞鸟骞腾之姿，所谓钟家"隼尾波"也。王出于钟，而易翻为曲，减去分势，其用笔尚内擫，不折而用转，所谓"右军一塌直下"之法，此二家之异也。

师于钟书，常临《戎路表》，以其虽出后摹，保存分势较多。于大王书，则推崇其《乐毅论》与《东方朔画赞》；于小王书，则推崇《十三行》，皆临有字课。

二王无碑，则临梁萧儋碑与萧秀西碑阴。30 年代初，师购得日本人所印《书道全集》，其中收罗南北朝碑志、造像刻辞甚多，乃广泛临摹之作字课，至隋代董美人、常丑奴等志而止。曾在书法史讲稿中，肯定唐代诸家之成就而从不作临摹，以其重法度、主整齐，逊于南北朝至隋代之碑志，有自然天趣也。

其于行草书，则学小王，以其能改父风。兼临宋代苏、黄、米三家，取其能于唐人法度外，开路自行，尤赏米芾"刷"字诀。尝云：明中叶祝允明、文徵明诸家皆精帖学，继承多而创造少；自明末董其昌、张瑞图、倪元璐、黄道周、王铎、傅山诸家出，始能摆脱藩篱，别开生面。

就独创性言，董实为明书第一，以其楷书能以丑为美，行草能以虚神代替实笔，在书法史中为初见也。又曰："华亭（董）善用柔，石斋（黄）鸿宝（倪）善用刚，每欲为两家沟通之。"清人楷书误于馆阁体，排列如算子，为书家大厄。

行草则以帝王提倡故，董书笼罩一代。其能遗貌取神者，唯刘墉八十以后书，伊秉绶、何绍基三家；完全不受影响者，唯邓石如一人，足称豪杰。然皆未及见汉晋人简牍墨迹，有所局限耳。总之自 20 年代至抗战开

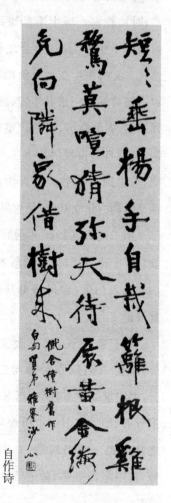

自作诗

始,为先师书体发展变化期,本家楷书、行楷,逐渐形成。讲全部书法史,亦在此期中。

　　第三期始于 1940 年自重庆移家江津县白沙镇之后,署款多用"沙公""子夏",为其书体成熟期。曾在昆明为挚友郑氏精楷书二大碑,能于遒劲中见华美,笑语白匋云:"世人盖不知我能作如此楷书也。"此时期内,始以碑体方笔,临大王草书,融入本家行楷中,结体布白,变化益多。又因倭寇猖獗,首都沦陷,国府政治腐朽,通货膨胀,知识分子几成饿莩,先师蒿目怵心,乃将忧国哀时之情,抑塞不平之气,一一泄之于笔墨,于是书艺更加险峭坚苍、破空杀纸、力可屈铁矣。旧时所用印章,尽失于南京,此际求友重刻,特多闲章,如"哀郢""哀江南""哀故都之""日远""漂泊西南"等,往往署款下不加私印,唯盖闲章,亦以见忧国哀时之情。一日重庆某裱画店壁上,贴师所临王帖长条,六尺三行,署款"子夏",盖"哀江南"印,为爱书者所见,特邀尹石公先生(名文,扬州老名士)往观,问:"子夏何人?"尹凝视良久,乃曰:"观其笔情章法,无清人气息,恐出明遗民手。"后余遇尹,尹以问余,始知为师所书,乃惊叹不已。举此一事,亦可见吾师书法造诣之高矣。

　　解放以后,先师心情舒畅,热爱党,热爱人民,被选为人民代表、省政府委员。省文联成立书法印章研究会,当选为主席。13 年间,书迹多于往日。年事逾高,笔力逾健,一望而知其为学者书、诗人书,而愉悦之情,虚和之韵,为前所未有,明眼者自有辨之。惜在"十年浩劫"中,毁去大半。今广加收罗,汇编成集,存什一于千百,得以传诸后世,庶可告慰先师焉。

(本文为《胡小石书法选集》"前言",江苏美术出版社 1988 年版)

吴白匋

郦承铨传略

郦先生名承铨，字衡叔，号愿堂（自题所居斋名），所作书画，或题无愿居士。清代光绪三十年（1904）十一月二十一日生于南京。1967 年 3 月 23 日，由于久患肺气肿，又受"四人帮"反革命路线迫害，在杭州逝世。享年 63 岁。1978 年 3 月，由浙江省文化局举行追悼会，为先生平反昭雪。

先生上代经营缎业，家有田宅，可是先生从小爱好读书，刻苦治学，不沾染当时纨绔子弟恶习。年未二十，父亲去世，母氏贤，不再继续剥削机工之业，唯以俭德为治，鼓励先生读书。最早与堂兄承宪（字仲廉）同受业于王伯沆先生（名瀣，是仲廉母舅）门下。王先生于经、史、词章之学造诣甚深，最初为清末大诗人陈三立（号散原）家庭教师，陈衡恪、寅恪、方恪等学者文人皆受其培育而成才，后为东南大学、中央大学中文系著名教授，门墙桃李更多。先生得其指授，对于小学、史学、诗文等方面，奠定下深厚基础。经王先生介绍，又得向柳翼谋（诒征）先生受史学，向吴瞿安（梅）先生问词章。一时三位先生好友，如胡翔冬（俊）先生、胡小石（光炜）先生等，亦得时常过从，讨论学术文艺,与其高足弟子如王焕镳、束世澂、任讷、卢前等也先后成为好友。因此,先生虽未曾受过学校教育,却在当时南京两个最高学府(东南大学和金陵大学)中,声誉日起,成为知名之士。余最初与先生相识,就是在先师翔冬先生处,读其五律诗,觉得不同凡响,后又再经吴瞿安先生高足卢冀野(前)介绍而定交焉。先生又喜绘画,曾从长沙萧屋泉(俊贤)先生学画山水,向江都梁公约(茨)先生学画花卉。

　　1930 年至 1931 年,先后在镇江、青岛任中学教师。1932 年至 1934 年执教于上海暨南大学中文系。以讲授文字学为主,著有《说文解字叙讲疏》一册,由商务印书馆采入《国学小丛书》中发行。著书宗旨,在《序言》中言之甚明:"吾国学术之极盛,在春秋战国之际,欲读战国以前书,必先通小学,欲通小学,莫要于《说文解字》。……许书不明,举凡载籍之博,古文之奥,学者实无从得入。爰取许君《自叙》为之笺释。诸家已详,则用旧说,旧说未安者,乃加案语,别为之注,其意在为有志许书者导其初程,然后自跻于堂奥也。盖许君一叙,实全书九千三百五十三字之发凡,而兼为自周以来文字学之略史,故尤为承学之士所不可不讲者。"先生盖以学习叙文作为研究《说文解字》之先决条件。许慎是以六书分析字形、解释文字构造之来龙去脉,而六书定义只在叙中才有说明。虽八字两语,言之太简,以致引起后代学者各种不同理解,但除此之外,别无其他解说,所以非学不可。先生所引"旧说",除大小徐原本外,都是从清代乾嘉时期到近代小学名著,如段玉裁《说文解字注》,王筠《说文句读》《说文释例》,章炳麟《国故论衡》,王国维《观堂集林》等书中摘录出来,进行排比。可以说,前人精义都汇集于一书中。而其自下之按语,虽然篇幅不多,却是要言不烦,颇有见地。例如关于指事字和象形字、会意字之别,郦先生在列举段玉裁、廖登庭、饶炯、胡朋、张行孚、王筠六家不同论点后,加以按语云:"凡此诸说,互有短长,要而言之,指事字为象征某一种事之符号。以其字形言之,则以两体皆不成文,或一体成文为主。以其意义言之,则以抽象之事旨为主。此其大略也。其余诸家,词多枝蔓,兹不具录。"如此解决问题，非常概括而浅显易明。

又如关于转注定义，"建类一首，同意相受"二语，清代小学家解说分歧最大。郦先生在列举戴震、段玉裁"义转"说、江声"形转"说和章炳麟"声转"说之后，所下按语云："自以江艮庭形转之说为长，于'建类一首，同意相受'之语，亦解之差安。戴、段之义转，河汉无极，自不足从。章炳麟本深于声韵之学，故其言极辩，然以之释许书之转注，亦未当，其谓建类为声类，虽引郑注《周礼》为说，然非许君之言也。许书主形，故于部首，必曰'凡某之属皆从某'，又叙曰'其建首也，立一为端'，则其以形建首，许君固言之矣，安得别以声类解许说哉？"以下又引曹仁虎《转注古义考》一文之主要意见，以证明江说为是。先生于此书中，引用段注最多，在论文字原始部分按语中，认为"语根实为文字构成之重要原素"，肯定章氏《文始》。唯独在讨论转注的部分，不同意段氏、章氏解说，盖以许慎原意为出发点，经过审慎考虑，然后再做断定者。

由此可见，先生在小学方面下过苦功，治学态度谨严，是能博览群书，择善而从者。又曾将许书五百四十部首一一疏释（在此书中曾经提到），但未见印行出版，可能是未定稿。经过抗战期间流离迁动，再经十年内乱，恐已全部散失，非常可惜。

先生继承清代汉学家遗规，重视校勘之学。在1932年8月，作《津逮楼甘氏光绪廿八年刊本〈建康实录〉校记》，其后记云："书之贵旧椠由来已久矣。陆敕先又曰'宋本不必是，今本不必非'，盖书之善否，非校不能知，特旧本以近古而少误而已。此《建康实录》有宋本，旧藏聊城杨氏，乱后已不可知。（注：山东聊城杨氏海源楼是清末四大藏书家之一，在二十年代，被张宗昌部下洗劫一空。传闻杨氏后代事前曾将宋元善本运藏于天津，后亦陆续售出。）次则惟张海鹏一刻出于影宋本，为较可信。甘刻即据张本，又别参一旧钞本而成，向以新刊不甚为人推重。近从武昌徐氏（注：徐行可先生）假得一钞本与张刊本校此本一过，乃知张刻实逊此本。而钞本则佳处甚多也。当别写校记，以供同好。又甘氏所藏一钞本及八千卷楼本（注：亦清末四大藏书家之一,现全部收藏于南京图书馆)一钞本并已假得,足供校记参订之需,惟宋本不得一见,未知何日更能一偿此愿矣!"(《文教资料》编者按:宋本《建康实录》,已由中华书局据北京图书馆珍藏本于1984年影印出版。北图珍本即海源阁本,由周叔弢先生捐献。)读此,可以看出郦先生于校勘之学造诣甚精,与其研究小学精神一致,态度严谨,用汇校法,择善而从。先生不止校此一种,凡购得一部旧刊本书籍,即用其他旧本参校,有所发现,常以朱墨笔记于书之上端,或记心得于日记中。余访问之,恒见其案上置朱砚,罗列数册,正在细校中也。

在抗战前,南京状元境一带,旧书肆密集,先生爱书成癖,每见到善本书,时常不惜重值购买。其最大收获是在1929年春,购得毛氏汲古阁原刊本《六十家词》,为毛斧季(扆)手校本,六十家全在,且有同时陆敕先、黄子鸿朱笔、绿笔,与何梦华墨笔,逐卷精校,与刻本大异。卷尾各有案语,较之陆氏《皕宋楼藏书志》所载毛斧季校本词十九家跋语相合,而颇有增益处。每卷首尾有汲古阁藏印二方和秦恩复石研斋藏印二方。按毛刻《六十种词》是明清汇刻词集之祖,但因当时急于出书,随收随刻,有原本不佳,未能校订即付刻者,亦有原本好,而刻本讹误甚多者,是以清代词学家对之不断进行校勘。据此毛斧季校本,始知毛氏当时已有校正定本存在。根据斧季跋语,有"床头金尽,不能继志"二语,可以断定:毛氏在明末清初改朝换代、兵火连绵之际,家业中落,实无足够财力,将《六十家词》订正重刻也。得此善本后,先生从不秘不示人,而是慨然公诸同好。唐圭璋先生当时正编《全宋词》,曾借阅之。因此,《全宋词》中凡见于《六十家词》者,无不较为完善。先生又请吴瞿安先生函告商务印书馆张菊生(元济)先生,愿将此书由涵芬楼影印发行,以广流传。但不久即遭遇"一·二八"事变,涵芬楼惨被日寇焚毁,因而未能如愿。1933年,应向觉明(达)先生之请,写成《愿堂读书记——六十家词》一文,发表在《国立北平图书馆馆刊》第8卷第1号上,内容除全录毛斧季等所有题跋外,复自加按语,指出此本增补刻本之处,又根据陆氏《皕宋楼藏书志》和丁氏八千卷楼、吴氏双照楼、傅氏双鉴楼等所藏诸家词善本,比较异同,以说明毛氏校本来源。此篇与《〈建康实录〉校记》足以证明先生于版本校勘之学,能够做到一丝不苟。因此,柳翼谋先生任江苏国学图书馆(在南京龙蟠里)馆长时,曾经延聘先生到馆工作一段时间,校阅馆藏丁氏八千卷楼藏书等善本。

1934年间,先生与其堂兄仲廉、王驾吾、卢冀野、孙雨廷(为霆)、周雁石(慤)、周汉章(光倬)、贝仲琪(琪)八人,结成书会,取名"襄社",以影印各家所藏罕见书籍为主。两三年中,共印陈散原(三立)所藏余怀《东山谈苑》写本,王伯沆(瀣)手抄明《倪文贞公诗集》(倪元璐著,清代禁书),清汤贻汾《逍遥巾》杂剧稿本,与陈衡恪《染苍室印谱》四种,颇受学界重视。

1935年至1937年,先生任教于厦门大学,与鲁迅先生弟子台静农先生有深厚友谊。抗日战争开始,"八·一三"淞沪会战爆发,先生正在南京家中度暑假,乃举家西迁,经过长沙、武汉,于1937年底到达成都,在金陵大学任教授,并在华西大学兼课。余亦正在金陵大学任教,乱离中重逢好友,自感异常亲切,从此来往甚密,共论学术文艺,得益不少。先生正遭遇两大不幸,一是从兄仲廉病故于重庆,先生素笃于兄弟友爱,遭此变故,哀痛之极。二是所藏善本书籍,在日寇轰炸南京时,装为数箱,存放皖南农村,不料日寇从芜湖进攻南京,经过该地,先生所藏善本竟全遭焚毁,最珍贵的毛校本《六十家词》化为劫灰。朋辈闻之,无不扼腕,先生之懊丧,更不待言矣。先生上有老母,一家十口,纯仗工资收入维持生活,而战时通货膨胀,物价腾跃,困难与日俱增。又因日机轰炸成都,先生不得不移家避难,暂寓成都西郊郫县高店子。当此恶劣环境,先生勤学如故,时有新获,羁旅中得书难,情怀抑塞,辄作画以排遣之,而绘事乃随以大进矣。

1939年秋,应浙江大学竺藕舫(可桢)先生之聘,乃安家于合川,只身至广西宜山,执教于浙江大学中文系。后浙大迁至贵州遵义,始迎老母妻子同往定居,直至抗战胜利。1946年随浙大至杭州。1948年秋,在休假一年期间,受台湾大学中文系主任台静农先生邀请,赴台湾大学讲学,约期一年。

1949年初，见人民解放军辽沈、平津、淮海三大战役皆获全胜，全国解放，势成定局。先生素来爱国心切，正义感强，于抗战中与国民党发动内战时期中，对于蒋帮害民卖国种种倒行逆施，久已痛心疾首，切齿痛恨，对此大好革命形势，乃毅然采取行动，提前结束讲学，与当时在台湾大学任教之魏建功先生、李霁野先生同船返回大陆，迎接解放。此举为先生毕生大节，诚如1978年11月25日为先生举行追悼会时悼词中所说，"是一位爱国知识分子"。然而极"左"思想泛滥之际，竟以有台湾关系为借口，对先生进行污蔑。先生虽在1950年任浙江省文物管理委员会副主任，而始终受到歧视，至"十年动乱"初期，迫害更甚，终使先生含冤逝世。呜呼！是非不明，黑白混淆，一至于此！

先生任教浙江大学十年，所授课程为"杜诗""苏黄诗""史汉研究""目录学"等，博闻强记，又具卓识，讲解条理明晰，深入浅出，颇为学生所易于领会，乐于接受。据先生高足周本淳同志称，诸生中之好学者，往往以阅读见闻所生疑义，登门求教，先生无不悉心指点，举凡经学、小学、正史、杂录、诗文、金石书画，以及释氏内典，有问必答，非仅限于所授课目。然如此渊博多能，先生乃不欲著书立说，尝谓余云："秉赋鲁钝，困学所得，不过普通常识而已，谈不上有所发明。叙述旧闻以授诸生，尚恐挂一漏万，贻误后学，何敢轻率著书，盗名欺世。"余闻之，益服其谦虚谨慎，非时流率尔操觚、哗众取宠者所可比也。1944年春，始应朋辈与诸生之请，删定1938年春以来古今体诗一百五十首，辑为《愿堂诗录》三卷，铅印赠人，此后则别无著作发表。生平读书心得，辄载诸日记中，积至数十巨册。"十年动乱"中，竟全部毁去，至可痛惜。

先生之诗，初从中晚唐律入手，继乃致力于杜甫、苏轼、黄庭坚，得王伯沆先生指授，师其意境法度，而不蹈袭其习套陈言。所作各体具备，而朴厚沉郁，自成风格，仍属唐音正规，言中有物，不似当时学宋诗者空存架势。初读觉无甚惊才绝艳，细读乃觉其饶有真味焉。《诗录》尽删抗战前之作，所存皆漂泊迁徙于巴蜀夜郎间，忧国怀乡、念乱伤时之作。其中若《梦梦》

二首之一：

> 梦梦天难视，此邦泥一盆。年惭马立仗，犹愈鸭能言。
> 惯病药成戏，群醒醉独尊。南云带腥臭，人鬼各烦冤。
> （自注：时倭军大集越南）

若《夜坐书愤》：

> 我欲乘风叩九关，问天何日赐人环。江波浩浩红沙碛（家兄仲廉权
> 厝处），梧叶萧萧青竹湾（自注：合川寓址）。泪尽死生兵火地，魂飞去住
> 别离间。但能负米三千里，不惜投身到百蛮。

对当时国民党反动派误国害民，造成不可收拾之局面，与自身颠沛流离之苦，写得极其沉痛。若《题风木慈乌图卷为慈亲六十寿作》五古四首，写孺慕之情；《鹡鸰词》七绝三十首，悼念仲廉，写手足之爱，皆语语从肺腑中出，不事雕饰，感人至深。各录一首，以见其概：

> 抚母膝上瘢，热儿眶中泪。忆幼贪母慈，抱我岁过四。
> 春院满阶绿，苔滑膝叩地。母喜儿无惊，肌裂儿转悸。
> 敢有伤发肤，一息忘母赐。

> 姜被冰霜梦不通，一家两地各秋风。收京有日君知否，惨绝无儿告
> 乃翁。

先生学书习画数十年，用力至勤，纯师正统法乳，不趋时尚。书法精于帖学，真书行草，专学羲献，下至初唐而止。1946 年得故宫博物院影印《唐冯承

素摹兰亭帖》与虞世南、褚遂良两临本，断为冯本确照原本响拓，最得其真，胜于虞、褚所临。跋其后云："昔人讥兰亭如议礼，今取此本及虞褚二本为宗，则吾徒所见已侪于北宋人，定武一石（注：按出于欧阳询临本）可置不论矣。"又跋云："宋高宗云当临兰亭五百本。小子不敏，请事斯语。""丁亥（1947）2月12日写毕五十一通。3月15日再赴杭州，才至六十三通。"于此可见先生学王书之专心致志，远非常人可及。今世书家，沈尹默先生而外，其结体行气之和雅，用笔使转之合度，少有造诣如先生者。画山水则由师法清初，上溯明四家而达元人气韵。先生多作水墨画，干皴湿染，墨分五色。曾示余一三尺条幅，作双松平远，松下二老对语，盖生平得意之作，书味盎然，乃颇具赵松雪意趣。著色者较少，然无论浅绛、小青绿，皆能鲜洁秀雅，一望而生和美之感，非若时流之纷红骇绿，火气熏人者。人物画唯白描鞍马，曾临李龙眠马图与赵松雪三世画马卷，并赠余一小横幅，纯遵古法，马身自背至足，以铁线描一笔钩出，而骨肉停匀，富有立体感。又专致力于墨竹，露梢风叶，一以李衎、夏仲昭为依归。其最难能可贵处，在于出干纯用篆笔中锋，作若干节，节间留一线白，不再加点以提显之，而气脉贯通，形神俱备。此法明代以后几成绝响，先生独能继承，故为识者所推重焉。

　　先生既洞悉书画源流正变，遂成鉴别巨眼，判断真伪，严谨周密，以时代风貌、诸家笔墨特征为主，不斤斤拘泥于纸绢印章之差别，尝谓纸绢可供同时人作伪，印章可以久存于人亡之后，为作伪者所利用，唯用笔运墨之精微深厚处，固有为他人所不能到者在，最可置信。其真知灼见如此，故远在1935年间，故宫博物院院长马叔平（衡）先生即闻其名，聘为专门委员。时故宫珍藏已全部移至南京朝天宫仓库，先生因得以观摩所有名迹巨制，而眼力更高。解放后，在浙江省文物管理委员会任职十六年间，工作认真负责，为领导部门与会中同志所公认。虽文管会经费有限，而所征集者多真迹精品，若元黄子久《富春山居图》卷真迹残本一段（注：全卷共六段，明末即遭割裂，此其第一段，吴湖帆旧藏，其余部分现在台湾），是其最难得者。先生复以生平所得文物知识，热情传授于会中青年同志，以期鉴定之学后继有人，追悼会所致悼词中对此特加表扬。生平所作书画题跋不少，其底稿亦与日记同遭毁灭。又先生与余成都一别后，每月必来长函论评所见书画，余保存之前后积数十通。十年内乱初起，余首遭点名批判，畏起株连之祸，悉付之一炬。今日为老友作传，乃深恨当时之懦怯自私，不能加意保护此丰富第一手资料，作更加翔实之阐述也。

1982 年 10 月

（原载南京师范学院《文教资料》1987 年第 3 期，总第 171 期）

吴白匋

唐圭璋教授墓表

唐圭璋教授,满族人,先世驻防江宁久,遂寄籍。生于一九〇一年。少孤家贫,刻苦求学。一九二〇年,毕业于江苏第四师范学校。一九二八年,毕业于中央大学中文系。历任中央大学、东北师范大学教授。自一九五三年起,任南京师范大学教授三十七年,晚年为博士研究生导师。一九九〇年卒,享年九十。

君幼承乡先哲端木子畴先生遗教;中学时,受校长仇亮卿先生指引;大学时,亲受长洲吴瞿安先生教诲,遂毕生致力于词学。其最大成就,首推编《全宋词》。词在今日,公认为宋代文学代表,而在当时视为小道,位在诗赋后,此凡偏见延至清初而未改。以故《全唐诗》编成于康熙四十五年后,历乾嘉盛世百余年间,公府私家从未有续编《全宋词》者焉。君引以为憾,乃发愤独力成此伟业。结合前诸家所刻词集,更广搜采宋人文集所附词,及笔记所载词,旁求方志、金石、书画题跋、花木谱录、应酬翰墨,远及《道藏》中所存词,统汇一处,历时十年,始成初编,于一九四〇年印行。仍继续修订、增补、校勘,最后于一九六五年完成出版,共收录词人一千三百三十余家,词一万九千九百余阕。继之编《全金元词》于一九七九年出版,共收录金词人七十家,元词人二百十二家,词共七千二百九十余阕。有此两部总集,盛期之词咸得收罗,其周密精审,且胜于官修之《全唐诗》矣。君又收集历代词话为《词话丛编》,于一九八六年出版修订本,共收八十五种,而前人论词之作毕备。校注清徐釚《词苑丛谈》后,复扩充为《宋词纪事》,于一九八二年出版,而宋词人掌故毕备。至于笺注一类,君所著《宋词三百首笺注》《南唐二主词汇笺》亦为当代词家推重。一九八六年,君汇集生平论文六十篇,分辑佚、考证、校勘、论四大类,成《词学论丛》出版,洋洋七十三万余言。读者咸谓:清儒朴学,实事求是,无征不信之风,由治经史学,最后延至词学,当推君为巨擘。书后附君所作《梦桐词》,删存慢词十五阕,大都为抗战前参加南京"如社"时所作,取法清真,守律严谨;小令九十阕,抗战前后与解放后所作均有之,兼学唐宋,清言雅韵,颇合温柔敦厚之旨,正与君人品相符焉。终身笃学深思,不慕荣利,然而成就昭著,声望自高。逝世前全国公认为词学大师,先后任国务院古籍整理出版规划小组顾问,中国韵文学会会长,中华诗词学会名誉会长,《词学》杂志、《唐宋词鉴赏辞典》《金元明清词鉴赏辞典》等书主编。政治上,以民主同盟成员,先后当选江苏省第二、三、四届政协委员,南京市第四、五、六届人民代表。声望之高,在当代治古典文学者中,盖罕见矣。德配尹孝曾夫人仙逝于一九三六年,君不再续娶。所生三女,长棣华、次棣仪皆先后殁,唯幼者棣棣尚存。最近其婿卢德宏以余为君六十余年来挚友,来告葬期,因历举君功业之荦荦大者,作此墓表,昭示后世。一九九一年十月同门弟吴白匋敬撰

(原载《中国文化》1992年第2期,总第7期)

程千帆

吴白匋先生诗词集序

先师和州胡君翔冬自一九二七年掌教金陵大学,至一九四〇年归道山,以诗律授诸生者十有三载。其所论次,遍及八代、唐、宋诸大家,乃逮文昌、浪仙、玉川、晞发,亦所不废。从游之士莫不钻仰昔贤,因其性分之所近而取则。作手辈出,而无为佘磊霞、上元高石斋及先生实为入室弟子。其篇什皆有声于坛坫,为耆宿所惊叹,盖一时之盛也。先师之论诗,以言之有物,辞必己出为宗旨。谓不独当为今人之所不为,且当为古人之所不为,乃可以当时语道当时事,足以信今而传后。故其为诗,未尝苟作,而语必惊人。先生始从其乡先辈陈叟含光游,既已涉风骚之阃奥,又受业于胡君。凡所造述,莫不神思卓异,摆落凡近,非下士所敢望。然先生初未尝以此自画,平居深惟诗词递嬗之轨辙,以为自髯苏以诗为词,倚声之业,乃大启土宇。然于风格之融铸,若合奇丽坚苍刚健婀娜于一炉而冶之者,盖犹有所谢短。比及近世,上彊村民合苏、吴为一手,乃大开异境,此固深可法也。乃转而肆力于词,初为白石,为梦窗,而参之以昌谷之冷艳,玉溪之绵渺,以寄其俊怀幽思。及抗日军兴,违难西蜀，遂更进以稼轩为师，而杜老忠愤感激之情，亦往复于其笔端。于是先生之词乃兼有辛、吴之胜，别开生面，当世声党，莫不推挹，而诗名且为词名所掩矣。一九三三年秋，千帆始从胡君问字，于先生为后进。然每接谈燕，辄蒙熏沐。岁月易得，骎骎垂五十年，其间离合，有足念者。龙汉劫消，移砚南京大学，得与先生重见，感喟今昔，悲欢交萦。顷承以一九四九年前所删存诗词稿见示，谓将刊印，属为序引。自惭薄劣，何足以序先生之集，惟就平生师友之所讲论，拉杂书之，以求印可，庶几博先生之一笑耳。散原老人云："凡托命于文字，其中必有不死之处，则虽历万变、万阅、万劫，亦终莫得而死之，而有幸有不幸之说不与焉。"乌乎！此又非妄图以焚坑润色鸿业者流始料所及已。一九八一年小雪程千帆谨序。

（刊《吴白匋诗词集》卷首，南京大学出版社 2000 年版，原载《中国文化》半月刊 1996 年第 1 期）

作者简介：程千帆（1912—2000），著名文史学家。南京大学文学院教授、博士生导师。

沈祖棻

《涉江诗词集》引录

扫花游

与磊霞、汉南、白匋、石斋诸君茗话少城公园,时久病初起也。

药炉乍歇,叹病眼高楼,暗伤春暮。小园试步。算重逢忍说,过江情绪。酌梦斟愁,散入茶烟碧缕。胜游处,早歌管楼台,都化尘土。　　离恨知几许?付白石清词,草堂新句。素弦漫谱。更阑干咫尺,易催箫鼓。绿遍垂杨,不是江南旧树。少城路,但凄然、一天风絮。

笺曰:佘贤勋,字磊霞,安徽无为人,金陵大学中文系毕业,曾任中文系主任,已故。周荫棠,字汉南,安徽桐城人,金陵大学中文系毕业,曾任湖南大学历史系教授,已故。吴征铸,字白匋,江苏仪征人,金陵大学中文系毕业,曾任南京大学教授,已故。

鹧鸪天

再病新愈，白匋、石斋雨夕邀饮，漫拈此调。

乍拂尘鸾试晚妆，钿车路转趁垂杨。当筵酒盏欺新病，开箧罗衣歇旧香。

花市散，角声长。锦城丝管久凄凉。一川烟草黄梅雨，不是江南更断肠。

笺曰：此词有白匋和作云："闲梦江南细马驮，繁樱千树覆春波。锦江纵有花如雪，一夜高楼溅泪多。　抛远恨，仗微酡。新烹玄鲫引红螺。莫教重听潇潇雨，还为今宵唤奈何。"

双双燕

白匋寄示新制燕词，谓有华屋山丘之感，依调奉和。

海天倦羽，又苔井泥香，柳花如洒。红英落尽，忍忆故台芳榭。深巷斜阳欲下，更莫说、当时王谢。寻常百姓人家，一例空梁残瓦。　聊借，风檐絮话。甚信息沈沈，绣帘慵挂。移巢难稳，是处雨昏寒乍。无奈乡愁苦惹，枉盼断、年年春社。朱户有日双归，却恐岁华迟也。

汪先生曰：梅溪伤巧，如此乃为雅词。

笺曰：白匋原作云："倦飞海燕，傍华屋颓垣，玳梁残瓦。呢喃不住，似觅故人情话。檐角蛛丝絮惹，带细雨、翩翩欲下。西征几日重归，望眼全迷乡社。　清夜。歌休舞罢。起少妇愁新，泪封绡帊。春烟啼冷，梦入断红零麝。商略巢林去也。又共止、荆扉茅舍。遥想是处双栖，却胜旧时王谢。"

（沈祖棻《涉江诗词集·乙稿》，程千帆笺注，1940 年夏—1942 年秋，在成都乐山作，凤凰出版社 2019 年版）

沈祖棻诗十七首（程千帆笺注）

癸卯夏重游金陵，赋呈子雍、白匋（十首选录二首）

梦窗才调老词仙，玉茗新声海内传。一样湖光山色里，匆匆聚散几经年。

笺曰：此首属吴白匋。白匋早岁词学梦窗，甚工，解放后从事戏曲，其所改编之锡剧《双推磨》《红楼梦》等尤有名于时。

文人结习未全删，车马从容首长班。同学少年多不贱，未妨樗散占名山。

笺曰：时子雍任南京博物院院长，白匋任江苏省文化局副局长，皆有汽车代步，而官舍门禁严，往访者皆需先通电话，经允许接见后，始可填会客单，入内相晤。友人中习于萧散者多畏其烦，遂少来往。此诗盖调之也。名山，谓珞珈山，武汉大学所在。

（沈祖棻《涉江诗词集·诗稿》卷一）

甲寅之春，泛舟东湖。感念昔游，慨然成咏（十首选录四首）

容与兰舟一棹轻，东湖万顷碧波平。故人玄武湖边住，可是春游载酒行？
胜棋楼畔柳婆娑，品茗曾同二妙过。遥想年年湖水渌，莫愁翻更惹愁多。
万丝柔缕共愁萦，回首金陵百感生。绿柳居边无绿柳，如何一样绾离情？
老人星记聚秦淮，佳会平生畅好怀。今日风流谁与共？离愁渺渺更难排。

笺曰：上四首，忆一九六三年南京之游。"二妙"，曾子雍、吴白匋也。参前《癸卯夏重游金陵》诸作。

（沈祖棻《涉江诗词集·诗稿》卷二）

岁暮怀人并序（四十二首选录一首）

癸丑玄冬，闲居属疾。慨交亲之零落，感时序之迁流。偶傍孤檠，聊成小律。续有赋咏，随而录之。嗟乎！九原不作，论心已绝于今生；千里非遥，执手方期于来日。远书宜达，天末长吟。逝者何堪，秋坟咽唱。忘其鄙倍，抒我离衷云尔。甲寅九月。

高步词坛三十秋，风情垂老谱红楼。歌云散尽无消息，待得重逢早白头。吴白匋

笺曰：白匋工词及戏曲事，已见前癸卯呈子雍、白匋诗笺。

（沈祖棻《涉江诗词集·诗稿》卷二）

乙卯新岁寄白匋（四首）

近有金陵信，多君作壮游。登山方羡健，对酒忽添愁。卧疾容萧散，传经得暂休。江云正东望，喜见致书邮。

晶窗明霁色，冻雀噪寒枝。开札惊新病，怀人诵旧词。年深归计懒，岁改报书迟。浩浩长江水，应怜寄小诗。

长记重逢日，薰风拂酒旗。独惭夸二俊，君谓女同学中惟子雍及余为有成，闻之滋愧。相劝醉千卮。宿草萦孤冢，平居念盛时。存亡双寂寞，终负故人期。

青衿弦诵地，旧梦杳难寻。老觉交情重，别来相忆深。湖山同胜赏，文字数知音。更作他年约，倾杯论素心。

笺曰：此数诗，白匋有答和之作，甚佳，今录如次。其一云："双鱼下武昌，千里友情长。透墨笺无色，凝诗泪有光。顿惊冬日暖，欲罢药炉香。唯愿知音者，闻歌不断肠。"其二云："朝朝饮江水，长忆涉江人。宝璐今谁佩？银釭老自亲。逸才邻漱玉，愁思过湘蘋。喜有波澄讯，开门浩荡春。"其三云："高咏醉流霞，莺边侧鬓鸦。衣浸钟阜黛，盏压锦城花。梦里宁知乐，生时总有涯。沧桑明正道，追昔莫伤嗟。"其四云："几度听风雨，重逢皓月悬。半篙淮水绿，万树石城鲜。清话犹连夕，佳携倏隔年。方期吴蟹大，赵李共东旋。"

（沈祖棻《涉江诗词集·诗稿》卷三）

读白匋喜逢俞五诗，有感听歌旧事（四首）

如花美眷苦伤春，犹记游园一曲新。莫叹流年真似水，柳郎原是梦中人。

生死情钟梦亦因，痴郎叫出画中人。嘉荣老去余音歇，场上笙歌已换新。

玉管金弦春复秋，梨园漫忆旧风流。江南花落重逢处，顾曲周郎亦白头。

盛会吴趋俊侣邀，绕梁余韵夜迢迢。同时踏月人何在？十载残魂不可招。

笺曰：俞振飞，行五，苏州人，昆曲演员。白匋诗云："与子十年别，江南重看花。春衫裁白纻，日色散霜华。鹊报朝朝聒，莺歌处处赊。应怜双耳聩，端坐听筝琶。"

（沈祖棻《涉江诗词集·诗稿》卷四）

奉和萸荪新诗，兼答石臞来书，因寄白匋、止盦（二首）

新诗邀旧侣，佳约屡商量。山左花将发，江南草正芳。何妨垂老日，重理少年狂。共醉莺啼处，繁香覆酒觞。

江海多年别，相期作胜游。篇章传北徼，问讯到青州。日出随行辙，猿啼送过舟。金陵东道主，词客旧风流。

引《诗稿》卷二《得萸荪书及新诗奉答》笺曰："章萸荪，安徽芜湖人，正风文学院中文系及金陵大学国学特别研究班毕业，曾任上海师范学院教授，已故。"

引《诗稿》卷二《岁暮怀人并序四十二首》"少年按曲醉琼钟"笺曰："萸荪曲学，能得吴霜厓先生之传。醉后清歌，娓娓可听也。"

引《诗稿》卷一《喜得石臞书却寄二首》笺曰："殷孟伦，字石臞，四川郫县人，与祖棻同学于中央大学。曾任四川大学、山东大学教授，已故。时有传君化去者，故诗云云。余一九七五年寄君诗亦有'未死东坡真似梦，悲秋宋玉待招魂'之句。"

引《诗稿》卷二《岁暮怀人并序四十二首》"元白交亲迹已疏"笺曰："孙止盦、霍焕明夫妇与余夫妇通家，情好尤笃。'文化大革命'中，以避嫌故，久绝音书。"

（沈祖棻《涉江诗词集·诗稿》卷四）

作者简介：沈祖棻（1909—1977），江南才女，一代词人。武汉大学中文系教授，毕生致力于古典文学研究和诗词创作。

单人耘

《一勺吟——单人耘诗词选》引录

吴　序

　　词曲初无差别,自中晚唐而至南宋,其被诸管弦引吭高歌之曲,皆词也。词在当时实如今日之流行歌曲,其谱家喻户晓,或不记之,或记而不重视。以故金元入侵,兵燹交加之际,丧失殆尽。曩之下里巴人乃转化而为阳春白雪焉。宋时流行词谱,有《乐府大全》亦名《乐府混成》。明万历间王骥德犹得见其林钟商一调中所载词二百余阕见王著《曲律》卷四。此后即未见著录,盖亡佚于明末大乱。今日吾辈所见之词谱,唯姜白石自度曲旁谱十七阕,经专家多人研究,虽可明其谱字,而节奏始终未晓。又宋词讴唱之法,见于张玉田《词源》者,亦多未得其解。总之,云作为歌曲之词,全已失传可也。夫诗词之别,在于前者不唱,后者能唱,词既不能再唱,则吾辈按谱填词,不过作格律特严之长短句诗而已,亦李易安所诮字句不葺之诗也。如此则诗境中所有,无不可见于词。耘不敏,每感宋词变化,少于唐诗,清词号称复兴,亦不如宋诗能换唐诗面貌。推陈出新之责,端在吾辈努力,当于宋词外求词:言中有物,文必己出,立新意,咏新事,创新格,铸新辞,庶几可以别开生面,为新中国之词也。

单君人耘,与耘先后同学,敦厚和雅,觌面可知。本习农科,而好文艺,书画篆刻,皆有成就。顷以词稿见示,师法稼轩,而不专掉书袋,选调皆习见者,而颇多新意,清切可诵,在今日声党中不易得也。爰谨告以一隅之见,期共勉之。一九八七年十一月　八二老人吴白匋序。

(《一勺吟——单人耘诗词选》,中华书局1997年版,以下同)

谢吴白匋先生(三首录二,1978年)

昔读杜陵诗,爱其发至论。乃知五岳外,别有他山尊。今我谒匋公,赫然此境存。示我黄山诗,瑰玮摄精魂。咏松矜高洁,重之若昆崙。咏石鞭谲怪,析之见底根。诗怀既坦荡,诲我意复殷。归来步履轻,宛若服芝荪。孺衷当可察,临笔愧冗繁。

为诗贵独创,不论深与浅。深者奥而峻,言赅意多转;浅者清且畅,情真意弥显。先生造意奇,陈趋为之浣。师古不泥古,风光攻绝巘。颂今缘爱今,年高益黾勉。作语欲惊人,题材严遴选。所以虽少许,孜孜费裁剪。一叶苇航渡,春涛千丈捲。

奉答吴白匋老人赠诗原韵(1991年)

七宝摘深秀,授兹五色棒。岩岫透夕明,钟亭悦晨讲。踏歌浪掣鲸,为霞光射蚌。诗接愿夏庐,笑说江东项。秋艳沓然来,蓼肥红一港。愿夏庐为吴老之师胡小石先生书斋名。

附吴白匋原作《调单人耘》1991年9月于大钟亭南大教工宿舍："不戴切云冠,岂喝德山棒? 蔼然君子儒,卓尔瘦都讲。为天教稼穑,脱贫倚蚕蚌。退休就拥鼻,高隐钓缩项。图得水蒗花,只鹭破烟港。"

得匋公手札,次"题劫后发笺"韵乞正(1979 年)

一水兼葭碧,书来万柿红。波澜窥翰墨,挥斥渺沙虫。骏马高轩客,秋风锦里翁。入弦非旧响,百尺有双桐。原诗为南京大学中文系吴白匋教授应程千帆教授之请所作。

缅怀匋公用前韵(1992 年)

直掇入晶帘,徙倚失神棒。性情千载传,笙籁昨朝讲。微粲剥新橙,明玑剖老蚌。播学无乎隐,作吏强其项。秋红映一勺,涤涤蓼花港。

念奴娇(二首)

读吴白匋先生"凤褐盦词",用先生早年游太湖韵(1979 年 12 月)

其一

词披凤褐,饫真州、三十六陂烟柳。白石稼轩交映处,余子瞠乎其后。漱月盦云,含和履洁,的是经纶手。神腴味永,前朝蹊径都旧。　　微步记昒庭柯,苍虬酽翠,郁勃胸怀久,阛阓熙熙尘百丈,云外移来孤秀。染泪秦淮,吞醪蜀水,簌簌天风皱。案头三卷,宵深应作龙吼。

其二

天吴紫凤,入词章、不羡当时晏柳。婉约沉豪双美并,耘也敢从公后。刻碧裁红,敲金戛玉,驰骤风云手。春生华国,关河万里非旧。　　早爱诧诡嘲痴,寄情书翰,浪迹江湖久。赢得氍毹歌百岁,几度艺林张秀。岚霁苍山,涛飞鼋渚,白下秋红皱。大风起处,八方猛士同吼。先生精于戏剧创作及理论,曾编有扬剧《百岁挂帅》,近将陈白尘先生话剧《大风歌》改编为《吕后篡国》昆剧,由江苏省昆剧院上演。

附:吴白匋《念奴娇·游太湖鼋头渚》:"水楼词梦,笑当年、频绕吴根梅柳。震泽烟光新洗眼,无数海桑红后。帆远如停,矶飞欲去,写困丹青手。踏歌连袂,承平点缀依旧。　　只我击汰崩滩,盘车断栈,经历艰危久。万怪撑胸驱不散,难纳江南明秀。绣縠扬尘,丽人照影,湖水风吹皱。茫茫天末,潜蛟何日腾吼。"(《凤褐盦词》卷三)

阮郎归

浦六路上春雨中作,用白匋先生韵(1982年3月)

诗丝乍裹若春蚕,雨细竞飘衫。平林柔麦梦初恬,醺醺乡味甘。　　山若黛,水拖蓝。浓云敞复缄。人家依旧倚城尖,江明天畔帆。

附吴白匋原词:"六街凡马密如蚕。闭门尘满衫。薄醪独引不成酣。贫知椒味甘。　　肠易结,口难缄。扶藜闲倚岩。江波依旧叠澄蓝。夕云明半帆。"(《凤褐盦词》卷三)

又四首

天孙濯锦爱冰蚕,珍重此青衫。铸陶人亦得安恬,老知书味甘。　　温故旧,论青蓝。谁云秘可缄?春陂已露小荷尖,云飞远近帆。

名丝利茧悯秋蚕,欲著芰荷衫。灵台安处白云恬,何须问苦甘?　　花似火,水如蓝。诗怀难自缄。春江回绕塔双尖,天开万里帆。

鬓丝几缕讶银蚕,白下老青衫。总将涓滴化青恬,低眉孺子甘。　　近乎赤,胜于蓝。真诠不可缄。精微摇兀上毫尖,眼前沧海帆。

心仪桑柘供村蚕,不自著罗衫。知春好雨入宵恬,欣欣物正甘。　　钟阜碧,玉屏蓝。岫云不受缄。年年送远埠头尖,风高情满帆。玉屏,江北江浦境内老山,又名玉屏山。

念奴娇（四首）

词稿抄竣,再用匋公韵作四首殿卷末,以志谢。（1987年5月13日）

其一　扫愁

春浓也未? 燕来频、情寄渡江梅柳。雨沐风梳增态度,摇曳别前离后。弄笛高楼,折枝陌上,总是勾魂手。千丝万点,年年岁岁依旧。　　一扫亘古牢愁,飞觞醉月,相待婆娑久。何必花薰烟水腻,黟了江南灵秀! 紫气崩奔,墨云翻倒,乱字狂笺皱。毫端舟壑,潜蛟忽自吟吼。

其二　依帱

先生何慕? 似渊明、闲咏宅边高柳。亦爱香山新乐府,评说开元前后。但抱真诠,不求荣利,默默钧陶手。遐年淡泊,青衫落落如旧。　　书帱近喜频瞻,啸歌学步,自是疏狂久。紫凤天吴纷绚烂,更缬梦窗深秀。笠泽涵空,小孤峭绿,几度吟帆皱。波摇云撼,囊韬许我腾吼。白匋先生有《风褐盦词》,早年于吴梦窗致力甚深。

其三　芟旧

填词言志,慨苏辛、直是文中韩柳。大吕黄钟难嗣响,况数乾嘉而后。湖海苍凉,彊村顿郁,差拟摩云手。风骚各领,揆新正待芟旧。　　文章本自天然,但抒胸臆,何用拈髭久? 世患撄人沉百感,倚此霜锋凝秀。检校南朝,拥迎四化,烟雨湖山皱。千摇万兀,一编难纳鸣吼。清陈维崧有《湖海楼词》。词人朱祖谋号彊村。

其四　酣吟

漓漓古墨,书奇字、莫咏飘萧风柳。一自许公深许诺,属吐肯随人后? 月白岩柯,霜红寬叶,中有屠龙手。不因爱我,怎教捬除庸旧?　　算来忧患堪珍,磨砻意志,那惜蹉跎久。有实无名诚至乐,一勺能钟神秀。万象往来,千花馥郁,寸寸烟霏皱。酣吟未辍,更兼松漱涛吼。舒城许永璋先生期许过当,姑记于此,时自策励。

南歌子　过匋公故居亦用匋公韵

小隐钟亭北,幽阶缓自行。居闲难摒苑中名。帘外几番春雨、又春晴。

酒好藏深巷,屋高不建瓴。蓼红鹭白倏来迎,剩有蛟螭濡墨、卧烟藤。

附吴白匋《南歌子·洪椿坪至仙峰寺道中口占》原词:"高鸟啼边立,飞泉断处行。野花绣磴不知名。遥望一峰欲雨、一峰晴。　　擘翠寻岩路,闻钟辨寺瓴。老僧倚杖笑相迎。遥指苍猿跃下、涧头藤。"(《凤褐盦词》卷二)

菩萨蛮　游姑溪见蓼花怀白匋先生作

鹭飞淡淡破烟渚,渚烟破淡淡飞鹭。槎击水红花,花红水击槎。　　重情师褐凤,凤褐师情重。词好又扬眉,眉扬又好词。

作者简介:单人耘(1926—2021),中华诗词学会会员,中国农科院、南京农业大学副研究员。

毛水清

百年高风　艺苑才人

——初读《吴白匋诗词集》

人老了,清净下来,常常在眼前晃动着一些渐行渐远的面影,其中最多的就是大中小学曾经教过自己的一些老师们。对于我,就有吴白匋先生。

吴先生(1906.10—1992.8)原名征铸,白匋是他的字,江苏仪征人。他以字行世,白匋,即素白之陶,这既是一种道德境界,也是人生追求的目标。吴先生是母校南京大学的教授,他是我国杰出的戏曲家,生前写了大量的戏曲,有的是旧剧的改编,如扬剧、锡剧、淮剧等,对我国的戏曲,尤其是江苏地方剧种的定型和发展起了重要的作用,在国内也有显著影响。同时他又是传统诗词的重要创作者。今年正好是他的一百周年诞辰。作为他的一位学生,我觉得应该写点什么作为纪念。正好二月中旬,老班长许惟贤教授给我从遥远的南京寄来了吴先生的《吴白匋诗词集》。我因为忙于俗事,又才疏学浅,直到现在,才勉强将自己初读后的一些具体联想与感受写在下面。

这部 2000 年由母校出版社出版的《吴白匋诗词集》,是由先生生前亲自抉择,从严编订的,分为上下两编,共收旧体诗词三三一题,四四七首。可惜删除的诗词读者已无法看到,只能说是一个精选本,而不是全璧。

我是 1956 年考上南京大学中文系汉语言文学专业,来母校读书的,是母校第一届五年制本科生。今年正好是入学五十周年。吴先生当时是江苏文化局副局长,早已名闻遐迩。幸运的是,我们一年级就听到他在百忙中为我们开讲的新课“中国人民口头创作”。这门课据说过去从来没有开过,大约是从苏联的大学课程安排中借鉴来的。我们当时都觉得很新鲜。即使今天,它所强调的“口头性”,仍然是非常令人深思的。

吴先生上课最初是坐小汽车来的,他不在学校附近住。北园教学区的路当时是土石路,小汽车开过,会惹起烟尘飞扬。我们的教室在西南大楼。只见他一副圆圆胖胖的脸,穿着黄白色短袖衫,腰里夹着黑色皮包,五十岁上下的年纪,笑容可掬地走进教室。那时许多课都没有正式的教材,这门课发到手里的也只是一些零散的油印十六对开的参考资料,连纸质都是黄黄薄薄的。内容是一些广泛流传于民间的新旧歌谣,如长工苦、小媳妇、信天游、蓝花花、十二月调之类,虽然没有民间故事、民间戏曲等方面的内容,却在我们面前展开了一个崭新的世界。吴先生讲话略存扬州一带口音,但内容生动丰富、幽默风趣。我是浙江乡下来的孩子,平时只讲方言土语,初来南京,并不全懂普通话,只觉得吴先生的课别有风味,印象颇深。但由于吴先生忙,有时他也请假缺课,害得我们在课堂老等,中途散去了,不免有时失望。然而,吴先生的课,引发了我对中国民歌的浓厚兴趣,课余我差不多将图书馆藏的各种民谣集都读遍了,特别精彩的便随时抄录在一个深蓝色精装的日记本里,毕业后,被我带到南疆广西。又时时拿出来背诵朗读,这是后话。

我的记忆中,吴先生上课比较幽默,有时能逗得下面的学生发笑,自己却一副认真的样子,并不笑。他的诗集里有一首七绝《癸亥清明前一夕莫愁湖海棠诗会作》也是充满了幽默情味:

　　　琴尊高会近清明，玉像似闻浅笑声。

　　　寄语洛阳诸女伴，儿家新住海棠城。

　　诗人们在南京城西莫愁湖聚会，湖边摆了许多盆海棠花，有汉白玉的莫愁女雕像在旁亭亭立着。本诗集中写莫愁女的形象，前两句中交待时间和节令，莫愁女的浅笑声当然是想象之辞；三四两句用莫愁女的口气说话，告诉洛阳女伴，自己已经住进海棠花环绕的城池里了，暗示环境热闹，诗人来临。这首诗的新意是将莫愁女与海棠花巧妙地绾合在一起，莫愁女是鲜活的，海棠花是美丽的，有一种幽默可亲的韵味。

　　初读先生的诗词集，首先有一种亲切之情时时涌沸簇裹在心头。有时又仿佛很遥远，如同灵山梵音，昼夜清响；有时又觉得很临近，仿佛就在身边，昨夜才发生，有皎洁的月光作证，有飘悠的云朵，梦一般的话语为凭，似真似幻，令人平生出许多的感慨来。想一想，这其中的缘由，一是吴先生诗词所描述的环境、场景、山川、名胜、佛寺、台阁等，往往都是我所熟悉的，或者读大学时曾亲访过，或者后来路过南京一带时曾拜谒过，都有相当深刻的印象；二是吴先生诗词中所交往的人物，无论是诗人、画家、音乐家、演员、学者、教授，或者说是我的老师，曾亲自接受过教诲，恩重如山；或者未曾谋面，却早就听说过他们的名字，是多少年曾崇仰过的，至少他们的事迹是知道一些的，正好借机解惑增智，引入堂奥。这些情况是读其他人的诗词集，所很少感受到的。

　　读吴先生的诗词集，大致可以看到他丰富多彩的人生阅历，多方面体现的艺术才华，和内心深处自然流露的喜怒哀乐之情。可以说他是我们这个新旧交替的世纪里，正直、智慧、博学、笃于友情、探索真理、服务民众，努力追随时代前进的知识分子的一个缩影。阅读这些诗词，我认为特别要强调的有三点：一是内容真实；二是作者严于自剖，有反思精神；三是体现了多才多艺和学识渊博的才人本色。

　　先说第一点。吴先生出身江苏仪征大族，是藏书甲于一方的书香门第。

诗词集中有一篇诗名《鬻书》,写于 1928 年左右,叙述先生好读书藏书的家风,揭露军阀暗中盗取善本,书贾趁机杀价贱买余书的黑暗现实,值得格外注意。诗说:

> 伯祖踪天一,勤求二十霜。官来偷百种,贾笑捆千箱。
>
> 老树乌啼早,空楼日影长。诸孙思卓荦,无福坐书堂。

诗前有一篇小序,更为详细地介绍了吴家有福读书堂从兴盛到败落的全过程,关键的时间是从"去冬(1927)"开始:"先伯祖福茨公毕生好书,而不佞宋。尝云:惟视力量所及,耳目所周,不拘一格,凡元明刊本,旧家善本,寻常坊本,殿刻局刊各本,随时购觅,意在取其适用,为异日子侄读书而憾无书者备焉。二十年间共得八千余种,构有福读书堂藏之。去冬有军官强住余家月馀,盗善本数百册去。诸父惧其再来,乃以贱值悉售之于北贾王富晋。"这是一篇令人触目惊心的记录,是对前诗的一个具体补充,相当于一篇书话,读来令人愤懑不已。其中既有藏书散失的悲愤,也反映了吴先生家学的深厚渊博。

再说第二点,这就是吴先生严于自剖,今天看来很难得。吴先生的诗词创作历时共 60 多年,其创作量应不会少于千首,本集却仅存 400 余首,至少有一半以上被作者本人删汰了。中国文人历来十分珍惜自己的作品,就像凤鸟珍惜自己的羽毛一样,所谓"敝帚自珍",既为自己编集,甚至连片言只语都不肯遗漏,总是求全,吴先生却相反。我注意到吴先生有《乙卯自剖诗》十六首,是一种自我创作总结,很值得一读。他在题下小注云:"行年七十,回顾生平从事文艺,迷误实多,因学鲁迅先生自我解剖。"说明了写作的真实动机和使用的具体方法,可供理解时参考。如开头第一首说:

> 七十古稀今不稀,老梧还在长轮时。
>
> 乐知好问情如故,金线泉旁红颊儿。

　　作者近七十岁,认为自己还不老,身体健康,乐知好问,如同梧桐树还在长轮一样,对未来充满信心,一点没有老气横秋的意味。吴先生的其他诗还谈到学画、学书、重视地方戏和《红楼梦》的改编,以及抗战入川,白沙五年,入南京大学任教等诸多经历,归结为"报答党群唯一语,百年长保寸心红",内容丰富,感情深沉,体现了一个从旧社会走过来的老知识分子的真实心绪和虔诚态度,是一组思想性、理论性、实践性都堪称上乘的论诗绝句。这种总结是很有意义的。这种反省精神,也是值得我们后学效法的。

　　第三点是吴先生的多才多艺和渊博的知识。这个集子中的诗词当然是高质量的,将它放在前辈大学者们的许多集子面前,可以说毫不逊色,堪称一流。他富才情,不掉书袋;他有真情,不强作高调;他存个性,不人云亦云。他兼擅众体,以诗而论,无论古诗、律绝,歌行等都有佳作。以词而论,他填的乐调相当多,唐圭璋先生《梦桐词》仅用五十五调,吴先生集中的词却用七十二调,足称行家里手。他的书法从小练起,学过小楷,行书似有乃师夏庐笔意,诗词集中附有四篇影印书迹,也可算上是一个杰出的书法家。他的画造诣也很高,诗词集前插入的四幅自作画页都是山水花鸟。

　　吴先生诗词集里有二十多首题画诗,内容比较多样,有的赞扬,有的讽刺,有的阐发画理,有的感叹沦落,有的借题发挥,可发人深思。如:

> 谁能处顺学庄生?时见亲朋化鹤行。
> 苦恨灵堂花簇簇,默哀不敢学驴鸣。

追悼死者学驴鸣的典故,大约出于刘义庆《世说新语·伤逝篇》:"王仲宣(王粲字仲宣,建安七子之一)好驴鸣。既葬,文帝临其丧,顾语同游曰:'王好驴鸣,可各作一声送之。'赴客皆一作驴鸣。"这里,吴先生有感于一般追悼会重形式,貌似隆重严肃,却缺乏个性特色。因此,提出要学学庄子,对丧事采取超脱旷达的态度。这是借题发挥的好例子。总之,吴先生的多才多艺和博学多闻,使这部诗词集的内容和格调显得格外丰富多彩,这在目前出版的诗词集中是比较少见的。

末了,我顺手写下四言铭语八句,权当本文的结尾,并以此纪念吴先生的在天之灵:

白匋,白匋,不染黄尘。

戏曲名家,扬州才人。

弟子叩拜,至殷至勤。

高风亮节,百年诞辰。

2006 年 8 月 3 日于广西南宁

作者简介:毛水清,南宁师范大学教授,南京大学中文系 1961 届毕业生。

徐有富 _____

《吴白匋诗词集》读后

据《程千帆沈祖棻年谱长编》记载,1996 年 2 月 9 日,"程千帆打电话给徐有富,要求找人催一下出版社早日出版《吴白匋诗词集》",徐有富随即向时任南大中文系总支书记的朱家维作了汇报,经过朱家维奔走联系,该书于 2000 年 10 月由南京大学出版社出版,为我们留下了研究南京大学文学院重视培养学生诗词创作能力这一优良传统的珍贵资料。

一、吴白匋生平简述

吴白匋(1906—1992)出生于官宦世家、书香门第。其先祖吴朝潜曾将自己的书房命名为"有福读书堂",其伯祖父吴引孙于光绪五年(1879)考中顺天乡试举人,光绪十四年(1888)九月补授浙江宁绍道台,兼浙江海关监督,此后便官运亨通,直至宣统二年(1910)六月,奉旨补授浙江布政使,赏头品顶戴。辛亥革命后,弃官遁迹上海。他在老家扬州城东古运河畔修建了一座豪宅,并在宅院的东北角仿著名的宁波"天一阁",建了一座藏书楼,命名"测海楼",其底层为子孙读书处,沿用"有福读书堂"名。

吴引孙一家长期住在上海,吴氏宅院与藏书楼由其弟,也即吴白匋的祖父吴筠孙管理。吴筠孙于光绪十四年(1888)中举,复于光绪二十年(1894)考取进士,曾任湖北荆宜道台及江西浔阳道尹。他的四个孙子成了藏书楼的最大受益者:吴征铸(字白匋),著名戏剧家,曾任江苏省文化局副局长、南京大学教授;吴征鉴(1909—1982),著名医学生物学家,曾任中国医学科学院副院长;吴征铠(1913—2007),著名物理化学家、核科学家,中国科学院院士,曾任核工业总公司科技委高级顾问;吴征镒(1916—2013),著名植物学家,中国科学院院士,曾任中国科学院昆明热带植物研究所所长、名誉所长。以上四人,在扬州被誉为"吴氏四杰"。吴白匋的母亲颇有卓识,她很早就预见到吴家将风光不再,于是撙节家用,供养儿子们读书,将他们全都培养到大学毕业,为其各奔前程打下了坚实的基础。

测海楼的藏书在战乱中被吴引孙的后人卖掉了。吴白匋1928年所作《鬻书》诗谈及此事:"伯祖踪天一,勤求二十霜。官来偷百种,贾笑捆千箱。老树乌啼早,空楼日影长。诸孙思卓荦,无福坐书堂。"小序云:先伯祖"随时购觅,意在取其适用,为异日子侄能读书而憾无书者备焉。二十年间共得八千余种,构有福读书堂藏之。去冬有军官强住余家月馀,盗善本数百册去。诸父惧其再来,乃以贱值悉售之于北贾王富晋。"据韦明铧《风雨测海楼》(载《雨花》1999年4期)一文记载,1930年8月,吴氏测海楼藏书计装589箱8020种全部运抵北平富晋书社上海分社。

吴白匋1931年毕业于金陵大学文学院,并留校任教。抗战爆发,吴白匋于1937年11月离别南京,途经屯溪、长沙、武汉,1938年正月抵成都,与恩师胡翔冬等同住白丝街,直到1939年6月白丝街遭到轰炸,不可复居,遂各自散去。后在四川江津白沙国立女子师范学院任教五年。抗战胜利后,历任江苏省立教育学院、无锡国学专修学校、东吴大学、江南大学教授。尝"私谓解放前文人不重视地方戏,今一插手,可作魏、梁"(《乙卯自剖诗》第十一首自注,魏、梁指明代著名曲家魏良辅和梁辰鱼),遂于 1952 年调入文化部门工作。他 1953 年起任江苏省文化局戏曲审定组组长,1954 年起任江苏省文化局戏曲编审室主任,1956 年起任江苏省文化局副局长,曾主持、指导或执笔整理、改编、创作戏曲剧本三十余种。其代表作有锡剧《红楼梦》《双推磨》《庵堂相会》,扬剧《百岁挂帅》《袁樵摆渡》《金山寺》等。吴白匋"文革"中受到批判,直到 1972 年夏天被"解放",等待分配工作。1973 年秋重返教坛,先后任南京大学历史系、中文系教授,并在中文系指导过戏剧史专业研究生,如李晓、杜朝光、邹世毅、郑尚宪等皆为其入室弟子。曾任中国戏剧家协会江苏分会主席、名誉主席。

吴白匋的诗词创作水平也为人称道。程千帆《吴白匋先生诗词集序》云:"先师和州胡君翔冬自一九二七年掌教金陵大学,至一九四〇年归道山,以诗律授诸生者十有三载","作手辈出,而无为佘磊霞、上元高石斋及先生实为入室弟子。其篇什皆有声于坛坫,为耆宿所惊叹,盖一时之盛也"。吴白匋《乙卯自剖诗》第二首自注还谈到他"十六学词,模仿白石、梦窗"。并取《离骚》"欲少留此灵琐兮"之意,将其年轻时所作词编为《灵琐集》呈师友请教,黄侃《书灵琐词后》赞赏道:"雒诵新篇喜不胜,君家君特有传灯。论词突过王僧保,始信清才在广陵。"(载诗词集卷首)第二句指吴白匋写词继承了南宋著名词人吴文英的传统,论词还超过了他的同乡清人王僧保的《论词绝句》。著名词人沈祖棻在《岁暮怀人》也称吴白匋"高步词坛三十秋"。本文将着重探讨一下《吴白匋诗词集》的内容与艺术特色。

二、关于内容

1."凤褐"与"热云"

吴白匋将 1927 至 1949 年所写诗词删存 221 首,命名为《凤褐盦诗词》,

显然取自杜甫《北征》"天吴及紫凤,颠倒在短褐"诗意。复将 1958 年 4 月以后所写诗词删存 226 首,命名为《热云韵语》,其《小引》云:"念今日诗词皆属旧体韵文,虽格律风貌不同,宜合为一集。热情始终不改,而际遇变化如云,因以《热云韵语》自署。"可见,他认为自己的诗词创作受到了时代风云的影响,也能在一定程度上反映时代风貌。

吴白匋 1926 年考入金陵大学,1931 年毕业后即留校任教,所以他在抗日战争前的这一段时间,生活还是相当安定的。这在他的诗词中也有鲜明反映,如《祝英台近》小序云:"壬申三月,看花锺山,归循北湖作。"其上阕曰:"破愁红,吹粉泪,桃李满衫雾。屐齿含香,游计怨迟暮。断肠清角高城,斜阳废垒,只写入乱花狂絮。"当时作者大学毕业留校工作不久,正是春风得意的时候,所以在游览紫金山之后,接着又循玄武湖而归。词中的"愁""泪""怨""断肠"诸词,似觉"少年不识愁滋味""为赋新词强说愁"的味道;但是 1931 年"九一八"事变爆发,日寇紧逼,国难日深,也为此词染上了备战御侮的氛围。

正如程千帆《吴白匋先生诗词集序》所说:"及抗日军兴,违难西蜀,遂更进以稼轩为师,而杜老忠愤感激之情,亦往复于其笔端。"如《百字令·闻首都沦陷前后事,挥泪奋笔书愤二阕》之二,就忠实记录了日寇占领南京后的残暴罪行:"腥膻扑地,恸五云城阙,竟沦骄虏。醉曳红襦侵病媪,马足模糊血土。刳孕占胎,斫头赌注,槊上婴儿舞。秦淮月上,沉沉万井如墓。"具体写出了日寇南京大屠杀的惨无人道,罪大恶极。作为一介书生,他也表达了报仇雪恨的强烈愿望:"从古哀师能克敌,三户亡秦必楚。挥日长戈,射潮连弩,雪耻扬神武。"抗战胜利后,他在《南乡子·还家》中,也道出了全国人民所共有的欢乐:"白日照生还,小院明窗妇子喧。却怪今朝非梦里,团圞。无复迷离一晌欢。　无泪复无言,腹里车轮转万千。一语迟迟终欲说,潸然。乱后重逢未暮年。"颇能让人联想起杜甫在安史之乱中重新见到妻子的场景,所以他将自己在解放前所写诗词命名为《凤褐盦诗词》是有道理的。

解放后的政治风云在他的诗词中也有鲜明反映,如《丙辰金陵上巳》:"绕碣花环白胜银,儿童热泪馨天真。无端上巳狂风雨,凄绝家家献祭人。"自注云:"时南京男女老幼争赴雨花台烈士墓碑前献花圈悼念总理,'四人帮'竟污蔑为'南京反革命事件',横加禁止。"而对于粉碎"四人帮"的喜讯,他也第一时间做出了反应,如《下黄山途中见墙报,喜四凶已除》:"喜报粉墙揭,征韶笑语盈。乌云弹指散,三十六峰晴。"此类诗显然具有诗史意义。

2. 吴白匋与妻子

《乙卯自剖诗》第四首自注云:"余始终囿于温柔敦厚之旨。"其为人也是笃于亲而忠于友的。他的集中有好几首写妻子的诗,都显得情真意切。据《哭肃愔》可知,他们是在 1928 年冬天结婚的。过了三个月,小两口才到吴道台宅的芜园游玩,一道捕捉飞舞的彩蝶,观赏翘着蓝尾巴的鸣禽,以至新娘子的绣花鞋都沾上了泥垢,她的娇声软语惹得祖母很开心,作者在《芜园》十首之八中云:"新妇来三月,荒园才一探。垢泥胶凤舄,破阁指龙潭。舞蝶扑翅赤,鸣禽翘尾蓝。床前进娃语,祖母笑声酣。"这些细节描写,充分表现了他对新妇的怜爱之情。

新婚不久,吴白匋就回到南京求学,写了首《水调歌头·久不得肃愔书,却寄。用东山体》词,他明明是在思念妻子,却偏偏写妻子正在思念自己:"上空楼,凭远槛,望澄潭。飞鸦数点,无端天际乱归帆。"此数句显然巧妙地化用了宋人秦观"寒鸦万点,流水绕孤村"以及柳永"想佳人、妆楼颙望,误几回天际识归舟"的意境。

抗战期间,吴白匋孤身一人到四川谋生,而由妻子领着儿女们在敌占区艰难度日,临别之夜难舍难分是可想而知的,其《拜星月慢·丁丑岁不尽八日,峡中夜起,对月忆内》下阕云:"记昏灯,泪湿梨花面。西征路、夜夜思量遍。愿共此夜清辉,到家山庭院。暗归魂,六合兵戈满。孤帆去,万壑闻长叹。但聚泪,替酒觞春,祝团圞不远。"待抗战胜利,他们重新团圆时已经过去了八年青春岁月,上文所引《南乡子·还家》就充分表现了夫妻久别重逢的欢乐。

吴白匋的夫人"文革"前就去世了,而在去世三十年后,还进入了吴老的梦境。其《三月初一夜闻雷二首》之一云:"角枕迷离蝶影亲,怒雷惊破片时春。"之二复云:"二寸乌银四字书,宝奁经劫未全虚。拈来犹记纤红指,妆罢低眉细剔梳。"自注:"悟亡卅年,遗剔梳银片一,上镌'百年和合'字。"此遗物经过"文革"破四旧运动,还能被吴老精心地保存着,可见它凝聚了夫妻双方的深情蜜意。

3. 吴白匋与恩师

吴白匋与老师的关系极亲切,南京大学文学院素有师生一道游山玩水并赋诗填词的传统。如吴白匋的诗作《戊辰九月十五日,随翔冬师、南雍诸先生游牛首山,同饮普觉寺》《奉陪夏庐师游周处台,为兵子所驱》等就说明了这一点。他的恩师吴梅 1939 年 3 月 17 日病逝于云南大姚县,吴白匋作《水龙吟·哭瞿安先生》悼之,其下半阕云:"陪坐斠宫斠徵,荡琼箫、船灯在水。酡颜照客,刚肠敌酒,古欢还记。沧海尘飞,西州恸哭,思量何地。待收京痛饮,石桥重过,洒羊昙泪。"作者在词中回顾了他向吴梅学习词曲的情景,以及从吴梅在南京夫子庙秦淮河的画舫上饮酒作词的盛况。并表示在抗战胜利后,要到吴梅在南京大石桥的故居,像晋人羊昙悼念他的恩人谢安那样一洒自己的泪水。

他的恩师胡翔冬复于 1940 年 11 月 9 日病逝于成都,吴白匋作《金缕曲·哭翔冬师二阕》悼之,略云:"嗟余小草劳深护。羡当年、酒灯红照,掀髯笑语。万里相从谁能料,残醑唯沾坟土。"词中表达了从胡翔冬学诗的情景,以及自己的哀伤。吴白匋在《翔冬先生遗事》一文中专门谈到先师讲授诗学的情况:"同学中之学诗者,苟有近作呈正,师必细加评阅,课室中言之不足,则命至其家,煮茗置酒,对谈终夕。偶改诸生诗一二字不就,往往终夜不寝以求之,必至妥帖而后已。"像这样的老师当然是值得怀念的。

再就是胡小石，吴白匋在《哭夏庐师》三首之三中说："相从卅六载，雨露殷勤加。白下种杨柳，苍山开李花。"可见吴白匋与胡小石有过很长时期的亲密交往。如前所说，吴白匋抗战前在金陵大学求学与工作期间，曾陪胡小石游过周处台，而胡小石也写过《二月十五日同确杲、白匋太平门明孝陵看花，还饮市楼》。抗战后，胡小石与吴白匋同在四川江津白沙女子师范学院工作期间，吴白匋写过《春从天上来》，小序云："夏庐师返自昆明，为述飞机中所见，谨记以词。"而胡小石也写过《赠白匋》，诗云："舫头丝管梦中春，尘浣当年白练裙。今夜驴溪烟树里，空留残月照流人。""舫头丝管"是指当年两人在南京夫子庙秦淮河的画舫参加诗词创作宴集活动；"驴溪"在江津。诗歌采用空间转换的方式，表达了两人共有的沧桑之感。解放后，他们同在南京，由于志趣相投，所以交往频繁。特别值得注意的是，胡小石写了《同白匋作》六首七言绝句，吴白匋也和了六首，题为《一九六〇年春，夏庐师作六绝句，匋继和》，所写内容有不少是师生二人共同经历的，如第二首："春风侍坐北湖舲，出水荷钱不碍篙。晚泊团洲问仓姥，几时孙女卖樱桃？"自注："团洲四面环水，居民仓老太夏庐师识之。""团洲"即现在玄武湖菱洲。这在胡小石《己未夏游北湖……》一诗中得到了验证："花笑烟啼镜里粧，迎船无复旧垂杨。湖南仓姥还相识，弹鸭当年侧帽郎。"有趣的是，吴白匋还写了一首《瘦西湖》诗，其后两句"倚篙村姝还相识，四十年前白裌人"，显然受到了胡小石这首诗的影响。吴白匋对所写上述绝句比较满意，特地更名为《北湖即事》写成条幅（见诗词集卷首图版）。其诗歌创作方法与书法，都明显受到了胡小石的影响。胡小石去世后，吴白匋作《哭夏庐师》三首，起句为"北斗同尊仰，南雍一大师"，并对其成就作了高度评价。胡小石的诗词集以及其他不少遗著在"文革"中丧失了，吴白匋在《胡小石先生传》中说："1972年，铸发愿重新搜辑，数年来从师家属与同门弟子处，以及各种报刊上抄得古今体诗251首，词19阕，约存全貌之半。"他将所搜集到的各种胡小石遗著整理为《中国文学史讲稿》《唐人七绝诗论》《愿夏庐诗词钞》《愿夏庐诗词补钞》《愿夏庐题跋初辑》《愿夏庐题跋续辑》等予以正式出版,他对胡小石书法文献的整理也功不可没,为我们树立了尊师的榜样。

4. 吴白匋与老同学

吴白匋的老同学均受过吟诗填词的训练,同学间交往往往有诗词唱和之乐。如1940年6月,沈祖棻在成都作《鹧鸪天》,序云:"再病新愈,白匋、石斋雨夕邀饮,漫拈此调。"下阕云:"花市散,角声长。锦城丝管久凄凉。一川烟草黄梅雨,不是江南更断肠。"沈祖棻再入成都四圣祠医院做了肿瘤切除手术,身体虚弱,再加上战乱,心情凄凉是可想而知的。吴白匋随即依原调和词一首,序云:"同石斋、子苾薄饮市楼,有怀金陵。"词曰:"闲梦江南细马驮,繁樱千树覆春波。锦城纵有花如雪,一夜高楼溅泪多。　　　　抛远恨,仗微酡。新烹玄鲫引红螺。莫教重听潇潇雨,还为今宵唤奈何。"吴白匋、高石斋约沈祖棻小聚,显然是对她大病新愈作精神上之慰藉,正如胡小石在《唐人七绝诗论一》中所说:"夫人生最感甜蜜者为回忆,回忆即将过去所得之生命,使其重新活动于眼前。如饮苦酒,虽苦而能令人陶醉也。"这次聚会,还有词中所提到的"新烹玄鲫"给沈祖棻留下了难忘的记忆。1977年4月27日,沈祖棻偕程千帆抵达南京,再次与老朋友们相聚,吴白匋又作了一首《鹧鸪天》,末两句为"新烹也荐双玄鲫,俊味何如锦水长?"自注:"曩在成都同食玄鲫,子苾犹忆及之。"

自从程千帆被错划为右派以后,沈祖棻就很少出游了,但是1963年暑假,她依然独自到南京会见了老同学,并写了《癸卯夏重游金陵,赋呈子雍、白匋十首》。第一首云:"白下清游误归期,七年离恨夜灯知。人间纵有登仙乐,不及秦淮重到时。"第九首云:"玄武湖中同泛棹,鸡鸣寺畔屡停车。从今别梦依依处,旧地新添绿柳居。"吴白匋也写了首《子苾从汉皋来,子雍约同游北湖》:"晓日融霜鬓,新荷豁倦眸。四围生意满,倍胜少年游。山远能无想,湖澄可莫愁。何当同苦茗,岁岁聚樱洲。"沈祖棻因聚会耽搁了归期,而吴白匋希望岁岁相聚,可见这次老同学聚会是多么令人陶醉与留恋。

平常,老同学之间也是相互挂念的。如沈祖棻《乙卯新岁寄白匋四首》提到"开札惊新病,怀人诵旧词",第四首写道:"青衿弦诵地,旧梦杳难寻。老觉交情重,别来相忆深。湖山同胜赏,文字书知音。更作他年约,倾杯论素心。"吴白匋也和了四首,题为《七四年冬病起,子苾数寄诗慰问,奉答》。其第一首云:"双鱼下武昌,千里友情长。透墨笺无色,凝诗泪有光。顿惊冬日暖,欲罢药炉香。唯愿知音者,闻歌不断肠。"双方都将对方视为知音,并希望再次在南京聚会。

1977年春天,程千帆、沈祖棻夫妇携外孙女早早重游南京,沈祖棻写了十八首诗记其盛。第九首是专门写给吴白匋的。而吴白匋也专门写了两首《鹧鸪天》词,第一首自注:"子苾、千帆自武昌来,荑荪自沪上来,因约启华、汉生与余,集饮北湖。"第二首自注:"越三日同白鹭洲茗坐。"末两句曰:"明年红了樱桃日,早早重来弄彩舟。"自注:"子苾外孙女名早早。"遗憾的是1977年6月27日,沈祖棻从沪宁探亲访友回到武昌,快到家时,遭遇车祸,不幸逝世。噩耗传来,吴白匋作《得荑荪书,闻子苾以车祸死,痛哭作三首》,略云:"鹭洲轻别后,生死顿分开。凝恨三山碧,衔冤一匣灰。"时至今日,吴白匋和他的老同学、老朋友均已去世,但是诗词中所洋溢着的老同学、老朋友之间的真挚友谊是永存的。

5. 吴白匋与戏曲艺人

吴白匋从小热爱戏曲,1932年在扬州曾师从谢庆溥学过昆曲老生戏。在金陵大学求学与工作期间也和他的老师胡小石一样,经常到夫子庙听民间艺人董莲枝唱梨花大鼓。他在1937年流亡途中,经过汉口,还特地去观看流亡在汉口的董莲枝演出,并写了一首《浣溪沙》,序云:"汉上遇秦淮旧人董莲枝歌《剑阁》《闻铃》。"下阕曰:"淡月清溪多少梦,晴川芳草不胜情。那堪重听雨零铃!"他在《一九六〇年春夏庐师作六绝句,匋继和》组诗中,也和胡小石一样,提到了董莲枝:"《焚稿》《闻铃》断客肠,南柔融合北清刚。东风暖入梨花片,何意滇池失董娘。"道出了董莲枝演出梨花大鼓的效果与艺术特色,以及对她在昆明歇演,并从此杳无音讯的无限怅惘之情。

解放后,吴白匋在江苏省文化局工作了二十年,负责地方戏曲的创作与审查工作,故戏曲艺人在他的诗词中也有生动反映。如《上海昆剧团举行精英展览演出,俞老以八四高龄演〈惊梦〉,喜赋》:"灵光鲁殿见高台,鼓掌雷鸣绣幕开。十二花神翩彩袖,扶将大羃柳郎来。"俞老指俞振飞,是昆剧与京剧大家,曾任上海昆剧团团长。此诗截取俞老演出开场亮相时的情景作为描写对象,写得声势夺人,从而表现了俞老的德高望重、不同凡响与深受欢迎。

再如《挽周传瑛》,周传瑛(1912—1988)是昆剧"传"字辈的著名演员,曾组建并担任过浙江昆剧团团长,1956年参与改编、导演,并主演了《十五贯》,轰动全国,《人民日报》特发社论表彰,被周总理誉为"一出戏救活了一个剧种"的典范。该诗以朴素的语言,通过一个演员的遭遇,反映了昆剧的发展与变化。

江苏省昆剧院一级演员张继青(1938—　　),曾获1983年度第一届中国戏剧梅花奖,并荣登榜首。吴白匋《赠张继青》云:"丽娘寻梦一低吟,倾倒花都与柏林。躁到极时翻爱静,天教西土出知音。"自注:"继青去岁演《牡丹亭》于柏林,今年于巴黎,不用字幕与扩音器,而千人屏息细听,曲终鼓掌雷鸣,谢幕十余次始已,盛况不亚于梅兰芳。盖西人好动,日困于喧闹中,一聆清音雅奏,乃感如入清凉世界,饱享恬静之乐,自然为之倾倒,其为知音,非偶然也。"该诗使我们充分感受到了国粹昆剧的艺术魅力。

6. 吴白匋与书画界朋友

吴白匋能书善画,精于书画鉴定,而且当了十多年的江苏文化局副局长,所以结交了不少书画界朋友,也写了不少相关的诗。

　　有些诗对书画家及其作品作了评价,如《徐悲鸿先生逝世二十五周年纪念》,一开头就对徐悲鸿在国画领域与中国美术教育方面所作出的巨大贡献做了总体评价:"从来无声诗,风貌贵首创。清季病摹古,葫芦但依样。徐老挽颓波,大力鼓后浪。中外熔一炉,取舍各精当。写意先写实,形完神益王。造化摄毫端,生机溢屏障。传神添颊毛,四海推巨匠。"接着还对徐悲鸿画马专门作了重点论述:"生平千里志,借马抒倜傥。骨佸金铁坚,气挟风雷壮。奋迅赴边庭,踏破狂寇帐。真堪托死生,杜甫言非诳。遂于曹韩外,另辟路浩荡。""曹韩"指唐代画马名家曹霸与韩干,若非对中国美术史有深入了解,是不会用诗歌作出如此精当的评价的。

　　再如《龚半千三百年祭作》:"清凉山下在家僧,权贵敲门总不应。秋老满山黄败叶,敢将一帚扫千层。"龚贤(1618—1689),字半千,明末清初著名画家,金陵八大家之一。早年曾参加复社活动,入清隐居不出,晚年定居南京清凉山。此诗为纪念龚贤去世三百年而作,没有评价他的书画诗词创作成就与特色,而是突出了他不与清政府合作的态度,以及他宁愿过着贫困的生活,而不与权贵结交的品格,并且塑造了他在清凉山扫叶的形象,也可谓善于构思与选材了。

　　他对那些颇有水平而名声不显的画家深表惋惜之情,如《题许公泽〈蜀山图〉》:"嘉陵粉色照青春,老去逃名碾玉尘。多少英贤罗画苑,如何咫尺失斯人?"据该诗自注可知,许公泽"抗战中在重庆颇有画名","解放后为扬州手工业厂工人"。对照如今书画界水平不高,而凭借自己的社会关系与个人炒作能力而名声鼎沸的所谓书画家比比皆是的现象,此诗也可谓有感而发了。

　　也有借题画诗写人生感悟的,如《又题画鱼》:"清波光四照,唼藻游鱼跃。本无贪饵心,不受渔人钓。"世人往往因为贪图小便宜而受骗上当,此诗告诉我们只要无心贪图非分之财,将生活得很惬意。还有的题画诗是借题发挥的,实际上也是表现对人生的理解。如《观黄冑画驴有感二首》之二:"谁能处顺学庄生,时见亲朋化鹤行。苦恨灵堂花簇簇,默哀不敢学驴鸣。"观黄胄画驴,使他想起一则关于驴的典故。《世说新语·伤逝》篇云:"王仲宣(即王粲)好驴鸣,既葬,(魏)文帝临其丧。顾语同游曰:'王好驴鸣,可各作一声以送之。'赴客皆一作驴鸣。"他又联想到庄子对待亲人死亡的态度。《庄子·至乐》篇说:"庄子妻死,惠子往吊之,庄子则方箕踞鼓盆而歌。"惠子说这样太过分了。庄子回答道:"察其始而本无生,非徒无生也而本无形,非徒无形也而本无气。杂乎芒芴之间,变而有气,气变而有形,形变而有生,今又变而之死,是相与为春秋冬夏四时行也。"也就是认为人的生命是由于气之聚,人的死亡是由于气之散,有聚就有散,有生就有死,生死的过程不过是像春夏秋冬四时的运行变化一样,是必然的、不可避免的自然现象。与以上两个古人悼亡的例子相比,吴白匋认为今人悼念死者过分拘于形式,于是在诗中对开追悼会讲排场,只注重花圈的多少,以及送花圈者的级别的社会现象,进行了讽刺与批评。

7. 吴白匋与自然景物

吴白匋喜欢游山玩水,曾在《敢登》诗中说:"敢登便不难,七十上黄山。"其中抗战期间,写蜀地山水尤有新意。其《卜算子·入西陵峡》云:"不见一螺青,少小扬州客。丧乱天教饱看山,直上蚕丛国。"如《南歌子·洪椿坪至仙峰寺道中口占》上阕:"高鸟啼边立,飞泉断处行。野花绣磴不知名。遥望一峰欲雨、一峰晴。"寥寥数语就将峨眉山地区植物繁茂,鸟类众多,泉水充沛,湿度大等特点极其生动地描写出来了。再如《浣溪沙》:"翠叠杉楠大壑寒。悬崖枫绚一枝丹。迷离醉眼当花看。霜叶栖霞愁似海,凭高东望路漫漫。浓雾半霎失千山。"其小序云:"峨眉遍山皆绿,唯金顶道中见小红一树,为低回久之。"万绿丛中的一树红枫引起人们的特别关注是符合审美规律的,但是作者"低回久之"的另一个原因,是它让诗人想起了南京栖霞山的满山枫叶。此词好在以眼前景色写出了自己的迷茫心情。

吴白匋对自然景物的观察细致入微,善于通过事物的特征来加以描写。如《楠木林》:"童童列盖不相侵,直干峥嵘过十寻。新叶春生推故叶,飘零满地尽丹心。"自注:"楠叶落色如丹。"他似乎对红色情有独钟,甚至能从眼前景色中发现诗意,如《窗外梧桐初出嫩叶,鲜红若花,而从古诗人画士无写之者,因拈二十八字》:"多少秋声出一枝,去年微雨画帘垂。可怜三月新芽发,些子红情诉与谁?"这些很少被人注意的景色却一再被诗人写入诗中,反映了吴白匋对多彩生活的追求和观察景物的别具只眼。再如《鹧鸪天·寄长卿》中的两句诗"长河落日千驼饮,青海凝云数鹘骄",可谓描摹西北边陲风光如画,之所以能做到这一点,就在于作者抓住了几个最富有地域特征的景象。

三、若干写作特点

1. 写自己的真情实感

吴白匋将解放前写的诗词集取名为《凤褐盦诗词》,将之后写的诗词集取名为《热云韵语》,显然是希望读者能从中了解时代风云的变化。其实,他是被动地卷入抗日战争与以后的政治运动漩涡中的。如前所述,他擅长于写自己的爱情、师友情与山水情,他也乐于表达对生活的感受,如一张照片引起了他的温暖回忆,于是便写了首《题浩浩吻母小影》:"六十年前小巷家,今看片纸梦交加。依稀儿面红苹果,暖贴娘腮玉李花。"这首绝句是吴老在看了曾外孙浩浩抱吻母亲(吴老孙女)照片后,情不自禁回忆起六十年前,浩浩的外祖父,也就是吴老二儿子面贴爱妻脸颊的相似情景写下的(吴白匋爱妻姓李,其诗词常以"李""李花"暗喻之),为我们描写了一个极其温馨的画面,四代人的亲情是那么的美好与甜蜜。

吴白匋还有一首《调笑令》,是祝贺他的研究生李晓新婚的:"人面,人面,梦里花光曾见。半轮秋月平羌,流照吴波路长。长路,长路,一缕红丝穿度。"

小序云:"李晓贤弟,吴人也,求凰有年矣,去岁于役嘉州,遇蜀姝杨中梅,初见似旧相识,通函半载,遂结丝萝,因作小词贺之。"词中的"平羌"指平羌江,河道迂回,风光绮丽,又称嘉州小三峡,是新娘生活的地方。"吴波"指长江下游苏州地区,是新郎生活的地方。此词虽为应酬之作,但是吴老对弟子结婚感到由衷的高兴,所以写得情趣盎然。

再如《梦扬州》的下片:"因念当时俊游。访玉软云温,露饮扶头。泪枕背灯,一寸横波频留。断肠别后成追感,写旧情,空满银钩。情未减,星辰昨夜,飞梦扬州。"所写当为他年轻时的一段旧情。此词依据小序可知写于1936年,其后半个多世纪里,作者曾多次对旧作大加芟削,却始终保留此词,显然不是一时疏忽。也许在词人看来,只要是真情,即使时过境迁,也有值得留恋和肯定之处。

吴白匋也勇于在诗词中表达与众不同的感受。如《题自写梅》:"聚景官梅是病梅,画中古貌出盆栽。拳枝曲干蟠龙势,辛苦园丁捆绑来。"清人龚自珍作《病梅馆记》批评了文人画士以曲为美、以欹为美、以疏为美的审美观,特辟病梅之馆贮病梅,以疗之、纵之、复之、全之。他的文章颇受好评,并被选为高中语文教材,但是盆栽"病梅"的状况,仍然持续不断。吴白匋不仅画了一幅"病梅",而且还写了两首诗,客观地反映了这种审美现象,以引起人们的深入思考,它至少说明事物是复杂的,是不能一概而论的。

2. 语言趋向通俗

吴白匋在《乙卯自剖诗》第四首自注中说:"少酷爱长吉体诗,百摹不似。"可见他写诗是从学习李贺入门的,但是并不成功。经过反思,他在《学诗》诗中说:"转得多师益,于诗为杂家。"直到1981年他在所写《热云韵语·小引》中还说自己写诗:"结习未除,时不免求深反晦,良自愧也。"这也表明他的诗歌语言是在通俗化的道路上不断进步的。

他早年也写过一些通俗易懂的诗,如《下牛首山口占调冀野》:"笑脸团红一戳瞎,逢人便道我卢前。松冈眇马依驴后,揽辔彷徨不敢鞭。"卢前(1905—1951)是吴梅的得意门生,著名戏曲史专家,多才多艺,被誉为江南才子,吴白匋与他师出同门,时相过从,所以能用寥寥数笔就将其形象活画了出来。卢前谈锋甚健,却由于骑着一匹视力模糊的马而畏葸不前,正好形成鲜明的反差,颇得诙谐之趣。

改革开放后,他通俗化的步伐迈得更大,甚至将日常市井生活也写入诗中,如《偶成》:"帘外莺沉晓梦酣,春风依旧绿江南。无端邻媪唠叨破,入市归来咒菜篮。"此诗写邻媪抱怨菜价、诗人春梦被扰的懊恼,读者从中感到了烟火味。应当说诗人及其所作诗歌本来就应当与人民大众的生活息息相关。

《吴白匋诗词集》采用了旧体诗的形式,他在《咏"五四"以来诗词成就,次退之〈山石〉韵》一诗中说:"诗词谁云今式微,方与新体争高飞。""情真何怕守格律,赤骥千里口络靰。寄语少年朗诵客,殊途自古能同归。"作者对"五四"以来旧体诗词成就作了充分肯定,而对新诗则一笔带过。后来他又写了首《率意为长短句题石林新诗卷子》:"真性情出君肺腑,好言语沁我心脾,似清泉喷出朱砂底。广庭朗诵时,不识字人听得欢喜,记得容易。不依靠神话美丽,不卖弄哲理玄虚,不创造涩句怪字。总而言之,没有流行的可口可乐味。这样的新诗迈过了旧诗词。"题目称"长短句"而未写明词牌,在这里显然指新诗。诗中所使用的全部是现代汉语的词汇与句式,这是《吴白匋诗词集》中唯一的一首新诗,并对新诗的成就作了充分的肯定。此诗也可看出是吴白匋诗歌语言通俗化的一个标志。

3. 多用小序与自注

因为词受到篇幅与格律的约束,力求用尽可能少的词语表达尽可能多的内容。为了帮助读者理解与欣赏其所写诗词,吴白匋普遍采用了小序与自注的形式。该集共收诗词447首,其中有小序135则,自注200条。

　　小序多用于词,因为词牌不足以反映词的内容,所以有的小序实际上就是词的篇名,一般都会借以交代诗词创作色时间、地点、人物与相关事件,如《鹧鸪天·辛未除夕》《点绛唇·怀静农》《点绛唇·燕子矶看榴花》等。有的交代用韵情况与写作方法,如《梦芙蓉·次梦窗韵》《诉衷情·水谷夜行口占用飞卿体》《清平乐·题海秀〈江南花讯〉画册,集梦窗句》等。还有的小序反映了创作时的心情,如《蝶恋花》小序云:"将去西湖,畅游山南诸胜,次日微雨,别意殊依依也。"有的小序还记录诗坛往事,颇有史料价值,如《瑞龙吟·戊寅春,成都白丝街花近楼》的小序,因文长不录。由于小序为作者精心结撰,有些颇类抒情散文,如《霜花腴》小序云:"壬申九月,重游栖霞,风日妍煖,士女阗闉,避嚣独往枯涧中,森壁交藤,冥冥无极,每于石罅,听枫林落叶声。嗣登高峰,意益雄放。磊霞赋诗二章,因亦次梦窗韵作。"

　　自注多用于诗。由于诗词常用典故,包括今典,有时没有注,读者往往弄不明白。如《追悼费克同志》的首二句:"发聋小调来茶馆,满意奇文出酒楼。"自注云:"解放前君谱《茶馆小调》暴露反动派,六十年代写电影剧本《满意不满意》歌颂先进服务员。"可以说只有在读了这条自注后,我们才对这两句诗有了真正的理解。

　　作者还在自注中介绍了一些文坛掌故,如《哭夏庐师》中"诗接刘宾客"自注云:"师七绝诗最超妙,自刘宾客入,参以谢鲇羽,散原先生见而叹曰:七百年来,无此作手。"再如《赠萧平》中"高才终脱颖,海外大遭逢"后自注云:"君善鉴别,而遭压抑,幸得徐邦达推荐,美国人以教授礼聘之,为数有名之博物馆鉴定藏品。"作为当事人,他在自注中提到的一些往事亦有参考价值。如《瞻园歌》"惜哉奇石北湖挪"句自注:"园旧有巨太湖石,传宋花石纲所遗,解放后移置北湖。"

　　尤为可贵的是他在《乙卯自剖诗》的自注中对自己的文艺创作进行了反省。关于词,他谈道:"十六学词,模仿白石、梦窗,解放后自悔如吸阿芙蓉膏三十年。"复云:"亦学细笔画、小楷书,俱病纤弱。见《蕙风词话》有'兰畹、金荃皆谓香而弱也'之说,乃自护短云'与余词体相称'。"可见,他在词作方面受南宋姜、吴两家影响至深,词风近婉约一派,几乎没有激昂慷慨的词作,诗亦如此。

《吴白匋诗词集》体现了南京大学文学院重视培养学生文学创作的能力的优良传统与成绩,是值得珍视的。

（原载《程门问学》公众号 2020 年 12 月 11 日,收入此集时略有改动）

作者简介:徐有富,南京大学文学院教授,博士生导师,系程千帆先生弟子。

侯荣荣

梦窗才调老词仙

——读《吴白匋诗词集》

梦窗才调老词仙,玉茗新声海内传。

一样湖光山色里,匆匆聚散几经年。

——《癸卯夏重游金陵,赋呈子雍、白匋》

这是现代著名词人沈祖棻先生之作,诗中所誉为"梦窗才调"者,即指吴白匋先生。吴先生向以文史研究并戏剧创作名世,然才人多能,兼擅诗词。先生自髫龄开始诗词创作,至八十余岁归道山前而不辍,可谓是终身之好。其一生所作,删冗汰杂后,成《吴白匋诗词集》一册,于 2000 年由南京大学出版社付梓。捧读之下,觉其中珠玑满眼,随处可掇。于中不仅可追想当年金陵词坛之蕴秀(按:先生为三十年代金陵词社"如社"成员),亦可窥见一"旧式"知识分子在数十年沧桑风云中的心路历程。

先生早岁负笈金陵,受业于胡翔冬先生门下。一门师弟,颇多游吟唱和之乐。翔冬先生诗风习唐,而偏于涩险一路,人称"胡三怪"。先生为其弟子,习染其风,诗作庶几似之。又因先生此时方裙屐少年,风华正茂,才华横溢,故凡有所作,必不甘有一笔平淡,无论选体立意,遣词造句,必雕镂尽工而后已,诗作常富有极强的画面感和浓艳的色泽。

先生早年之作,起于 1927 止于 1949 年者,收入《凤褐盦诗剩稿》与《凤褐盦词》中。其中《凤褐盦诗剩稿》大体学唐,长于古风歌行,而于近体则略逊。其古风歌行,或学李贺之冷艳幽凄,或学韩愈之古拙厚重,门径各别。《丁卯除夕》《题〈江上芙蓉图〉》等,明显可见是对长吉歌诗的效仿。姑举前诗为例:

> 铜姑石姥泣千里,爆竹湿声飞不起。战腥未涤空洒尘,木公枉决天河水。广陵岁轴吟瘦客,坐守蜡灯凝夜紫。梦游天阙一回头,九烟沉沉曙色死。

无论是用典如"石姥""木公",还是设词敷色如"泣千里""湿声飞不起""战腥""吟瘦客""凝夜紫""梦游天阙""曙色死",都是取长吉的习用语,而梦游天阙,下眺九州的构思,更是对李贺《天上谣》的直接模仿。而作于 1928 年,记牛首之游的那首五古则颇饶古拙之风,试摘几句:

> 碗泡野茶梗,盘剥银杏粒。馥口俱谏果,回甘俨石蜜。
> 怪师蹲长凳,昌言帝登极。往者大雄殿,烧肉请佛吃。
> 醉堕牛鼻底,吾丧我值得。众僧篝火寻,救驾下松脊。
> ——《戊辰九月十五日,随翔冬师、南雍诸先生游牛首山,同饮普觉寺》

叙事如画,历历可观,饶有兴味。颇得昌黎《山石》之意。而其歌行,则遥承元白《连昌宫词》《琵琶行》之体格,如《猛士篇》等,以高华壮丽之语,用以表现时代之实事,与钱仲联先生感讽东三省陷落的《蝴蝶曲》同出一机杼。全诗写一当代国民党"猛士"之事,"玉虎停鸣龟甲坼,桓桓猛士飘然出。帽檐白日嵌青天,镜光生步革履鲜,挥弄一枝珊瑚鞭",骄横之状,跃然纸上;而下文之"蝶馆参差笑相向,腻粉瀺云春漾漾。婀娜金丝明灭灯,猩裙旋转盘涡浪。橡轮碾碎清溪头,夜夜新妇迎莫愁",则虽婉丽而亦多讽矣。

相较之下,吴先生的近体则不及古体,其绝句往往因为刻镂精工,转乏清新圆转之韵味。律诗设字造句,又常因不肯作平淡语,务求新奇,故或欠浑厚,而有轻薄艰涩之嫌。如"梦清蕉色活"(《题静农半山堂》)"日下石发冷"(《九溪十八涧道中口占,用杜韵》)等,此类诗作用力过度,非近体之正声,然设色轻巧,灵变跳跃,亦堪把玩。

吴先生词名,远过于诗,乃学界所公认。先生词风尤近梦窗,亦为时贤公评。黄侃先生当年赠弟子诗有"雏诵新篇喜不胜,君家君特有传灯"之句,五十年后,程千帆先生赠诗亦云:"君特传灯夸量守"(《寄和白匋先生见赠之作》),均直以梦窗传人视先生矣。梦窗词历来毁誉不一,自张炎"七宝楼台"说出后,学人往往随声附和,斥指为堆垛晦涩。先生独取梦窗,屡步其韵,词集中有《梦芙蓉·次梦窗韵》《霜花腴·壬申九月,重游栖霞,风日妍燠,士女圜闉。避嚣独往枯涧中,森壁交藤,冥冥无极,每于石罅,听枫林落叶声。嗣登高峰,意益雄放。磊霞赋诗二章,因亦次梦窗韵作》等,而后者小序中幽凄的景物尤近梦窗体格。

先生于诸前贤词家,独取梦窗为法度,私意度之,其因有三:一则为朱祖谋等词坛耆老遗风所及。清末词坛风气,除文廷式习稼轩、龙川语外,其余著名作者如"清末四家",大抵取法南宋,流传碧山、梦窗一脉。王鹏运词"导源碧山,复历稼轩、梦窗以还清真之浑化。"(朱祖谋《半塘定稿序》)郑文焯词则词藻绮密,词作常深涩过于梦窗。故晚清乃至民初,正是梦窗词风流行词坛的时代。二则作者重视镂字琢词,藻绘文句并刻意绵密构思的一贯创作风格,使他自然走上梦窗、白石之敷染幽邃之路,而非北宋词人之白描流丽的作风。三则梦窗那种含蓄隐涩、欲言又止的隐藏式表现手法并对现实政治的既关心又无奈的哀伤,正适合一个旧式知识分子在那样的时代烽火中用来抒写胸怀。对于一个在新旧文化中交错的知识分子来说，那个内忧外患并至，神州政坛变更不已，黎民啼饥号寒的时代，是文化传统中无数乱离时代的重演，故先生名其诗集曰"凤褐"，此二字取杜甫《北征》中"天吴与紫凤，颠倒在短褐"诗意，老杜诗句写安史之乱中一家的兵戈惨会，沉痛郁重，吴先生取此二字为题，正是要借以寄乱离中无限身世之感。

吴先生于解放前所作之词，依年代所收，分名为《灵琐》《西征》《投沙》三集，合入《凤褐盦词》中。《灵琐集》收 1937 年前于金陵求学及初掌教席时之作。题材虽无非踏青访翠，白门俊游，但敏感的词人已经在笔端表现淡淡的时代哀音：

> 向神京，梦里湖山，几人寻梦看？（《霜花腴》）

此词题为："壬申九月，重游栖霞，风日妍燠，士女阗闉。避嚣独往枯涧中，森壁交藤，冥冥无极，每于石罅，听枫林落叶声。嗣登高峰，意益雄放。磊霞赋诗二章，因亦次梦窗韵作。"在依旧金粉繁华的六朝故地，词人是一个独立清醒的哀伤者。又如作于 1933 年元宵佳节的《御街行·癸酉秦淮上元》：

> 霓光栅栅开喧市。车喷雾，人如水。秦淮长是恋春灯，多少闹蛾歌戏。归来儿女，殷勤撚粉，犹说团圞意。　　腊花凝紫愁无寐。满北户，酸风起。严城吹角报三更，梦冷昆仑前事。可怜今夜，月华如练，独照铜仙泪。

上阕写秦淮元宵秾丽之景。层层敷染，声色欲出。下阕则笔势陡转，一变为凄清之境。以"腊花""酸风"之冷笔反衬上阕之热景，如练月华的"独照"，又与上阕的车水马龙的"喧市"形成鲜明反差，而三更独坐的词人的寂寞，了了如现，末句中"铜仙泪"一典，则不动声色地点明了词作的主题，词人对民族命运的忧虑,不待直言而自悄然浮现。

　　1937年卢沟炮响,词人与广大黎民一起被抛入抗战的漩涡。抗战初,先生随校迁徙内地,途中辗转车尘,多有所作以纪行感怀,如《瑞鹤仙·风雨渡江》《浣溪沙·别金陵》《浣溪沙·过屯溪》等,实为一词史矣。"国家不幸诗家幸",先生于颠沛流离、艰难困苦中,所吟愈工。《灵琐集》中时或一见的"高楼夜夜芳春"(《醉太平·舞榭夜闻曲》)式的优游笙歌,已被《西征集》中"血痕碧化,劫灰红起,星殒纷如雨"(《青玉案·闻三弟道姑苏沦陷时事感赋》)的无情烽火所淹没。一向惯于浅吟低唱"淡月清溪多少梦,晴川芳草不胜情"(《浣溪沙·汉上遇秦淮旧人董莲枝歌〈剑阁〉〈闻铃〉》)式的哀伤的词人,已经不得不发出这样饱含血泪的愤激控诉:

　　　　不信天眼难开,天心难问,啖食终由汝!从古哀师能克敌,三户亡秦必楚。挥日长戈,射潮连弩,雪耻扬神武。虞渊咫尺,炎炎欲返无路。

　　　　　　　　——《百字令·闻首都沦陷前后事,挥泪奋笔书愤二阕》

　　　　凭高回首阵云深,不信骄阳光不匿!

　　　　　　　　　　　　　　——《木兰花·渝州永川道中作》

镗然嗒然,大哉其音!这种愤怒与自信实在是那个时代民族精神的最强音。一部《西征集》,可作斑斑八年抗战中一个知识分子心史的生动注脚。

　　《投沙集》所收乃1945年至中华人民共和国成立前的词作。寇焰方熄,内乱频生。无论登山临水,怀友悼师,词人摆脱不开的,总有那一份对国家民族未来命运的忧虑与关切,而这种关切与词人自身的际遇纠缠激荡时,便酿成那种欲语还休的情愫。姑举其《疏影·光午招引黑石山梅花林下,兴尽悲来,忽忆孝陵千树》一词为例:

奇温破腊，傍古梅半岭，清宴能设。压盏霞光，飘席灵芬，含醒笑拥伶䱑。巴山却恨春归早，异旧日，乡关冰雪。怕玉人、浴惯熏风，换了冷香仙骨。　　遥念江南此际，细禽唤未醒，寒意重叠。怎得明朝，峡里轻舟，稳趁芳菲时节。休教月夜相逢处，剩一望、绿芜凄绝。更那堪、骄角声声，乱入汉家陵阙。

词前小序中一"悲"一"忆"，已定下全词基调。开篇"奇温破腊"，为典型的梦窗式精工雕镂之笔，继则叙花下之宴，"压盏霞光，飘席灵芬"，细笔渲染，亦是梦窗常用的以骈文手法，琢句炼字写景的手段。接下从实景荡开，"巴山""乡关"，迢迢一应，愁思渐起，一"怕"字，领起下文，暗含对前途的无限忧虑。下阕词境接上阕而转，空间移往遥远的江南。遥想江南之春，鸟声"唤未醒"的，恐怕不光是自然界的重叠寒意。"怎得"起问，实是无答复之问。"休教"句，则是在假设的前提下的破裂；梦窗咏梅词云"南楼不恨吹横笛，恨晓风，千里关山"（《高阳台·落梅》），被誉为"空际转身"，作者此处正用此种笔法。结尾则在前境之"凄绝"上，更以空城声声寒角，涂抹一层凄凉之色，全词幽怨清虚，即使置于《梦窗甲乙丙丁稿》内，也当属上乘之作。

《热云韵语》是词人建国后的作品集，无论数量还是质量，都无法与《凤褐盦》前二集并驾齐肩。此亦无须为尊者讳。探其因，论客观则是众所周知的数十年政治严霜下的万马齐暗，论主观则使读者不得不有词人老去、彩笔飘零之感。如果说八十年代前的一些属于"私人阅读"性质的寄友慰怀、悼念师友的五律（如《挽夏庐师》《挽陈彦通丈》《七四年冬病起，子苾寄诗慰问，奉答四首》等）还颇多顿挫沉郁之风的话，一些公开披现忠诚肝胆，表现主旋律的作品，则未免与前期低回婉转的风格大异。词人在新的时代，要"高唱新词过断桥"（《夜雪初霁，自孤山楼外薄醉归》），还要和夫人"比肩鼓气攀冰蹬，直上危崖探紫云"（《大雪中与妇游西湖北山》）；见到老友，更是勉励有加：

重逢莫恨朱颜改，应喜红心胜旧年。

——《不见衡叔久矣，访之于疗养院，论画半日》二首

于革命领袖的诗词，作者则衷心赞美道：

千古咏梅人，刻意高寒境。俏不争春只报春，谁识英雄性。

岭上一飘香，无数山花醒。迎得东风着意吹，百丈冰消净。

——《卜算子·读毛主席〈咏梅〉词有得》

虽然这些"旧时代过来的人"是如此急切而天真地改造着自己，然而那个时代并没有就此接受他们的热情。1966 年，"文革"之火遍燃，诗人陷入数年的沉默。最终以一篇感怀天安门"四五事件"的《闻北客说长安清明》结束了这十年的噩梦。新时期后，先生恢复社会活动，声名又起，常有游览之兴。这一时期所作旧体诗词亦不为少，然其中可观者较少。盖幡然一老，已无复昔日雕龙琢玉之兴。凡有应酬，多聊占一绝以塞责。又好以现代语言入诗，如"消闲亲彩电"（《答品镇问近况》），"二十一世纪，中华隆盛时"（《示新甲、浩浩、爽爽》）；稍长及较用心者唯《瞻园歌》及《挽周传瑛》二诗，前者为三句一韵之七古，后者为五言古风，然皆多议论，少铺陈，谋局平直，为语多平淡，较之早岁文字之刻意险谲求工，已是涣然两重境界矣。然此时所作亦有佳制，余最赏其《挽陈瘦竹》之五律：

卅七年良友，欢觞复苦杯。

劳军过鸭绿，同榜列乌台。

亲为文心合，疏缘老病摧。

大钟今绝响，西望暮云哀。

数十年挚友,一旦故去,作者之感伤,不待雕琢而自工,"欢觞""苦杯"二典,一中一外,作者信手拈来,并用不违。"鸭绿""乌台"一对,以自然之笔,成工巧之对,而中国知识分子建国后数十年间之厄运,全在短短十字中,朴实而有至味,近于宋人,实在值得吟讽三复。

(原载《中国韵文学刊》2003 年第 1 期)

作者简介:侯荣荣,文学博士,淮阴师范学院讲师,发表此文时为南京大学古代文学博士生。

汪 媛

测海楼走出的词仙

——吴白匋

位于扬州吴道台宅第内的测海楼,是扬州历史上最大的私人藏书楼,它与宁波范氏天一阁、虞山瞿氏铁琴铜剑楼、聊城杨氏海源阁齐名,而藏书总卷数是天一阁的三倍多。从这里走出的"吴氏四杰",自小在浓厚的读书氛围的熏陶下,个个才华横溢,善作诗词,又以长兄吴白匋最甚。吴白匋是著名剧作家,当代著名的诗人,扬州冶春后社年龄最小的成员,参加近代南京著名词社"如社",被称为"梦窗才调老词仙"。他与吴梅、卢前、唐圭璋、乔大壮等交往甚密,历任四川白沙国立女子师范学院、江苏省立教育学院、无锡国学专修学校、江南大学、南京大学等校教授。担任过江苏省文化局副局长,曾主持、指导或执笔整理、改编、创作戏曲剧本 30 余种,其中有扬、锡、京、昆、淮等五个剧种,并整理鉴定了大量剧目。尤其是建国十周年进京汇报演出的扬剧《百岁挂帅》,是地方剧种扬剧创作史上的一个重要里程碑。

吴白匋 15 岁开始古典诗词的创作,先后创作上千首诗词,经过删定,收入《吴白匋诗词集》的就有 447 首。诗词集分为《凤褐盦诗词》《热云韵语》两部分。其词清雅文气,别具一格。据吴白匋次子吴仲嶂说:"父亲6岁时,即1911年春,曾祖父吴筠孙守孝三年满,被授予湖北荆宜道,全家由天津先回到扬州北河下居住。时伯祖吴引孙也被授予浙江布政使,尚未赴任,两兄弟在北河下新居团聚。当时吴引孙每天校正《扬州吴氏测海楼藏书目录》。"吴白匋曾随伯祖上了测海楼,看到测海楼浩如烟海的几百箱书籍,吴引孙说:"这些书就是为你们今后读书准备的,一共收藏有20多万册,目的就是让自己的子孙能够有书可读。"吴白匋15岁开始每天下午都到测海楼向专管藏书的老仆曹喜借阅书籍。每次借阅三四种,主要有关集部诗文。他几乎将测海楼所藏的有关诗词,如李白、杜甫、李贺、杜牧及苏轼、陆游、姜夔等全集,逐一阅读,牢记于心。在那些年里,吴白匋在测海楼里一边读书,吟诵诗词,一边开始了诗词的习作,由于饱读测海楼藏书,这使得他的诗词水平进步迅猛。当时他按照老师的指导,在测海楼里找到《钦定佩文韵府》这本书,用以习作韵律,放在身边随时翻阅。这部书后来在测海楼藏书全部出卖时,幸存在吴白匋身边,成为吴家唯一保存的测海楼藏书。

在吴白匋的诗词集中,我们可以看到其中不乏关于瘦西湖的作品:

雪霁游瘦西湖(二首)

画船箫鼓歇,天许独行吟。细蹑琼瑶路,如闻珂珮音。

寒烟蒙玉貌,修竹倚罗襟。才信西施洁,何心一捧心。

进艇又湖东,撑寒小妇雄。冻篙低轧水,茸帽侧穿风。

日晒雷塘寂,云过白塔红。游情旋惆怅,明发太匆匆。

1926年,吴白匋考入金陵大学,先后受业于胡翔冬、黄侃诸名师,且为一代宗师胡小石弟子。1931年,吴白匋毕业后在金陵大学留校任教,与著名诗人吴梅、汪旭初、陈匪石、乔大壮、唐圭璋等组织词社,取《诗经》"天保九如"之意,名曰"如社"。这一时期的作品,许多都收入 2000 年出版的《吴白匋诗词集》中。程千帆先生《吴白匋先生诗词集序》云:"(先生填词)先为白石、梦窗,而参之以昌谷之冷艳,玉溪之绵渺,以寄其俊怀幽思。"很准确地表述出吴白匋的诗作风格。

抗战爆发后,吴白匋辗转来到了蜀中,成为江津白沙国立女子师范学院的一名教师,讲授古典诗词。学院地处荒野,位于白沙小镇的白苍山上,条件艰苦,吴白匋过着"小院无花禽对译,冷瓯剩饭蚁争寻"(《浣溪沙·白苍山居六阕》)的萧瑟生活。正所谓"困苦出诗人",这样的困苦激发了吴白匋的创作灵感,写下了许多佳作。这部分诗词描写了抗日战火洗礼下南京的沧桑壮美,也抒发着诗人心中忧国忧民的悲怆情怀。程千帆在《吴白匋诗词集序》中写道:"及抗日军兴,违难西蜀,遂更进以稼轩为师,而杜老忠愤感激之情,亦往复于其笔端。于是先生之词乃兼有辛、吴之胜,别开生面,当世声党,莫不推挹。"内忧外患,风雨如磐,黎民生活在水深火热之中,文化传统中无数乱离的时代悲剧在不断重演,吴白匋将诗词集名字命名为"凤褐",取自杜甫《北征》中"天吴及紫凤,颠倒在短褐"诗意。杜甫在诗中描写的是安史之乱爆发后的社会历史面貌,吴白匋取此二字,就是要借此抒发自己在乱世中的无限感慨。

吴白匋的许多诗词中都表达出他对国家、民族命运的忧虑之情。如作于 1933 年元宵佳节的《御街行·癸酉秦淮上元》:"霓光栉栉开喧市,车喷雾,人如水。秦淮长是恋春灯,多少闹蛾歌戏。归来儿女,殷勤撚粉,犹说团圞意。
蜡花凝紫愁无寐。满北户,酸风起。严城吹角报三更,梦冷昆仑前事。可怜今夜,月华如练,独照铜仙泪。"上阕描写出秦淮河一带热闹非凡的节日景象,下阕却笔势陡转,形成了鲜明的反差。词中用了"铜仙承露"的典故。金铜仙人是汉武帝时代繁荣昌盛的标志,高约 67 米,到了魏明帝时,下令将铜仙承露盘从长安搬到洛阳,最终成为一堆废铜烂铁。吴白匋在这里借喻兴废之感、亡国之痛。"独照铜仙泪"不动声色地点明了词作的主题,便是那对民族命运的无限担忧。又如 1937 年卢沟桥事变后，吴白匋随校迁徙内地，途中辗转，时常作词记录感怀。这一时期，有《瑞鹤仙·风雨渡江》《浣溪沙·别金陵》《浣溪沙·过屯溪》等，早已不见了早期作品中闲庭漫步和游历山河的轻松洒脱，字里行间表达出词人对国难当头的无限愤慨。"不信天眼难开，天心难问，唉食终由汝！从古哀师能克敌，三户亡秦必楚。挥日长戈，射潮连弩，雪耻扬神武。虞渊咫尺，炎炎欲返无路。"（《百字令·闻首都沦陷前后事，挥泪奋笔书愤二阕》）写出了吴白匋在听闻南京沦陷后的痛心疾首和饱含血泪的控诉。《木兰花·渝州永川道中作》中的"凭高回首阵云深，不信骄阳光不匿！"正是那个时代民族精神的最强音。

抗战胜利到建国前的这段时期，内乱尚未平息，无论是登高望远还是怀念友人，词作中总是透露出浓浓的悲切和凄凉，饱含一份对国家民族未来命运的忧虑之情。如《疏影·光午招饮黑石山梅花林下，兴尽悲来，忽忆孝陵千树》中的："遥念江南此际，细禽唤未醒。寒意重叠，怎得明朝，峡里轻舟，稳趁芳菲时节。 休教月夜相逢处，剩一望，绿芜凄绝。更那堪，骄角声声，乱入汉家陵阙。"

1949 年后吴白匋的诗词主要收入在《热云韵语》中，分为五卷，计 158 首，其中不乏佳作。如《卜算子·读毛主席〈咏梅〉词有得》："千古咏梅人，刻意高寒境。俏不争春只报春，谁识英雄性。 岭上一飘香，无数山花醒。迎得东风着力吹，百丈冰消净。"这是词人对毛主席诗词的由衷赞美。为热烈庆祝我国第一颗人造卫星发射成功，吴白匋作《齐天乐》，其云："自力更生，挖山不止，终见移开叠嶂。修罗骇嚷。似棒打头颅，箭穿心脏。历史车轮，笑他螳臂挡。"写出了词人的无比兴奋之情和民族自豪感。另外诗集中还收有吴白匋回到故乡扬州游鉴真纪念堂等地所作的《谒鉴真纪念堂》："弘法艰危渡，探亲稳便还。增辉东国日，德荫故乡山。历劫松风劲，延宾鸟语闲。登堂无限意，千二百年间。"

《吴白匋诗词集》汇集了吴白匋一生诗词创作，字字珠玑，具有自己独特的风格与价值。毫无疑问,儿时在测海楼大量的诗书阅读为他的诗词功底打下了坚实的基础,也为他打开了智慧之门。这位测海楼走出的词仙,挥洒着他的才华,为世人留下了一笔绚烂的精神财富。

（原载扬州市档案馆编《测海楼吴氏珍档解读》,广陵书社 2018 年版）

作者简介:汪媛,扬州市档案馆工作人员。

杜运威

梦窗风的传承与修正：论吴白匋词

　　无论是就抗战时事书写的细腻程度，还是迁徙重庆、成都后，对国统区生活现状的描摹，吴白匋都不算是成就十分突出的一位词人。即便是风格取向，他也仍在传承民初以来梦窗风的格局中徘徊，未作较大的转折。然与当时词坛追步梦窗，大肆标榜的人相比，他有着客观清醒的创作理念。首先，吴白匋并不特别注重四声格律，认为如果有自然美妙的语句，是可以打破声律束缚的。其次，他对梦窗用典晦涩、跳跃过大、人工雕琢太甚等缺陷作出修正，尤其是强调意境的重要性。他推崇王国维"境界说"中剖析晚清以来重形式、轻内容的整体失衡现象。在此观念指导下的《凤褐盦词》表现出两大特点：一是揽国家大事入词，不愧词史之名。他是将该词集作为反映抗战风云的史书在创作。二是出入梦窗，不拘一格。既有梦窗密丽质实、空灵奇幻等妙处，又章法整饬，浑然一体。不惟长调出众，小令亦独具韵味，风格上取法陶渊明、王维、辛弃疾，轻松情调中融入律诗笔法，读来别有情致。总之，吴白匋词取得的文学成就很大程度被其戏曲创作及研究所遮蔽。百年词坛，如若失去这样一个以词记录抗战时期知识分子出处矛盾的优秀作手，是十分遗憾的。

一、以当时语道当时事：《西征》实录

吴白匋（1906—1992），名征铸，以字行，晚号无隐室主人，江苏仪征人。1926 年考入金陵大学，毕业后留校，期间受业于胡翔冬、胡小石、黄侃、吴梅等名家，与乔大壮、卢前、唐圭璋等人交善。后执教于国立女子师范学院、苏南文化教育学院、南京大学等高校。有《凤褐盦诗词集》《无隐室剧论选》等。

《凤褐盦词》为吴白匋建国前词集，内收琐琐、西征、投沙三卷，作于全面抗战时期词作近百首。尤其《西征集》，详细记录自金陵迁徙成都、重庆的坎坷历程，并对相关战事有堪称实录般的刻画。此集浸透了吴白匋半生讴吟的心血，断不可轻易放过字里行间的歌哭声泪。

白匋师事胡翔冬，文学渊源有自。同门程千帆有云："先师之论诗，以言之有物、辞必己出为宗旨，谓不独当为今人之所不为，且当为古人之所不为，乃可以当时语道当时事，足以信今而传后。"将"以当时语道当时事"的创作原则落实于词上，不难联系到"拈大题目，出大意义"的词史观。吴白匋《晚清史词》称：

晚清之世，"遇数千年来未有之强敌，成数千年来未有之变局"。辱国丧权，实同南宋。海内词人，感时倚声，愁苦易好。加以考订校雠之风，已由经史而流播于集部，审音斟字，益趋精严。于是意境格律，内外不亏，可以直承天水而无愧焉。尤有可观者：国家大事，毕见令慢之中，托讽微显，不愧词史。

文中特别指出，自晚清以来，"国家大事，毕见令慢之中"的词史创作，"直承天

水"，大放异彩。吴白匋早就有编选《晚清史词选》的想法，期望以这些令人"腹痛"的"变雅之音"，冲击词坛不良风气，"使学词者务知其大，不复以词为艳科"，①惜生活动荡，未能实行。然以上理念与其诗词创作是息息相关的。

首先，当重点关注词集中坚苍刚健的战事书写。请读《百字令·闻首都沦陷前后事，挥泪奋笔书愤　二阕》：

山围故国，甚于今、还说龙蟠虎踞。十万横磨成一阕，谁信仓皇似此？塞道抛戈，争车折轴，盈掬舟中指。弥天炬火，连宵光幂江水。

可怜十二年间，白门新柳，历尽荣枯事。楼阁庄严如涌出，霎眼红颓翠圮。乌啄肠飞，燕投林宿，净土知无地。东来细雨，湿衣都是清泪。

腥膻扑地，衂五云城阙，竟沦骄虏。醉曳红襦侵病媪，马足模糊血土。刳孕占胎，斫头赌注，槊上婴儿舞。秦淮月上，沉沉万井如墓。

不信天眼难开，天心难问，啖食终由汝。从古哀师能克敌，三户亡秦必楚。挥日长歌，射潮连弩，雪耻扬神武。虞渊咫尺，炎炎欲返无路。②

1937 年 8 月起，南京、上海一带硝烟四起，大多数人以为淞沪一战即能坚持数月，作为政治中心的首都更应似铜墙铁壁，难以攻克。然而结局却是兵败如山倒，数十万国军仓皇逃窜，"塞道抛戈，争车折轴，盈掬舟中指"的历史惨象再次上演。南京自此跌入千年来最黑暗的屠杀时期。"刳孕占胎，斫头赌注，槊上婴儿舞"般毫无人性的事件震惊世界，这应该是抗战词坛最血腥的记载，仅凭此句，足以传世。再读《浣溪沙·重过泸州（方毁于轰炸，唯一塔幸存）》：

---

① 吴白匋：《晚清史词》，《斯文》半月刊，1942 年第 2 卷第 7 期。
② 本文所引词皆出自《吴白匋诗词集》，南京大学出版社 2000 年版。

　　船笛凄音荡急流，劫余山市北风秋。一江烟雨望泸州。　　坏堞老兵闲坐啸，残墟饥妇苦寻搜。书空塔颖为谁留。

"1939 年 9 月 11 日上午，日寇飞机 30 余架分两批轰炸泸州，城中房屋大半被毁。"①"坏堞老兵""残墟饥妇"，哀号遍野。《西征集》中类似硝烟战场下的悲吟触目皆是。如《渡江云·题郦衡叔画〈归去来图〉》："堪悲。峦波沉陆，炬火崩天，早山河破碎。何处有、岫云闲出，倦鸟还飞。"其中《青玉案·闻三弟道姑苏沦陷时事感赋》尤其歌哭无端：

　　笳边小雁归来暮，说怕过、横塘路。兵气连天迷处所，血痕碧化，劫灰红起，星殒纷如雨。　　苏州自古词人住，顷刻繁华水流去。借问千秋断肠句，斜阳烟柳，天涯芳草，能写此情否。

令作者悲哀的是文化积淀雄厚的苏州经此浩劫，恐再难恢复。纵有断肠丽句，也难以排遣忧愁。词人嗅觉敏锐，视野宏阔，他是有意识地在用诗词记录历史，其笔端甚至触及同一时空的法国战事，如《湘春夜月·哀巴黎》："欲借短墙遮护，奈薜萝难隔，密雨斜侵。竟万人解甲，降幡一片，重到郊林。"尽管首都沦陷，半壁江山落入敌手，但中国人民从未因此而屈服。吴白匋与唐圭璋、沈祖棻、程千帆等迁徙西南。纵使衣不蔽体，口腹常饥，他们心中始终坚持着必胜的信念。正如《木兰花·渝州永川道中作》下片所云："西征万里仍邦国，久役何悲身是客。凭高回首阵云深，不信骄阳光不匿。"这恐怕是四万万中国人共同心声。未能编成《晚清词史选》确实遗憾，然吴白匋这些书写抗战的词史巨作，比相隔数十年的晚清作品更有冲击力，更能激起文坛的滔天巨浪。

---

① 周正举：《泸州诗话》，中国文化出版社 2011 年版，第 44 页。

其次，颠沛流离的生命历程。羁旅行役词在柳永手中成熟，他善于以铺排赋笔，将所经之地的山水风景与彼时心境相融合，使作品既有自然清新之美，又不失身世之感的浑厚韵味。吴白匋在技术层面，传承了柳永的很多笔法，且不局限于长调，他更青睐用小令组词来传达彼时辗转迁徙的经过。在抗战背景下的身世之感层面比起局限于个人的柳永确实高出很多。《卜算子·峡江纪行八咏》八首小令分别叙述自西陵峡出发，过新滩、巫峡、神女峰、夔门、万县太白崖、秦良玉故里，除夕抵达渝州。词中不乏对各风景名胜的惊叹、赞美，然总抹不去战乱下的人世沧桑。如"西上行人东逝波，浩渺何时息"，"今日滩声更断肠，不用啼猿听"。其中《新滩》一词最佳：

> 拥石怒涛飞，遥若层城起。谁信穷冬见彩霓，日射盘涡水。　　舟子啸歌收，行客朱颜死。千载崩厓险自新，愁绝人间世。

上片写长江怒涛奔流之景，下片叙迁徙逃亡的愁情。"行客朱颜死"将难民表情的冷漠麻木和沉默无奈刻画得十分到位。此时作者的心情如《踏莎行》所说般："冉冉孤云，茫茫歧路。竹枝声里愁无数。劝君休去独凭栏，楼高却近乌栖树。　　大野鸿征，幽阶蛩诉。黄花打尽仍凄雨。残杯眼底起波澜，新亭浊酒非俦侣。"前路茫茫，不知何时能结束这段本不该有的浩劫。

吴白匋所有羁旅行役词都以沉重悲凉著称，此沉重当然离不开个人的身世坎坷，如《浣溪沙·发成都》："濯锦千花对客孤。四年抛泪竟何如。"但更令人心动的还是那些视野较为开阔，跳出个人抒写，凝聚着千万大众家国血泪的鸿篇巨制。如《兰陵王·宿双流村店，忆扬州少年事。用清真韵》下片："寒恻。皓霜积。念蜀土沦飘，乡讯寥寂。金闺万里愁何极。奈一望烽火，数声羌笛。池沤身世，付乱雨，夜半滴。"羁旅词发展至南宋姜夔时，已经由最初的平铺直叙，变得回环往复，一波三折。深谙梦窗、白石家法的吴白匋，特别善于在沉重悲凉的基础上，巧用叙述技巧，使情感变得浑厚顿挫。如《燕山亭·

过丰台》：

> 轮转空雷，窗纳暗尘，几叠征车东去。孤驿解鞍，满目生悲，南客易忘骄暑。澹日无言，对千帐、谁家旗鼓。凝伫，恨灌木昏鸦，也学胡语。
>
> 春逝还不多时，怎斜径全迷，柳塘花坞。明年芍药，纵有残枝，知他避愁何处。望极舻棱，犹自绕、乱山无数。归路，又万里、沉沉天暮。

此篇置《西征集》之首，正是黑云压城、战争一触即发时所作。全词围绕"满目生悲"展开，"凝伫"句显然有"托讽微显"寓意。下片全篇写景，以景带情，将战乱下，"避愁"无路的现实无奈委婉道出，情蕴技巧俱佳。沈义父《乐府指迷》云："用字不可太露，露则直突而无深长之味；发意不可太高，高则狂怪而失柔婉之意。"①《燕山亭》词确已达此深长柔婉之致。凭以上数首佳作，已然能在抗战词坛数万行旅词中占据重要位置。

　　再次，西南田园生活的轻松格调。 吴白匋并非一味沉浸在山河巨变的悲哀中，入蜀八年，他遍游西南自然山水，足迹所经处，常有轻松活泼、格律整饬的写景词。如《南歌子·洪椿坪至仙峰寺道中口占》：

> 高鸟啼边立，飞泉断处行。野花绣磴不知名。遥望一峰欲雨、一峰晴。　　攀翠寻岩路，闻钟辨寺瓴。老僧倚杖笑相迎。遥指苍猿跃下、洞头藤。

首句对仗工整，语词凝练，置诸魏晋诗中，难辨真假。野花句大有"采菊东篱下，悠然见南山"的神韵。过片似脱胎于王维《鹿柴》诗。整篇词浑然一体，自成高格。另值得一提的还有田园宁静生活的细腻描绘。如《阮郎归》"六街凡

---

① 　沈义父著、蔡嵩云笺释：《乐府指迷笺释》，人民文学出版社 1963 年版，第 43 页。

马密如蚕。闭门尘满衫。薄醪独引不成酣。贫知椒味甘。"《浣溪沙·白苍山居》:"小院无花禽对谇,冷瓯剩粥蚁争寻。醒来长昼但阴阴。"貌似走进不知秦汉的桃花源,实则根本无法按捺下心中的愤懑不平,如此关心国事的词人哪怕深居山林,也不可能真的放空自己。《浣溪沙》组词前两首还在浅斟低唱,写山居生活的怡然自得,至第三篇声调陡然高亢,如"斫地高歌兴不酣。新来别恨醉中谙。照杯黄面似霜柑。""一夕成灰香不灭,三年化碧血长温。唯将此意答深恩。"哪里还有陶渊明、王维一般的恬静朴素,分明是绿林好汉的隐忍暗誓。

一部《凤褐盦词》就是抗战时期一位知识分子的真实心声。坚刚苍健的战事书写,不仅是以词刻录历史,更是试图发挥中兴鼓吹的宣传作用,认真履行文学的时代使命。羁旅行役词中无家可归的万感苍凉,不正是彼时中国人民面对抗战节节败退,感到前途渺茫的真实心态。田园生活词交织的轻松格调与愤懑不平,是抗战后期词坛发展新状态的个案透视。如此丰富生动的篇章却逐渐被人们淡忘,或者是受戏曲成就的遮蔽,至今相关研究文章寥寥无几。就其文学成就而言,吴白匋及其诗词是值得深入探究的。

二、出入梦窗,别开生面

吴白匋词深得梦窗家法,方家对此早有揭示。如刘梦芙《冷翠轩词话》论其"为词取法清真、梦窗,字研句炼,功力深至"[①]。程千帆亦云"初为白石,为梦窗,而参之以昌谷之冷艳,玉溪之绵渺,以寄其俊怀幽思。"[②]有此倾向,得益于早年如社廖恩焘、林鹍翔、吴梅等词人的影响。吴白匋曾回忆:"斯社宗旨在于继承晚清四家遗教,不作小慧侧艳之词,为求内容雍正,风度和美,构思着笔则坚守朱、况所启示之'重、拙、大'三字。"然在具体操作上,则较为偏

① 刘梦芙:《冷翠轩词话》,《二十世纪中华词选》中册,黄山书社 2008 年版,第 776 页。
② 程千帆:《程千帆全集(第十四卷):闲堂诗文合抄》,河北教育出版社 2000 年版,第 87 页。

重梦窗词风，"每次集会所选词调，大都为难调、冷调、孤调"，填词"务求四声相依，不易一字。"①入手如此严格，逐渐使其词形成字面凝练雕琢，句法变化多端，修辞典故巧妙，表达委婉含蓄等接近梦窗、白石的基本特征。

梦窗词以"密丽""质实"著称，尤其是四字句，名词、形容词交错叠加，几无缝隙。②翻检《凤褐盦词》，相同笔法，俯拾皆是。如"铁壁埋烟，银沙堆浪，水月冥迷一片。峡里尖风，逼征衫针线。"（《拜星月慢》）"绣脉灵香，散泉幽语，无奈病客愁何。红寂宫墙，翠寒乔木，遥怜未识干戈。"（《西平乐慢》）"压盏霞光，飘席灵芬，含醒笑拥伶锤。"（《疏影》）对于如此绵密的风格，千余年来评论家一直争论不休。有人贬斥，如张炎《词源》"七宝楼台"说，然也有不少人辩解维护，戈载就称词当"以绵丽为尚，运意深远，用笔幽邃，炼字炼句，迥不犹人。貌观之雕缋满眼，而实有灵气行乎其间，细心吟绎，觉味美于回，引人入胜。"③发生争论主要是审美标准的异同，前者欣赏北宋自然疏朗的风格，后者更青睐于南宋雅词的精雕细刻。评价后世学梦窗者，当然不能心存芥蒂，而应主要以南宋审美眼光发现其用心用力之处。更何况吴白匋视野开阔，并不是死守门庭之徒。其《论词之句法》云："今词既不可歌，排比而得律，自当恪守，以示郑重。但如有自然美妙之句，不可移易，而句法或不免乖舛者，亦不必拘守过甚也。"④

吴白匋不仅重视质实绵密的字句雕琢，他还特别注重整首作品的谋篇布局。究其渊源，仍与梦窗词有关。杨铁夫坦言："所谓顺逆、提顿、转折诸法，触处逢源，梦窗诸词，无不脉络贯通，前后照应，法密而意串，语卓而律精。"⑤试读吴白匋《倦寻芳》：

---

① 吴白匋：《金陵词坛盛会——记南京"如社"词社始末》。《吴白匋诗词集》，南京大学出版社2000年版，第175—176页。
② 田玉琪：《吴文英词的句法风格》，《文学前沿》2004年第1期。
③ 戈载：《宋七家词选》卷四，《吴文英资料汇编》，中华书局2006年版，第45—46页。
④ 吴白匋：《论词之句法》，《斯文》半月刊，第一卷十四期，1941年6月，第15页。
⑤ 杨铁夫：《吴梦窗词选笺释自序》。吴文英著，杨铁夫笺释，陈邦炎、张奇慧校点《吴梦窗词笺释》，广东人民出版社1992年版，第10—11页。

腻苔掩甃，残絮沾棼，重闭孤馆。铸就相思，难共暮春偷换。曲沼波添蛙渐响，空坛花尽蜂犹乱。理清欢，奈朱弦语涩，蜡簧谁暖。　　漫夜拥单衾凝想，年少抛人，嘶骑行远。蝠拂帘旌，惊认寄书归燕。空里浮云能厚薄，中天明月无深浅。柳阴成，莫轻悲，乳禽声变。

"腻苔""曲沼"句实写，"铸就""理清"句虚提，虚实相生，错落有致。过片"漫夜"句为二三二结构，故意拗折，突出夜长孤独，"拥单衾"起承"谁暖"而来，"凝想"句将时空转移至"年少"。"蝠拂"句貌似断层，其实有"行远"与"归燕"暗连，思乡情结更添愁绪。"空里"句对仗工整，将客居他乡，孤独无依的心情描绘得十分传神，又终究没有道破。且此情此景是经历了"暮春偷换"至煞拍"柳阴成"的漫长时间的。《倦寻芳》在吴白匋所有词中并不是最优秀的，然已经具备不容低估的艺术水平。

章法上人工痕迹如此明显，不免遭人批评不够自然，对此，吴白匋举经典自然传神诗句"池塘生春草"为例，谓其下句"园柳变鸣禽"之"变"字乃是花人工大力气而成。继而说"今日论词而曰自然美妙之句为前人说完，固庸儒之说，若曰作词必完全求美妙，一切人工可废，则亦为不知甘苦之言，皆不足信也"[1]。一篇优秀的诗词，必是自然与人工相辅相成，不可偏废，吴白匋词学观的通达可见一斑。

其实吴白匋并没有一味地迷恋梦窗家法，如晦涩、用典过多等"缺陷"是遭其舍弃的。另外尤其值得一说的是对意境重要性的强调。上世纪的文学史家，都不约而同地指出吴文英词重形式、轻内容的不足。如胡云翼认为"吴文英作词基本上是重形式格律而忽视内容的"[2]。刘大杰说"因为他只注重

---

①　吴白匋：《评〈人间词话〉》，《斯文》第一卷第 21—22 合期，1941 年 8 月，第 8 页。

②　胡云翼选注：《宋词选》，上海古籍出版社 1982 年版，第 363 页。

形式,忽略了文学的内容,所以他的作品,缺少血肉和生命"①。此言尽管稍
嫌偏颇,但大体不误。吴白匋充分认识到梦窗词的不足,并将其置于词史演
变中考量,他说:"晚近风气,注重声律,反以意境为次要。往往堆垛故实,装
点字面,几于铜墙铁壁,密不通风。静安先生目击其弊,于是倡境界为主之说
以廓清之,此乃对症发药之论也。虽然,文学之事,最不宜有执一之谈。博采
众长,转益多师,能入能止,始可成一家之面目。若夫崖岸过高,反生阴
影。"②既注重词作技法,又强调意境内容的重要,且转益多师,是吴白匋词不
同流俗的特质。

　　抗战时期,吴白匋词意境主要是"对国家民族未来命运的忧虑与关切,而
这种关切与词人自身的际遇纠缠激荡时,便酿成那种欲语还休的情愫"③。
先读《春从天上来·夏庐师返自昆明,为述飞机中所见,谨记以词》:

　　　　驭气排空。趁断峡云开,俯展方瞳。世间几许,猿鹤沙虫。扰扰似
　　水光中。认蜀滇山色,劫灰起、犹别青红。感朝饥,奈权杈肝肺,霞景难
　　溶。　　　登楼已多秋思,况鸾翮迟回,万里悲风。历乱喧云,谁家鸡犬,
　　此时响满苍穹。纵长安能见,奈飞客、路阻惊烽。莽连峰。挟清愁堆浪,
　　奔凑朝东。

欲语还休的妙处是"能藏颖词间,昏迷于庸目;露锋文外,惊绝乎妙心。使酝
藉者蓄隐而意愉,英锐者抱秀而心悦"(《文心雕龙·隐秀十四》)。上词中"权
杈肝肺"分明是词人自道,却说是"霞景难溶"。"猿鹤虫沙""谁家鸡犬"云
云,岂能不无指代! 作者情绪本激荡澎湃,然发声时故意用犹、况、奈、凑、

---

① 刘大杰:《中国文学发展史》(中),古典文学出版社 1958 年版,第 285—287 页
② 吴白匋:《评〈人间词话〉》,《斯文》第一卷第 21—22 合期,1941 年 8 月,第 10 页。
③ 侯荣荣:《梦窗才调老词仙——读〈吴白匋诗词集〉》,《中国韵文学刊》2003 年第 1 期。

又等字,使潜气内转,回环曲折,一唱三叹。此类笔法甚多,如《莺啼序·壬午七夕巴东登舟,再入巫峡,感怀有作》:"狂歌下峡,雅乐还京,愿境非梦寐。但只恐、垂杨堤上,细马来迎,俯鬓蒲塘,共惊霜起。"就连坚定抗战胜利的信心也用酒债、天意等曲折表达,如《八声甘州·渝州词》:"有酣歌妙舞,说为犒师留。料痛饮、黄龙日迩,便寻常、酒债未须愁。非烟雾、障神京处,天意悠悠。"欲语还休所创造的含蓄蕴藉意境,使吴白匋词变得沉郁浑厚,不失"重拙大"之美。

需要多说的是,将梦窗与白匋比较的前提是二者有很多共性,且在某些细微处确实有一较高下的可能。当然,更重要的还是凸显吴白匋词的特质。不可否认,他是学梦窗高手,然其词集并非只有一种色调,上文列举抗战时事和羁旅行役词,已经完全非梦窗能够牢笼,尤其是田园生活词,显得更接近稼轩晚年韵味。刘梦芙曾感叹,吴白匋词"变梦窗怀恋情侣之词旨为家国之忧,其境乃大。艺术风格则清丽而兼沉郁,亦与梦窗原作迥异,继承中有新创,词业乃生生不息。而今日喜倚声者,每弃前贤法度如敝屣,一空依傍,大言'改革',所作词味全失,粗劣不堪,不值一哂也"[1]。刘先生所论是深得《凤褐盦词》三昧的。以吴白匋半生出入梦窗的经历,作词自然精雕细琢,但有些貌似随意直白的篇章,倒显得真挚活泼,灵动感人。如《鹧鸪天·癸未元日立春,雨中揽景》:"写闷炉灰早拨残,石梁吟啸理清欢。低峰挂雨眉犹绿,孤鸟捎烟影自闲。　尘袂湿,别肠宽,遥村爆竹警愁还。今朝才识人间味,管领新春是峭寒。"与刘先生所说的"一空依傍,大言改革,所作词味全失"者不同,吴白匋此类篇章是有深厚积淀的。"写闷""低峰"两句若无多年律诗功底是不可能写就的。

最后品读《浣溪沙》:"不薄无能遣有涯。别裁癯意付腴词。十年冷暖曙

---

① 刘梦芙:《冷翠轩词话》,《二十世纪中华词选》中册,黄山书社 2008 年版,第 776 页。

灯知。　　　长吉骚心人诧诡，小山幽恨客嘲痴。鱼膏自煮不曾疑。"吴白匋能取得这般优异成绩，是将词作为寄托生涯重要载体的，个中心酸体验，一如李贺呕心，小山痴情，冷暖自知。这份感人肺腑的心曲，已经被埋没半个多世纪，而百年词坛类似吴白匋这样的词人还有很多。或许他们不如龙榆生、沈祖棻、夏承焘、詹安泰等巨星那么耀眼，然丢失了这群别开生面，自成一家的小行星，整个词坛会显得暗淡异常。

（原题《"不薄无能遣有涯　别裁癯意付腴词"：论吴白匋词》，载《民国旧体文学研究》第二辑，国家图书馆出版社 2017 年版）

作者简介：杜运威，文学博士，淮阴师范学院中文系讲师。

邹世毅

吴白匋先生论戏曲

先师吴白匋先生（1906—1992），在文化领域有很高的造诣。1953 年起历任江苏省戏曲审定组组长、省文化局副局长、南京大学历史系、中文系教授、中文系戏剧研究室副主任等职。他对中国戏曲（昆曲、京剧、徽剧、扬剧、锡剧等）的剧本创作，戏曲历史、理论的研究，以及传统诗词创作、研究，古代书画鉴定研究、通俗文学研究等，都有颇深、颇广乃至独到的见解，是一位学者型领导，也是一位著名的书画收藏大家。1979 年后，开始招收培养中国戏曲硕士研究生。本人有幸于 1982 年开始，蒙先生青睐，招收为攻读戏曲历史及理论（剧本的整理与改编）专业研究生。亲聆先生三年精心指导教诲，耳提面命之下，颇有醍醐灌顶功效。兹就己身耳闻目睹心受铭记，谈谈先师对中国戏曲的精辟论述。

一、论戏曲的起源要素

1. 主要是戏谑、歌舞、说唱三源：对于中国戏曲的起源，存在诸说，莫衷一是。吴白匋先生有着他能自圆其说的观点：主要是戏谑、歌舞、说唱三源。他在指导我们研究生的讲课中，从"戏"到"曲"到"剧"，均从这些字辞的原始经义说起，再用发展的眼光，结合生动的实例，说清楚了中国戏曲的起源。如说"戏"，引许慎《说文解字》："三军之偏也。一曰兵也。"复引《说文解字注》："偏若先偏后伍、偏为前拒之偏。谓军所驻之一面也。""一曰兵也。一说谓兵械之名也。引申之为戏豫、为戏谑。以兵杖可玩弄也。可相斗也。故相狎亦曰戏谑。"同时，又说道："戏字，起源于金文。其表义为一种持戈相斗的残酷游戏。"故"戏"起始是指军伍驻跸之一角，发展为一种拿兵器相斗的游戏，再引申出一种游戏、相狎、戏谑之意。唐代诗人杜牧有诗句云："魏帝缝囊真戏剧，苻坚投棰更荒唐。"（《西江怀古》）轻蔑地讽刺三国时魏国曹操以沙囊填塞长江，借此南侵孙吴的荒唐；前秦苻坚投鞭断流的无知是一出出闹剧，是一次次戏要，是一遍遍狎谑，产生出了"缝囊""投棰"塞断江水的可笑行动和目的，发展了"戏"的含义，成为一种有"剧烈"笑谈、讽喻意义的"戏"。时光延衍到汉魏，专事调谑、打诨的参军戏开始盛行；北周时，入于文字记载的《踏谣娘》的出现，夫妻形象的表演，"徐步入场行歌，每一叠，旁人齐声和之云：'踏谣和来，踏谣娘苦和来'！""调弄更加典库"。先生认为，"典库"，就是笑话篓子，打诨段子，这样的表演，不仅有了调谑、行动，歌舞，更有了说笑故事。出现在宋、辽、金时期的诸宫调《西厢记》等演唱曲目，除了未用代言体装扮人物外，其内容丰富的故事性、演唱曲调系统的成套性、人物关系的错综性等因素，已跟戏曲相当接近。因而，先生总结道：不论是宋真宗时代产生的"杂剧"（"杂剧"一词，目前所见最早为晚唐李德裕《论故循州司马杜元颖第二状》所云："蛮共掠九千人成都郭下。成都、华阳县只有八十人，其中一人子女锦锦，杂剧丈夫二人。"《宋史》记载的是在真宗时演出的杂剧),还是产生在宋、元年间的"南戏""戏文"和"戏曲"(南宋刘壎《水云村稿·词人吴用章传》:"至咸淳,永嘉**戏曲**出。""永嘉**戏曲**"一般指"温州南戏"),以及明清传奇,甚而在清中叶萌发的"乱弹"诸戏,"最初虽只有简单的歌舞剧和滑稽剧,但发展到演故事阶段,即和民间的说唱形式有了极其亲密的血缘关系。现在流行的剧种,如果推究它们的历史,绝大部分是直接从说唱形式发展的。一般是说唱加上化装表演变成戏的。因此,戏曲不能摆脱说唱形式的影响。"(《连台本戏问题》[①])。

与此同时,一些剧种起源于民间歌舞,它们的主要发展基础是花鼓或花灯。花鼓、花灯是一种古老的民间艺术形式,全国许多地方都有。它与说唱不同的是有舞蹈,表演时载歌载舞,形成不少种类的花鼓戏、花灯戏。这种特点在昆剧和京剧里也均大量存在着。清代中叶形成的"花部"诸戏,无论是京腔、秦腔、高腔、罗罗腔、弦索腔等剧种的演出,都有着数量不等的花鼓戏剧目。因此,吴先生在查点了《缀白裘》和《燕南小谱》所收花鼓戏剧目后,指出:"《补缸》和《双怕》,是最古的花鼓戏,则当时花部也有可能采用花鼓剧目。"由此牵扯京剧与花鼓戏的关系,说明京剧最初也是来自民间。"京剧是花部(徽班)入北京后发展而成的,也可以说,京剧和花鼓戏的关系好像是有共同远祖的大房和小房兄弟:一个进京通显,取精用宏,成为大族;一个困守家园,遭受压迫,难得发展。"(《谈扬剧的源流》)

以上诸论,就把形成戏曲的戏弄(滑稽、打诨)、歌舞(曲调、舞蹈)、说唱(讲唱故事)等三个主要来源说清了。

2. 戏曲产生于民间。戏曲到底自何处产生?宫廷说、巫傩说、游戏说、劳动说、民间说数说俱存。先生是力主民间说的。先生浸润于中国传统戏曲凡80来年,"因受祖、父辈影响,自幼爱好戏曲,大量观摩当时著名演员的演出,

---

① 本文所有未标明作者的文章,均出自先师的《无隐室剧论选》,江苏文艺出版社1992年版。

积累下比较丰富的戏曲知识"(《无隐室剧论选·作者小传》)。年轻时并曾从谢莼江先生学唱昆曲老生戏,入南京阳春社票房学京剧老生戏若干出,在金陵大学执教时,复受曲学大师吴梅先生多方指教。二十世纪五六十年代,以省文化局戏曲审定组长、副局长身份,主持、指导或执笔整理、改编、创作剧本三十余种,集戏曲创作、评论、研究于一身,因而对中国戏曲产生于民间,认识尤为深刻。他说:"中国戏曲最初产生于民间,从剧本到表演都具备非常显著的民族特色,和西方戏剧迥然不同。"(《〈比较研究:古剧结构原理〉序》)无论是成型很早的杂剧、南戏、传奇,还是流布全国的大戏剧种如昆剧、京剧,小戏剧种如花鼓戏、花灯戏等,都可以从其形成时就能得到证明。他强调:"众所周知,我国各种文艺形式,**无不起于民间**。从《东京梦华录》《都城纪胜》《武林旧事》等书里。我们可以看到,在北宋汴京、南宋杭州等大都会里,由于经济繁荣,广大市民需要娱乐,各种游戏形式:大曲、诸宫调、唱赚、杂剧、曩弄、说话、傀儡戏等,都在演出,呈现着百花争艳的局面,可以说构成我国戏曲的因素大都具备了。究竟哪一种因素占主要地位呢? 我认为应该是**说唱**。"他接着分析了说唱在当时的四个组成部分(小说、说经、讲史、合生),"除合生一家外,都是故事性的。这就为编写戏曲剧本提供了丰富的素材。把说唱的故事人物化装扮演起来,便成为真正的戏曲"(《昆剧表演艺术初探》)。

在这里,先生强调的是民间说唱的故事性,亦即"以歌舞演故事"的戏曲本质,将有故事性的民间说唱和歌舞装扮视为戏曲的核心因素。他在考察扬剧传统剧目《义民册》的题材来源后说:"历史小戏《义民册》故事来源于南京民间传说:南京有一条秦状元巷,得名于乾隆年间秦大士,他的父亲秦积安是江宁县衙书吏,有一次官府命他抄写准备起义的白莲教徒名册,他发现内中有不少亲友,包括他的弟弟积勇,他便把怀孕的妻子打发逃走,身带名册,自焚而死……"(《谈扬剧〈义民册〉的编写》)这种具有民主性精华的民间传说,就成了扬剧创作者写成剧本的基础。同时,民间的流行曲调,往往成为当地剧种的演唱曲调。在探索徽调的来源时,他又结合其父所说"真正徽调是徽拨子"的判断,寻找到"我国戏曲有一个普遍规律,即:一种曲调最初都产生于某一地区的民间农村,以当地语言说唱,后来逐渐发展为地方小戏,在当地演出"。至于现今所见,任一剧种音乐唱腔均由多种不同腔调构成的现象,其根本原因是这些地方小戏"由农村转入城市之后,为了适应市民需要,不得不增加剧目,扩大故事题材的范围,因而原始的曲调不够用了,也就必然地会吸收其它剧种(包括古老的和新兴的)曲调加以溶化,来丰富自身的表现力量。所以,没有一个剧种的腔调是纯粹的"(《我所知道的徽戏》)。

故事性之参杂,曲调的不纯粹,先生是从戏曲观众的接受角度考察发见的。戏曲来自民间,并须为民间服务。他说:"本来说唱形式是产生在广大劳动人民当中的,民间艺人不断地根据群众的需要和爱好,发展他们的艺术。"这就决定了创作者对戏曲形式、演出班社对演出剧目的选择,是创作演出连台本戏,还是创作演出单本戏,是选择整本戏还是提炼折头戏(折子戏),都得依民间大众的喜好而定。"群众是喜欢听故事的,尤其爱听长篇的连续性的故事",这是导致连台本戏产生的主要原因。长篇民间传说"起先都是口头文学,后来用文字记录下来,便是章回小说和弹词,加上图画,便是连环图画;加上化装表演,搬上戏台,就是连台本戏。"(《连台本戏问题》)

先生说,来自民间的连台本戏,不仅"解放以前,京剧曾经上演过不少连台本戏,有的剧团和剧场,像上海共舞台,是以专门演连台本戏著名的"。而且杂剧时代就存在着,如《西厢记》有五本,《西游记》有六本,按当时一晚只演一本四折子的通例,应该可演五六夜,完全是连台本戏架框;明清传奇一般都在二三十折以上,更是一部部连台本戏;昆剧中的大多数剧目跟传奇一脉相承,鼎盛期演出的也是连台本戏。清季,"有不少年轻的地方剧种,像江苏省的锡剧、扬剧、淮剧,正在这个时期由农村进入了大城市的舞台,它们原有的剧目不多,而都是农村的生活小戏,不能适应当时的市民需要,它们必须演出大量新剧目,又看到普通观众欢迎连台本戏,就以京戏作榜样,根据章回小说或弹词本,如《珍珠塔》《孟丽君》之类,编演连台本戏"(引同前)。

本来,"锡剧是个年轻的剧种,属于滩簧系统。在最原始的阶段,只是说唱形式","后来逐步用普通农民服装扮演,成为'两小'戏,叫做对子戏"(《挖掘人民性,整理对子戏》),而"扬剧在形成初期,曾经吸收大量的'广陵清曲'"。"'清曲'是从扬州小唱发展而成的,从清代乾隆年间到清末,'清曲'艺人曾将流行在扬州地区的各种小曲,参考昆曲规格,不断加工提高,达到组织严密、字正腔圆要求。小曲原来都是独立分唱的,也用昆曲前例联成套数,调与调之间,旋律的高低,节奏的快慢,经过百年以上的琢磨,达到和谐统一。"(《扬剧〈金山寺〉改编本后记》)种种论述都在表达出一个中心话题:戏曲来自民间,起源于民间说唱、民间歌舞,形成对子戏后,经过学习,综合发展,才成熟到可以既演出民间小戏剧目,又可以演出大戏剧目,甚至连台本戏的剧种。

二、论戏曲表演体系

千余年的中国戏曲,现在留存下来的剧本汗牛充栋,研究剧本文学和音乐曲调的著作成林成森,代有佳作,惟独关于戏曲表演的书面记载及对其研究仅见只言片语的指点,或夹存曲论、曲律大著之中,像李渔的《闲情偶寄》,虽列有《演习部》,对演员的表演艺术稍有提及,然仍以声乐论述为主。即便这样的著作也属凤毛麟角。探其原因,先生认为不外二宗:一是"自古以来,倡优并列,地位卑贱,艺人的表演艺术是文人所不屑记录的"。二是传艺难传神。艺人文化低,"不能达到著书立说的程度。一般师父教徒弟,只是口传身教,能够谈出某处身段神情应该怎么做,却谈不出为什么要这样做"的道理,加上"'艺不轻传',时常要留一手不教,以致造成人亡艺绝",了无留存。

面对研究中国戏曲表演艺术存在的文献不足、无据可证的艰难局面,先生却认为这是可以克服的困难。因为他发现"有一个有利的条件,就是自宋元戏曲形成以来,经过明清以至目前,它是一脉相承,连续不断的"。因为"从来没有隔断过,不像希腊戏剧、印度梵剧曾经一度绝迹,现在重行排演,失掉原貌",因而,现在还能看到的昆剧表演艺术体系,应该是中国戏曲表演艺术的孑存,应视作中国戏曲表演艺术的优秀代表,而"梅兰芳表演体系,尽管有其个人的推陈出新,实际上就是昆剧表演体系"(《昆剧表演体系初探》)。

1. 戏曲表演体系的产生和形成。 先生认为,中国戏曲表演体系,亦即昆剧表演体系应该"建立在魏良辅改革昆山腔之前,推溯本源,应该从戏曲的形成说起"。因为戏曲源自小说、说经、讲史等民间说唱,故"目前我国传统戏曲里的自报家门,和用'且住'二字,念起内心独白等形式,都是宋代说话形式的遗留,……由于表现故事、塑造人物形象的需要,歌舞、滑稽、杂技、武术等形式和技巧便不断被吸收进来,经过长期琢磨,融合成为一体,终于形成了独特的、综合性最广的我国戏曲表演艺术体系"。又因为最初的戏曲表演场所窄小简陋,在不过丈尺见方的地方连续演出有头有尾的复杂故事,逼使演艺人员"不断地运用唱、做、念、打的各种艺术手段来进行创造,尝试再尝试,出新再出新,终于建立起以写意为主,和说唱一样不受时间和空间限制的表演体系"(《昆剧表演体系初探》)。

2. 戏曲表演体系来源于中国传统画理。 中国传统绘画理论源远流长,十分丰富精辟。表演大师梅兰芳从中获益富赡,见过若干名家画后,他说:"感到色彩的调和,布局的完密,对于戏曲艺术有声息相通的地方。因为中国戏曲在服装、道具、化装、表演上综合起来,可以说是一幅活动的彩墨画。"(梅兰芳《舞台艺术四十年》卷三)这就把中国戏与中国画的艺理关系说得清爽明白,将戏曲比喻为"一幅活动的彩墨画","活动"一词正说到了戏曲的窍窾:肖物传神,气韵生动。就是绘画理论中的"以形写神"(顾恺之语)、"画有六法"(谢赫)、"中得心源"(毕宏)、"不重形似"(苏轼)在戏曲表演中的艺理运用,表现为戏曲演员的"四功五法""点送交接""动作程式""肖形传神""似与不似之间"。所以吴先生引用了美学大师宗白华的论述:"埃及、希腊的建筑、雕刻是一种团块的造型。……中国古代艺术家要打破这团块,使它有虚有实,使它疏通。中国程式化就是打破团块,把一整套行动,化为无数线条,再重新组织起来,成为一个最有力的美的形象。"(宗白华《美的散步·中国美术史中重要问题的探索》)原来,戏曲表演中的程式产生和运用,是从中国画的骨法用笔中产生的。戏曲表演"以演员人身为笔,在舞台面上画出优美形象,显示动人的力量。……四功五法都是基本功夫,是为了训练形体,产生流动线条美和静止的造型美的"(《昆剧表演体系初探》)。之后,吴先生在分析"外师造化,中得心源"的画论是"主张画家要先观察实景,以大自然为师,摄取画材,而后再通过形象思维,加以选择剪裁,重行组织而成作品",是"位置经营"法的进一步发展,总结出对于戏曲表演的两点重要指导意义:"其一,表演艺术必须来源于生活,才能有真实感。这样做,便不会流于自然主义和荒诞派。其二,舞台上表演只根据剧情需要,不受空间时间限制。"(引同上)

3. 表演艺术体系的特点。先生以中国昆剧的表演艺术为解剖物,经过大量的理论与实践的对比研讨,归纳出他认为的中国戏曲表演艺术的两大特点,显得非常精到、准确。

一是"两点论"。主要是表演中形与神相互依存的关系特点,这颇切中肯綮。他认为:戏曲表演"主要以形传神,'形'不是自然形态之'形',而是经过长期的创造实践,成为规范,得到广大群众承认的艺术形象。创造形象方法是辨证的,两点论的"。他列出了"虚与实"(演员是实的,舞台装置则尽量求其虚)、"繁与简"(人物配备上,力求其简;表演上,载歌载舞,唱腔身段,力求其繁)、"动与静,夸张与含蓄"(表演技巧,因角色而异,以形写神,曲尽神态为主)等三项。并且特别指出:"'程式化'不是我国固有的术语,而是我国现代戏剧学者在接受西方写实派话剧表演之后,对传统戏曲表演的方式方法所下的定语,含有批评它偏重固定形式之意,我个人认为不如改用'以形写神',作为我国戏曲表演艺术体系的特点特色比较适合。"

二是"兼有体验和表现"。先生引用了清人黄旛绰《明心鉴》的一段话,讲了一个四川艺人表演的故事,说明了中国戏曲"表演艺术体系既是体验的,也是表现的。关键在于心中有戏"。他引用的一段话是:"凡男女角色,既妆何等人,即当作何等人自居。喜、怒、哀、乐、离、合、悲、欢,皆须出于己衷,则能使看者触目动情,始为现身说法,可以化善惩恶,非取其虚戈作戏,为嬉戏也。"先生认为,此论述与斯坦尼斯拉夫斯基的"进入角色""内心体验"论如出一辙。他引述的一个故事是:"据说川剧大名家康芷林与某演员同演一出悲剧,某演员声泪俱下,毁了扮相,观众里竟有人发出嘘声。事后,康对他说:'我们演戏的,哭的是情不是泪,情才能感人。别人哭的是泪,演员哭的是戏。哭,要哭在戏中嘛!'"(见胡度《川剧艺诀释义》)对此,先生评论说"表演要根据形象的需要和美感的要求,进入角色以后,还应该用理智控制的","从这个角度看,昆剧表演体系又是表现派"(《昆剧表演体系初探》)。

4. "四功五法"中"法"之别解。戏曲表演艺术中的"四功五法",研究者历来在"法"字的理解上或避而不谈,或语焉不详,或望文生义为"方法""发功"等意,终非了局。先生亦对此做过仔细钻研,产生过一系列的想法。除对现今所有的表述产生疑义外,特别对俞振飞先生在其《表演艺术的基础》一文中对"法"作出的"相互协调"的解说(俞振飞先生原语为:"它似乎是指手、眼、身、步的相互联系与相互协调,指身体各部分训练中的规范、法则与相互协调,也包括各种身段动作组合过程中的规范、法规与相互协调")产生认同:"他这段话确实是非常精当,说明了'法'的主要内容为'相互协调',只是由于谦虚谨慎,没有下个明确的定义而已。"他于是在俞先生的引发下,给"法"假设出一个定义——"心灵活动",但囿于"找不到根据,不敢写文章"。有学生问他和尚讲"六根清静","六根"是什么呢?佛经上讲的"六根",应该是"眼、耳、鼻、舌、心、意",与尘世事物结合,就会产生"六贼"或"六尘",即"色、声、香、味、触、法"。此"六尘"中之"法",猛然让吴先生联想到戏曲表演的"五法"之"法",顿时豁然开朗,云开雾散,原来"五法"之"法",来源于佛教的"六尘"中之"法"。"有此根据,就可以下定义为演员在表演时所具备的内心活动,指导身体各部分的外形动作,即使之互相协调,融为一体,以达到刻划人物性格情感,塑造完美艺术形象的目标。"(《试探传统表演艺术"五法"之"法"——谨以此文献给俞振飞先生》)并说也可以缩称为"心功",或雅称为"意匠"。接着他提出了"心功"的培养与运用,重新论述了"五法"的排序问题,阐述了"五法"之说,来源于武术术语之"手眼身法步一丝不乱"。指出,一切唱、念、做、打都要有"心功",塑造形象时,有之则活,无之则死。认为"心功是内在的,但培养它却要首先从外形的动作程式开始","表演艺术家的成功,都得力于基本功的扎实";心功的运用,在于像戏曲表演大师那样,"不管是'拿手戏',还是'歇工戏',不管是演主角还是配角,都是全力以赴,一丝不苟的";学会登台前"默戏",熟戏生做,装谁像谁;"和同台演员互相帮衬,互相交流,互相搭配,互相启发,构造出完整的故事画面";学会"即兴创作,临时向场面打招呼,改变锣鼓点子"等。京剧名演员、老朋友杨澈根据他的这个"心功"的论述,写了《中国戏曲"心功"初探》一文(见《戏曲艺术》1987 年第 4 期),主要内容是:开动脑筋——悟戏;全神贯注——入戏;假戏真做——像戏;有迎有送——扣戏。可算切中主旨。吴先生认为该文"谈得很好,有根有据,完全同意"(《试探传统表演艺术"五法"之"法"——谨以此文献给俞振飞先生》)。

三、论戏曲剧本创作

1951 年 5 月,中央人民政府政务院发布了由周恩来总理签发的《关于戏曲改革工作的指示》,接着全国就开展了对传统戏曲艺术"三改"(改戏、改人、改团体)的活动,各省、市相继成立"戏曲改进委员会"或"戏曲改进工作小组"。在这种情况下,先生从 1953 年起,先后就任江苏省文化局戏曲审定组组长、戏曲编审室主任、文化局副局长,领导、主持、参与江苏全省的戏曲改进工作,不仅主持、指导,并且身体力行戏曲剧本的审定、整理、改编、创作工作,经过对 30 余个戏曲剧本的整理、改编、创作,积累了丰富的创作经验,写出了较多实践经验总结和创作理论探讨研究的文章,成为既是戏曲剧本实际创作的高手,又是主持、指导戏曲剧本创作的能家,更是戏曲剧本创作经验总结和理论研究、推广的行家。

1. 整理、改编传统剧本的经验。 先生认为，对传统戏曲剧本是否具有整理、改编价值的审定，主要看它们：一是内容上存在民主性、人民性的精华；二是艺术上（主要是表演艺术上）具有承上启下的传承因素，是宝贵的艺术遗产。他指出：整理传统戏，就是"利用原来的一点积极因素，作为种子，而按照我们的意思，进行培育的，名为'整理'，实际上等于'创作'"。他是把整理工作视作重新创作的工作。"既然是创作，就必须从研究人物的身世遭遇和性格特征开始"，既然确定了人物，下一步即"再研究情节结构"，确定人物的思想、动作层次。他在对锡剧《秋香送茶》《庵堂相会》《双推磨》三个传统对子戏剧本和扬剧整本戏《百岁挂帅》及一些连台本戏整理为整本戏或"折头戏"后，得出了几点体会。

一是正确认识中国传统戏曲的艺术遗产。 先生认为：中国传统戏曲的宝贵艺术遗产主要存在于两个方面：一是文学剧本；二是演出艺术上的表现方法。文学剧本中的艺术遗产，即思想内容中的人民性、民主性精华，它们大量地蕴藏在剧本中的历史、战争、神话、传说等民间故事中，比如战争题材的剧目，就"有一个优良的传统，对于战争的反映，政治倾向性非常强烈，表现出人民爱憎分明，是非显著，特别重视歌颂正义战争的主题思想，塑造出不少的英雄人物形象，刻划出不少可爱的性格"（《戏剧必须正确地反映正义战争》）。既有不少男英雄，更有无数女英雄，像《杨家将》里佘太君、穆桂英的英雄主义、爱国主义精神就家喻户晓，也就是需要传承的思想内容上的艺术遗产。至于演出艺术上的表现方法的遗产，因"昆曲是百戏之母"，它的演出艺术上的表现方法恰可以代表整个中国戏曲表演艺术的遗产精华。对此，先生要求大家"有足够的估计和认识"：

（1）"它是诗情、声情、画意、舞姿、武功和雕塑感等因素高度结合、完整和谐的艺术品"（《昆剧应该两条腿走路》）；它特别符合中国人民群众对"戏"的认识："中国戏的来源不仅是歌舞剧、滑稽剧、说唱故事，而且有汉唐以来所

谓的'百戏',里面就包括了挂灯结彩、吞刀吐火、'鱼龙曼衍''角觝'等,群众都认为它是'戏'。"(《连台本戏问题》)

(2)"它兼有充实与空灵之美,由错采镂金进入浑成自然之美。"这是从美学角度来谈的,是新的发现和创新的认识。

(3)臻于完备的中国戏曲表演程式和排场。"程式来源于生活,属于现实在主义范畴,而又允许夸张,高于生活,则是结合了浪漫主义。"

(4)其表演体系"兼有"斯坦尼斯拉夫斯基体系的"内心体验"和布莱希特体系"陌生化"的特点,形成既有体验,又有表现的表演艺术风格和特点(以上均引自《昆剧应该两条腿走路》)。

二是某一剧种的剧本整理,应该从它早期的"小戏""折子戏"下手。他认为,"搞好一个剧种是大目标,而要达到这一目标,必须以整理小戏或折子戏作为试点,创造经验,等到得到一些经验后,再搞大戏。这样做,才能基础稳固,脚步踏实"。那么,这项工作怎么开展呢?"一些古老剧种原始时期剧本和演出资料是很不容易找到的",一些剧种的"对子戏却能反映出它作为一个剧种是怎样开始'发芽'的"。这些对子戏"都是描写农村中真实的故事,富有浓郁的生活气息和地方色彩,唱词虽然比较冗长,但非常质朴,具有民歌风味。更难得的是这些对子戏大都在不同程度上体现了反封建的主题思想,有进行整理的必要和可能"。

三是整理、改编传统剧目的基本方法。先生归纳了如次几点:

(1)要看不同对象,作不同的处理,制定不同的方案。首先是看思想内容的人民性、民主性,"强烈而明显的小改,有表面微弱而内里强烈的大改";

(2)在加工提高的过程中,保持并发展原来的朴素风格。最主要的是"注意学习当地广大群众的语言,达到能够灵活运用的程度,这是进行加工提高的基础";

(3)"集体讨论,一人执笔,易出成果"(以上引文均见《挖掘人民性,整理对子戏》)。先生在谈到整理扬剧《袁樵摆渡》和《百岁挂帅》时还指出:"我们整理传统剧目,是为了演给现代人看的,就不能不有所发展,要依据原本所提供的人物性格,在历史条件许可下,作适当的提高,以加强它的人民性。"(《我是怎样整理〈袁樵摆渡〉的》)因此,在动手整理一个传统剧目之前,为了做到心中有数,必须"有一个'务虚'的阶段,细致地分析矛盾","保证思想内容的正确",让它的戏剧性"能够充分地表达正确的主题思想。戏剧性产生于矛盾,矛盾越深刻复杂,戏剧性越强,群众越爱看"。故而对以神话故事、民间传说为主要内容的剧目,必须根据民间传说、神话故事"发展的规律,将原始内容予以适当的增减,才能充分体现'古为今用'的精神"。思想性提高了,艺术表达也必须升级,"必须努力学习传统戏曲技巧,并加以灵活运用","能够掌握它,才能发展它",要学会"避熟就生""运熟入生"的写作技巧,为新的思想内容的表达服务(《整理〈百岁挂帅〉的几点体验》)。

(4)注意将连台本戏整理为整本戏或整本戏改成"折头戏"时,要充分认识到"我国古典戏曲艺术是以演员表演为中心的",而"'折头戏'是整本戏的发展,'折头戏'的遗产,事实上就是整本戏的遗产,像《群英会》《空城计》,可以说是全本《三国志》的遗产"。因此,对于优秀的连台本戏,在整理时可采取将其压缩为"一个晚会的大戏"和"整理片段为'折头'"的两种方式(《连台本戏问题》)。但应根据表现主题思想、内容和演出艺术完整的需要而决定改成整本或"折头戏"的形式,努力避免"凫胫虽短,续之则忧;鹤胫虽长,断之则悲"(《庄子·骈拇》)的情况发生。

2. 改编、新编戏曲剧本的方法。剧本编写方法百人百种,没有定规。但在艺术结构、关目细节、人物刻划、唱念语言、意趣形色等方面,却与其他戏剧形态、文学样式有着天然迥异的差别。因而,戏曲剧本写作是无法中有恒法,无定规中存标准。有着丰富创作实践的戏曲剧作家,对此自然深会而颔首。先生对此亦有他独自的丰富经验总结和别开生面的理论阐述。

(1)大戏剧种编演现代题材戏的方法。大戏剧种,是指那些成型年代较早、发展历史较长、艺术程式繁多、剧目家底厚实的剧种,既有全国性流布的,又有在每一省域、地域有影响的。这样的一些剧种,比如昆剧、川剧、湘剧、祁剧、京剧等,一般人都认为这样的剧种只合适演出传统剧目,或新编历史故事戏及古装戏,创演现代题材戏剧目存在较多局限,不太能适应。但先生认为:"一个剧种家底子越厚,能表现的方面就越广。昆剧从'仙霓社'保留下来的四百出左右的折子戏来看,路子就很广。我觉得这四百出戏中的许多表演方法,就可以用来表现现代生活,而且会比京剧与地方戏方便。"他更明确地指出:"革新昆剧应以编演现代戏曲为突破口"(《昆剧应该两条腿走路》),并以1960年江苏省昆剧团先后成功演出的现代戏《红霞》和《活捉罗根元》的创作经验对己说作了论证。《活捉罗根元》系根据独幕话剧《两个女红军》改编的。在改编成昆剧剧目的过程中,先生除主持、指导工作外,并身体力行,与江苏省昆剧团的导演徐子权合作,分步骤完成编、改、演的全部工作。首先,确定角色行当,深入虎穴除奸的两个女红军可由昆剧的闺门旦、贴旦和刺杀旦表演,罗根元以净角表演,其母可由白面行当承担,使行当分工颇有特色和剧场效果;其次,先由熟稔昆剧舞台的徐子权写初稿;其三,确定曲调:不用曲牌的套数,从过去折子戏里选取符合剧情、主题、人物情感和色彩相符的曲牌;其四,唱词写成长短句,唱念并重,以白适当多于唱;其五,表演上必须保持昆剧原有风格,运用合理的表演程式并在现代戏需要的层面对旧程式有所革新和创造;其六,不用布景,对传统的"一桌二椅"依剧情进行改造和置换;其七,集中参演创作人员智慧,反复讨论和加工修改。该戏的成功,先生共总结出五点行之有效的方法:

一是"古老剧种的昆剧,是有条件演现代戏的";

二是"不是所有的现代题材,都可以改编成昆剧剧本的","必须选择矛盾冲突集中、尖锐的题材,但剧情不能太复杂,人物也不宜太多";

三是"必须在接受遗产的基础上进行适当的革新,既不能离开传统,又不能一成不变,让人们看出是昆剧,又看出现代性";

四是"运用传统的东西",要根据需要进行改革和创新,但不宜太多太大,失掉剧种传统风格；编导人员必须熟悉剧种个性、表演特色，需要全体创作人员参与讨论、研究、修改、加工（《昆剧上演现代戏的尝试——谈昆剧〈活捉罗根元〉的改编》）。

（2）重视戏曲剧本的艺术结构。先生有着丰富的戏曲剧本创作实践，因而对戏曲剧本的艺术结构十分重视。不仅自己在具体的剧本创作实践中，将戏曲结构放在首当其冲商讨研究、切磋琢磨的重要地位，而且注重对古典戏曲的艺术结构进行研究，写出文章，冀以播扬。先生深感遗憾的是，中国古代虽有"词山曲海"，"但研究古典编剧理论的著作却寥寥无几，有的则是如乔吉'凤头、猪肚、豹尾'之类的只言片字"，"直到明末王骥德的《曲律》的出现，才有'论章法''论剧戏'等谈到结构理论。而后清初曲家李渔在《闲情偶寄》的'词曲部'有专论结构的七款和辞采的四款，成为系统的理论"。可是，先生仍觉得"我国对于古典戏曲原理的研究，显然是不足的"。于是，他在带研究生期间，指导"知识面宽，且有一定的综合研究的能力"的学生李晓，带有强烈专项意识地"对古典戏曲原理进行总体性的研究，以此作为一种专门的事业"。于是，经过多年努力，在先生的具体指导下，李晓完成了"从结构原理开始"的《比较研究，古剧结构原理》的"一篇很好的学术论文"（《〈比较研究，古剧结构原理〉序》）。

先生重视戏曲艺术结构，最主要地表现在他的创作实践中。在锡剧《红楼梦》、扬剧《百岁挂帅》及连台本戏"折头戏"的编写中，他对艺术结构的反复推敲可见匠心独运，对剧本中艺术结构存在的不足亦有亲省和遗憾。他总结为：

一是"连台本戏的艺术结构"的短长。他认为，连台本戏"剧情的处理和场次的安排，是符合广大群众的要求的，好处就在于通俗"。其特点在于：首先"故事完整，有头有尾，按照事物发展的自然次序，平铺直叙地往下写"，写人叙事，脉络清楚，前因后果，交代清晰，"悲欢离合，变化很多，但总的看来是顺的"，让观众看得懂，看得全。其次，"情节曲折复杂而又能够用粗线条交代清楚"，大故事套小故事，大矛盾套小矛盾，"好事多磨"，"机缘巧合"，叫人又惊又喜，兴味无穷，很像今天编得好的长篇电视连续剧。其三，"利用故事情节，充分表现中心人物，塑造典型的人物形象。"其缺点在于长、松、杂，有违戏曲的本质特征。因为戏曲"艺术优点本在于短时间内，利用舞台的有限空间，以活生生的形象，集中精炼地表现一个主题思想"。连台本戏的长、松、杂主要是以故事情节为主的，"为了把故事情节全部演出来，主题思想就时常不能统一"，优秀、芜杂混合，精华、糟粕杂陈，难免鱼目混珠，泥沙俱下。"容易引导观众不注意正戏"，专门欣赏杂芜；"也容易引诱艺人丢下正确的艺术创造和锻炼，专门走方便之门，讨好观众"（《连台本戏问题》），以俚俗、庸俗、迎俗、媚俗。因此，连台本戏艺术结构上的优点，应该利用，而其缺点，必须舍弃。

二是"关键在于树立骨架"。先生指出，"编拟剧本提纲，是写作剧本的第一步"，"编写提纲时，必须确立以人物贯串情节的准则，预先设计好一个剧本的大致轮廓"。然后，"将提纲反复研究，集思广益"，"主要是为了树立骨架"。他从锡剧《红楼梦》剧本的编写实践中，总结出艺术结构中的此一关键环节，诚为笃论。因为骨架一经树立，就能够根据剧本已确定的"精神实质和主题思想，安排完整的故事结构。有了一根主心骨，就可以根据它决定人物与情节的取舍安排，才能进入剧本编写"。

三是大胆虚构一些关目细节，以促成剧本情节、动作线的完整性、连贯性。先生以《红楼梦》的原著为例，锡剧《红楼梦》"根据主题思想的需要，以剧本情节的完整性和连贯性为主旨，若干情节并不依照原著的出现次序"，因此，"必要的时候"，"大胆地虚构了一些原著所没写的情节"。虚构的方法，主要用的是"'集腋成裘''联珠成串'的方法，尽量把原著塑造人物的精华部分，捡拆出来，重行组织成为全剧的骨架，并从它们上面滋长血肉"。在"骨架"上"滋长血肉"，是指塑造好有性格、有激情、有光彩的人物，有着充实丰润血肉的人物，才能感人，这是艺术虚构的精神实质。

四是推崇"凤头、猪肚、豹尾"的艺术结构，并以此检验创作的成功与否。

先生在讨论锡剧《红楼梦》结尾是以宝玉"哭灵"还是"出走"为好时指出:"元代乔吉曾经主张写戏要'凤头、猪肚、豹尾',即开头要昂得起,中间要铺得开,结尾要煞得有力。我们虽才力有限,却是想努力做到'豹尾'的。"然后他觉得:黛玉"人已死了,哭也无用,宝玉忠实于对黛玉的爱情,有个抛弃一切,毅然出走有大动作,就足够了,出走之前,哭灵不一定是必需的"(《谈锡剧本〈红楼梦〉的编写》)。先生认为,宝玉出走,就是"豹尾",这是他肯定的艺术结构处理。然而,他也有对自己创作中艺术结构不称意的表达,如他对扬剧《百岁挂帅》的编写就发表过这么一段话:"我还是不满足,因为按照元代大曲家乔梦符(吉)的理论,一出好戏应该是'凤头、猪肚、豹尾'。从《百岁挂帅》的定本看来,'寿堂惊变'当得起'凤头',以后几场,作为'猪肚'也可以,最后一场'着棋破敌',虽然纠正了纯用武场的缺点,仍不如'寿堂惊变'的精警有力,还是不够'豹尾'的。"(《谈〈百岁挂帅〉的定稿》)可见先生对自己创作艺术结构要求之严。

3. 刻划人物性格的方法。先生认为:写作一个剧本,构思一个故事情节,首先要从人物的阶级根源、社会根源和个人历史入手,仔细分析人物性格的形成、发展、变化的个性特征及脉络,以及由它产生的语言和行动,"然后才能组织起人物关系,构造成为真实可信的故事情节",在具体的叙述描写过程中,要特别注意"人物性格与故事情节又互为因果,存在着辩证关系。人物性格与环境发生了矛盾,就产生情节,同时在情节的不断发展中,也就不断地刻划了人物"。所以,在社会上,人是社会关系的总和;在戏曲作品中,人物性格是典型环境和动作关系产物。在剧本中,怎么刻划人物性格呢? 先生总结出六个方法:

一是"推":"在情节发展中,把人物和环境的矛盾由低向高,逐步推进到尖端。""运用'推'的方法,存在着一个起点高低的问题","对于起点一开始就很高的人物性格,怎样刻划呢? 那就要用'铺'的方法,即写他在不同的环境里,遇到不同的矛盾冲突,是怎样解决问题的,以横的铺开代替纵的发展"。

二是"压"："一种集中力量来'推'和'铺'的方法,即对人物不断地加强外界的压力,使他的思想行动上产生了一个顶得住,还是顶不住的问题。"描写正面人物,就增加反面人物对他的压力,压力越大,正面人物的形象越高大;描写一个软弱人物,在强大压力下,表现他的顾虑、动摇、妥协、退缩,最后彻底垮下。

三是"剥"："这个方法和'推''压'正相反,即在描写人物时,逐步解除表面现象,暴露出人物性格的本质,如同抽蕉剥笋一样,层层地剥找到中心。"这个方法主要用于刻划反面人物性格,不仅能克服人物描摹上的脸谱化,还能推进剧情的发展。

四是"缠"："这是通过处理人与人之间的复杂关系来刻划人物性格。"世事复杂多变,多种矛盾错综,如忠奸、公私、是非、爱恨等种种纷争,父子、兄弟、夫妇、朋友等关系纠纷,往往纠合在一起,顾此失彼、投鼠忌器、了难分清、难以解决。"处理这类矛盾时,越是纠缠不清,越能刻划出人物性格"。

五是"比"："这是刻划人物性格比较常用的方法。在同一事件上或场合里,不同的人物何以会有不同的具体行动,是由他们各自不同的思想感情决定的,进行对比描写就能很鲜明地刻划出不同性格。"这种方法包括正面人物和正面人物对比,反面人物与正面人物对比,反面人物与反面人物的对比,次要人物衬托或烘托主要人物几种类型,以利写出人物性格的个性。

六是"叠"："就是在矛盾难以解决的地方,观众最希望它得到解决,因而最爱看的地方,不怕再三重复,用相同的方式,作细节的功写,以加强刻划人物性格的厚度。"如《梁山伯与祝英台》中的"十八相送";《八大锤》中的岳云与韩彦直的反复"互相迎送"等,皆属此例。"这种方法比前五种较为特殊,前五种都是从发展变化中刻划性格,而它却是凝结固定在一点上刻划性格的。这是变体,虽然并不常见,却不能不单列为一项。"

先生同时指出,"刻划人物的方法是千变万化,层出不穷的","要记住'文无定法'和'动用之妙,存乎一心'"。(以上论述见《漫谈传统戏曲中刻划人物

性格的方式》)

4. 戏曲剧本唱词写作的标准。先生是撰写古典诗词的大家,对于诗词韵律掌握深厚,运用精妙。所作诗词,渊源有自,气韵有依,蹊径独辟,自成一体。他将写作诗词的方法总体驾驭到剧本唱词写作中,又学习戏曲、民间曲艺中民间语言的提炼和使用,在通俗性上下大力,形成了他剧本语言的鲜明个性和追求。据此,他要求编剧工作者对戏曲"唱工"的重要性和必要性有充分的认识,态度要谨慎严肃。"首先要求唱词能够表达正确的思想内容;其次,艺术方面还要精益求精,细致周全。我国戏曲传统是以演员表演为中心的。编写唱词必须为演员服务,使他们不仅好唱,而且容易唱得好。不能片面地强调唱词的文学性,任意编写,和演员的腔调、乐队的伴奏格格不入。"(《漫谈写唱词》)要着重研究唱段唱词的性质和功用,主要在于抒情、说理、叙事和写景,其中以抒情为主,说理为辅。先生十分推重剧作家杨正吾先生的剧本语言特色:"乡土气息浓厚""广泛采用民间语汇",很有江苏盐阜地方特色,即使是昆剧里的历史剧,也主张"何不学学元剧本色"(《〈杨正吾剧作选〉序》)。先生总结出戏曲唱词写作的准、稳、鲜、炼四个标准是:

一是准:思想内容表达准确。对此,剧作家要周密地研究:"唱的地方准,一般的规律是在矛盾发展到最尖锐的阶段";"唱的人物准,一般的规律是正面人物,引起观众同情的人物多唱,反面人物,引起憎恨的少唱";"唱的口吻准",唱词要吻合特定人物的身份性格,特定时间、地点里的思想感情。

二是稳:就是妥当。表达思想内容要准确,语言、文字、声韵的规格要妥当。"达到文学、音乐两方面完全和谐",在掌握规格的基础上对曲调进行突破,做到"稳而后能变,不能凭空乱变"。

三是鲜:实现唱词的美,要做到:"鲜明洁净,要求一听就懂,而且津津有味"(如沪剧《罗汉钱》,小飞娥唱的"罗汉钱呀,罗汉钱!两个钱儿一样圆,一样圆呀,小方戒一对来交换,来交换呀,一个儿甜蜜,一个酸,一个儿好心酸!");"灵活生动,要求把人物的性格和思想感情写得活灵活现",将人物口吻掌握准确,用形象的语言表达;"新鲜奇秀,要求富于创造性,避免陈词滥调",做到语言"深入浅出",创造新意境。

四是炼:"就是精炼集中",要求节省字句,含蓄隽永。"预先考虑到演员将来唱时的身段表情",唱词设计新奇精妙。

四、论中国戏曲美学

中国戏曲跟其他任何一种文学艺术样式相同,都有一种美学思想作核心指导思想,它就是中国传统的美学思想。近代以前,中国传统的文艺思想、哲学理论,建有诗论、文论、曲论、乐论、赋论等,却从未给美学立论建项。美学作为一门学科,是近代从西方移舶过来的。西方美学学科的秀出,与启蒙运动息息相关。美学的逻辑起点是启蒙运动的人本主义核心;美学的精神支柱是启蒙运动的科学主义思想;美学的政治底牌是启蒙运动的意识形态规范。人本主义将美学视作人类的福祉,科学主义赋予美学客观性的标签,意识形态化使美学得到了主流话语的嘉宾席位。"围绕着人本主义的枢纽,美学是一只放飞最高的风筝,将人本主义的积极意义发挥到了最佳的生存状态。为了人和一切为了人几乎成了所有美学家的基本理念,人的一切(包括真善美和假丑恶)成了美学研究的核心内容"(栾劲《美学的品格》)。可是,中国传统的美学思想虽然仅存于"经籍子书中的片段言论,却概括了丰富的美学内涵,启发性和指导性都很强,一直支配着后代的所有文艺作品"。吴白匋先生以中学为体,西学为参,结合起来、融汇相通,对中国戏曲存在的美学思想和特点作了高屋建瓴、却又可具操作性、实践性的阐述:

1. **"充实之为美"——内在心灵与外部行动的双美**。先生认为:"充实之为美"就是指导中国戏曲美学的核心思想。在中国儒家的经籍中,非常明确地提出美学思想的是《孟子》一书。《尽心下》中有这么一段话:"'何谓善? 何谓信?'曰:'可欲之谓善,有诸己之谓信,充实之谓美,充实而有光辉之谓大,大而化之之谓圣,圣而不可知之之谓神'。"在这里,孟子把个体人格划为善、信、美、大、圣、神六个层次,说"美"是充实,是要求个体的人不但遵循着"善人""信人"所履行信守的仁义等道德原则,使自己外在的仪容风貌、应对进退等等,处处都自然而然地体现出仁义等道德原则。故而,"美"是在个体的全人格中完满地实现了的善、真(信),它包含并超越了善、真(信)。与之同时,"大"与"美"相连,"圣"与"大"相连,"神"与"圣"相连,一个比一个更高。但又都起始于"美"("充实"),因而它们既是道德伦理的评价范畴,又是审美评价的范畴。先生深参机悟此理,因而有他独自的阐发:"'充实'二字,实际上包括了内在的心灵和外部的行动两个方面的美,要求'表里如一',用它作为指导文艺的标准,就是内容和形式的统一。用于戏曲表演艺术,就是演员内心体验和外部动作的统一。"他着重指出:"希腊哲学家虽然提出了真、善、美'三位一体',可是着重分析,却把美从真、善分割开来进行研究,于是乎产生了美学。我国古代哲学却不是这样,'充实之谓美'是综合了真、善、美而言的。"先生又引述《说文解字》和段玉裁《说文解字序》的"美与善同意""凡从真声字,多取充实之意"及道家对"真"的解释是"仙人变形而升天也"等说法,进一步证实美与真、善的关系,并以经义阐释式的语气说:"这个'真'不是通常所说的真实,而是经过变形,超乎现实的真""即艺术的真实超乎生活的真实"。

2. 美是主、客观的结合。"艺术的产生是主观因素和客观因素融合而成的,当然客观因素占第一位,不触物就动不了心,但是如果没有主观因素所起的变化、组织作用,就不能成为艺术。"中国戏曲以创造个人独特的意境为目标,表演程式来源于模仿生活,演员先演角色行当程式,通过行当程式来演角色。

3. 中国戏曲美学的两点论来源于"一阴一阳之谓道"的宇宙观。戏曲美学以虚实、动静、繁简、轻重来指导舞台动作,约束人物的行动,规范演员的表演。分别美丑、以丑为美来指导扮演,区分人物脚色类型,提供审美对象。并且"在戏曲表演艺术里,生旦有生旦之美,净丑有净丑之美,可以互相衬托,也可以独自存在，原理在此"(《昆剧表演艺术体系初探》)。

4. 悲哀、悲惨、悲愤、悲壮四种悲剧气氛的营造。 先生在他的《谈锡剧本〈红楼梦〉的编写》一文中有"构成波澜起伏，渲染悲剧气氛"一段，他说道："我国戏曲传统并不像古代希腊，严格区分了悲剧与喜剧，我们只讲悲欢离合，并且普遍地喜欢大团圆结局。自从接受了西方戏剧理论，我们编写和评论戏曲，才讲究怎样渲染悲剧或喜剧的气氛。我认为悲剧气氛可分为悲哀、悲惨、悲愤和悲壮四种，最好是悲壮，其次是悲愤。"这是对中国戏曲悲剧美学思想的别开生面的表达，切中中国戏曲美学思想肯綮，诚为一家之言，是对中国戏曲美学思想的一个贡献。

先生进一步亮明自己的观点，在中国戏曲中，对于剧目中的悲剧成分，应该服从于中国观众的审美情趣，合乎中国戏曲演出的本质特征，只能作一定成分、一定程度的悲剧气氛的渲染，"不赞成有的戏为了制造悲剧气氛，一开场就低沉阴暗，随着剧情发展，黑云越压越重，压得观众难以忍受"，而"赞成悲剧中有喜剧气氛，再由喜转悲，风云突变，大起大落，并以热闹的场面反衬悲凉的情节"。他觉得锡剧《红楼梦》是中国戏曲典型的大悲剧，是符合这种悲剧美学精神的，充分准确地传达出中国戏曲特征的悲剧风貌。

要之，先师吴白匋先生对中国戏曲的研究论述是全方位的，涉及戏曲的起源、本体特征、发展历史、剧本创作、声腔音乐、表演艺术、舞台美术、表现方法、评论研究等，几乎在各个层面都有独到的灼见或新析，有他发表的著述、文章和我们的听课笔记为证。本文仅就个人浅识，拎提出其中部分，试为串珠成篇，肯定挂一漏万。今值先师125周年诞辰，权作进献之呈，以为纪念。

2021 年 10 月 20 日于长沙三澹轩

作者简介：邹世毅，吴白匋教授硕士研究生，湖南省戏剧家协会原副主席，湖南省艺术研究所原所长，一级编剧。

郑尚宪

吴白匋论昆曲

先师吴白匋教授（1906—1992），名征铸，以字行，江苏扬州人。1931 年毕业于金陵大学历史系并留校任教，后历任金陵大学副教授，四川白沙国立女子师范学院、江苏省立教育学院教授，无锡国学专科学校、东吴大学、江南大学等校兼职教授。1952 年起任职于江苏省文化部门，先后任江苏省文化局戏曲审定组组长、戏曲编审室主任、江苏省文化局副局长，1973 年起任南京大学历史系、中文系教授。

先师出身名门，因受长辈影响，幼年即大量观看民国初年著名京剧演员的表演；成年后醉心于昆曲艺术，曾观摩昆曲"传"字辈艺人演出的折子戏一百多出，并作为票友，学习京昆老生戏多出。执教金陵大学期间，师事曲学大师吴梅先生，得其多方指授。任职江苏省文化部门期间，主管全省的戏曲工作，曾主持、指导或执笔整理、改编、创作戏曲作品 30 余部，于昆曲着力尤多。晚年任教南京大学，专门指导戏曲专业研究生。1986 年文化部成立振兴昆曲指导委员会，师任首届委员。

先师幼承家学,长入名庠,为国学大师黄侃、胡小石入室弟子,并师事曲学大师吴梅先生,于国学及诗词书画均有很高造诣,尤以戏曲创作和研究见长。终其一生,酷爱昆曲,钻研甚深,颇多独特见解。笔者有幸在其晚年忝列门墙,亲聆教诲,现不惮鄙陋,试将其有关昆曲的见解归纳表述如下。

一、关于昆剧表演体系

吴先生认为,"表演体系"是个外来词,是外国戏剧理论家在观摩梅兰芳的表演艺术,并将之与西方戏剧表演体系进行比较以后提出的。而梅兰芳的表演体系,实际上就是昆剧的表演艺术体系,只不过其个人在昆剧表演体系基础上推陈出新而已。比如梅兰芳为弥补过去京剧正旦只重唱功,花旦只重念做的缺陷而创设的"花衫",主要就是采用了昆曲五旦(闺门旦)的表演特色;而其《霸王别姬》中的剑舞和《天女散花》中的绸舞,显然来自昆曲载歌载舞的表演传统。所以研究中国戏曲表演体系,必须以昆曲表演体系为基础。

至于昆曲表演体系的形成,吴先生认为那是在古代社会所能提供的物质条件下,经过无数代艺术家,通过不断的试验、实践,积累经验,去芜存菁而建立起来的。而且这个体系的产生还有一个决定的因素,就是中国古代演剧场所有限的表演空间。戏曲演员为了在非常逼仄的戏曲表演空间内,把复杂的故事有头有尾、连续不断地再现出来,把剧中人物有声有色、活灵活现的表演出来,于是不断实验,反复揣摩,经过无数次的实践,终于建立起综合运用唱、念、做、打等艺术手段,以写意为主,不受舞台时空限制的表演体系。

而这种表演体系的指导思想则是中国传统的美学思想:1. "充实之谓美";2. 美是主客观的结合;3. "一阴一阳之谓道"。吴先生认为,我国各种文艺形式,如诗歌、散文、美术、音乐等,无不受这三点基本思想支配,作为综合艺术的戏曲,更是如此。而昆曲作为中国古代艺术之集大成,在这方面体现得更为突出。具体而言,以昆曲为代表的戏曲表演艺术,和中国古代的美术讲究"以形写神"是相通的。为此,他专门引用了梅兰芳《舞台艺术四十年》卷三中的一段话作为佐证。梅兰芳说他在见过若干名家画之后,"感到色彩的调和,布局的完善,对于戏曲艺术有声息相通的地方,因为中国戏剧在服装、道具、化装、表演上综合起来,可以说是一幅活动的彩墨画"。

　　至于昆剧表演艺术体系的特点特色,吴先生认为核心在"以形写神",具体体现在虚与实、繁与简、动与静以及"体验"和"表现"的巧妙结合。这使昆剧表演艺术成为诗情、声情、画意、舞姿、武功和雕塑感等等因素高度综合、完整和谐的艺术品,由错彩镂金进入混成自然,兼有充实和空灵之美。我国的戏曲表演程式与排场都是在昆曲盛行之时积累下来,臻于完备,因此昆曲被称为"百戏之祖"。

二、关于昆曲唱词

　　吴先生曾询问过许多不熟悉昆曲的观众对昆曲的看法,"一般都说好听,可是听不懂唱什么"。因此他认为"好听而又听不懂",是昆曲最根本的问题。对此,他分析道,昆曲"好听",是因为它和我国所有的戏曲曲调一样,最初来源于民歌,其基本旋律有深厚的群众基础;而"听不懂",主要是曲词听不懂,这和历史上作为昆曲主要作者的文人士大夫卖弄才情、自我欣赏有关。"唱词的作用是表达剧中人物的思想感情和叙述事实经过的,而音乐旋律的作用则是要把唱词的内容充分地用音乐形象反映出来的。观众必须理解唱词,才能充分地欣赏音乐旋律,唱词既然不懂,旋律再好,也是不能充分感染人的。唱的人不懂唱词,就会学起来很苦,唱起来很难到家;听的人听不懂唱词,听后就难留印象,当然也不愿意来学。"这是古老昆曲的致命伤。

　　吴先生认为,昆曲作为现有最古老的声乐之一,它体现了我国声乐的特点——依字行腔。这个特点在宋词里已经表现得很充分,发展到昆曲,根据唱词字音的四声阴阳,制定曲谱旋律的高低轻重,抑扬顿挫,就逐步形成了一套完整的规格,具备了精细的技法。同一曲牌在其主腔部分,时常严格地规定句法四声,非主腔部分的词句,写词时虽然规格很宽,不拘四声,但订谱时仍须遵照四声阴阳确定工尺谱字。所以一个曲牌重唱几支,字句变换了,行腔便不一样,使得昆曲旋律变化无常,丰富多彩。然而作为一种声乐艺术,不仅要旋律动听,还必须传词达意,才能感人,因而旋律就不能不结合语言。和外国语言只有轻重音不同,我国语言有四声阴阳,怎样使旋律充分地结合语言是一门科学技术。昆曲在这方面,理论最完备,方法最细密,实践经验也最丰富,实在是不容轻视的文化遗产。然而仍有许多观众反映听不懂,因此要对昆曲进行必要的音乐革新。而要对昆曲音乐进行革新,前提是必须掌握格律。"曲子"继唐诗宋词而起,完全属于格律诗的范围。在编写唱词、制定曲谱两个方面,必须重视昆曲的格律。而何谓格律? 律和格有区别:律是制定下来,长期不变的,体现了原则性;格是由律产生的细则,可以变动的,体现了灵活性。昆曲属于曲牌体,曲词用长短句,有一定调式句式,怎样安排平仄,依字行腔,又怎样根据字音文情,确定高低轻重、抑扬顿挫,这都是格。昆曲音乐的特点特色,就是由格律具体地表现出来的,不能够抛弃格律,而空谈特点特色。因此不但演员和音乐工作者要刻苦学习老艺人传下来的名曲,不折不扣地学会其旋律和唱法,就连编剧也要会哼一些。在掌握四声和依字行腔的方法要点基本功的基础上,再来研究昆曲原来的格律,哪些是合理的规格,现在还要严格遵守,哪些是不合理的戒律,要废除革新。

　　吴先生分别从曲词形式、套数和曲牌三方面进行分析。

　　从曲词形式看,本来曲子比唐诗宋词的格律宽,因为它在一定情况下可以增减字句。但有一个原则,就是必须保持长短句体式,如改成七字、十字上下句的体式,就不是昆曲了。长短句比七字、十字上下句更接近口语,来源于过去的民歌,形式上接近现在的民歌,而且一个曲牌里的句子可以拆开来唱或用夹白来唱,运用得当,语气很能表现出来。

　　连合若干曲牌成为套数，这是传统戏曲的特点之一。"套数"的建立远在元杂剧时期，虽然有其理论上的根据，到了今天，却已很难听出它的效果，反之显现了两个显著的缺点：一是一套曲子旋律上变化不大，容易使听众觉得单调；二是为了迁就"套数"，时常有当唱不唱，不当唱而唱的现象，对于编剧和演出都不利，因此有废除的必要。过去名家像汤显祖就不完全遵守，现在更无保存的理由。新编剧本可以根据剧情文情，自由地选择、配备曲牌，打破套数。像《十五贯》等戏完全按照剧情自由地选用声情相合的曲牌，有的地方，一支曲牌只唱一部分，曲律专家可能认为它不成片断，而在普通听众耳朵里，倒是抑扬顿挫，符合人物情感的。

　　至于要不要曲牌，吴先生认为还是应该要的。昆曲是曲牌体，没有曲牌，就不是昆曲，这是律，不能改动。但是曲牌本身却有可以变通改进之处，就制谱来说，可以从以下各点入手：

　　1. 研究曲牌的调性，找出它适合于表现哪一种情感，加以采用。

　　2. 要注意主腔与思想内容的搭配。

　　3. 押韵规则可以适当放宽。

　　4. 根据剧情和表现人物需要，南北曲可以混用。

　　5. 以前南曲死板活腔，不如北曲死腔活板便于表现剧情文情，可以考虑改为活腔活板。

　　6. 传统昆曲唱腔缓慢，字少腔多，可以适当加快，但不能一概而论，必须视情况而定。

　　7. 为了使昆曲音乐丰富多彩，可以加过门、帮腔、配音，但不可滥用，一切要从剧情文情出发。

　　8. 要讲求音韵，但可以适当放宽，一些传统的读音与现在差异很大，可以改从今读。

　　9. 念白可以多样化，可以考虑用苏州音念普通话的新韵白，既可以使外地人听懂，又可以让苏州人觉得亲切。

10. 可以采用集曲等方法来创造新曲牌。

11. 可以吸收其他剧种曲调的长处来革新昆曲,但不能把皮黄腔调的旋律搬进昆曲,因为其风格相差太远。

三、关于昆曲剧目

无论昆曲还是其他剧种,其剧目构成无非三个大类:整理的传统剧目、新编历史剧和现代戏。

吴先生在整理传统剧目方面,有非常成功的经验。他参与和主持整理的锡剧《双推磨》和扬剧《百岁挂帅》等已是当代剧坛公认的经典,锡剧《红楼梦》也取得了很高成就。结合自己的创作经验和多年的思考,他认为整理昆曲传统剧目,应该分为三类,区别对待。

第一类是极少数古典名著,目前尚有折子戏上演的,以基本原样照演为宜。他说:"例如《牡丹亭》的《惊梦》《寻梦》里杜丽娘那种大家闺秀的怀春伤感心情,汤显祖是能够全部理解,分清层次,加以细致刻画的。我们生在几百年后,能够同样做到吗? 当然不能。又像汤显祖的文学天才和修养,既能灵活运用前人辞赋诗词,又能自铸清词丽句,我们有这样功力吗? 显然不够。既是不能不够,唯有自认无能为力,才是实事求是的。还有表演艺术是经过无数曲家艺人呕心沥血地琢磨出来的,我们轻率地将它丢掉,于心何忍!"不过他还认为,"基本"并不等于丝毫不动,只要符合汤显祖原意和昆曲表演艺术传统,做些小修小补,还是可以允许的。他因此对苏昆、上昆和北昆三个版本的《牡丹亭》中一些符合汤显祖原本精神的创造性改动予以充分肯定。

第二类是原本够不上名著,但遗存的折子戏不少。吴先生认为可以利用这些富有艺术遗产的折子作为"戏胆",加添交代情节的场次,整理成为全本。他举例说《十五贯》即属此类。因为《访鼠测字》一折保留着丰富的表演艺术,很受观众欢迎,而又与新本毫无抵触之处,保存在新本里头,改动很小。其他各折就根据新的主题思想的要求进行改写,但也处处照顾到传统的表演艺术,使它们和《访鼠测字》和谐统一。这一条路子很能够启发我们做很多的剧目革新工作。吴先生特地指出,昆曲现存舞台上的几乎没有整本,完全是分散的折子戏,应该好好分析研究一下,根据时代的要求,选定对象,制立新的主题思想,进行整理。对于折子戏保留较多的剧目,如《西厢记》《义侠记》之类,可以去芜存菁,加工组织,联成整本。

第三类是有文学本存在,而无折子戏遗留的,这类最多,进行整理,实际上就是改编,像《墙头马上》《西园记》都属于此类。由于它们本来不存在表演艺术遗产,当然便于编导和演员的自由发挥。不过有一个限度,就是要姓"昆"。昆曲的表演艺术传统深厚,塑造历史人物形象的条件优越,应该努力利用。

吴先生还批评了以往在整理昆曲传统剧目中经常出现的两种倾向:一是嫌昆剧"戏剧性"不够,人为地加强矛盾,制造所谓的"气氛""悬念"与高潮,不是"减头绪,立主脑",而是"增头绪,破主脑";二是嫌昆曲节奏缓慢,硬将过去七、八折的戏,压缩成两三场,要求在三小时内演完全本,结果是只存骨架,不见血肉。

吴先生认为,除了整理传统剧目,还要大力创作新编历史剧和现代戏。因为有了大量的新剧目,才能得到广大观众的欢迎,才能保存昆曲。保存是依靠发展的,不发展也就保存不住,因为戏曲不是文物,文物可以原封不动地收藏在博物馆里,而戏曲必须活生生地演出于舞台上。吴先生还提到,解放以前有昆曲保存会一类的组织,刻意求古,结果老先生们越谈保存,昆曲却越衰微。这是惨痛的教训。昆曲已经衰微了百年以上,能否重整旗鼓,发扬光大,主要要看它能否跟得上时代,如果一味地抱残守缺,迟步不前,只能永远处于存亡继绝的关头。

至于如何创作,吴先生认为,新编历史剧还是反映古代生活的,自然以充分利用昆曲遗产为主,然后根据实际需要,进行一些适当的出新,可以采取不同方式作多种尝试,但必须保持昆曲风格,使观众能够看出新旧之间,仍然是一脉相承的。"推陈出新"要小心谨慎,要由"陈"中生出"新"来,而不是将"陈"推出去不要。

在现代戏创作方面,对于许多人认为昆曲不适合表现现代生活的看法,吴先生并不赞同。他认为昆曲在音乐和表演两方面的家底比一般剧种厚得多,因此它的表现能力更广,传统戏中的许多表演方法,完全可以用于表演现代戏。古老的昆曲声腔,是能够通过新剧本,发挥它的光彩的。

1960 年,昆曲名家徐子权受命将话剧《两个女红军》改编为昆剧《活捉罗根元》,吴先生参与了创作讨论。该剧大量采用了昆曲传统戏的表现手法,取得了成功。事后,吴先生写了一篇文章《昆剧上演现代戏的尝试——谈昆剧〈活捉罗根元〉的改编》,与剧本一起发表在当年第 5 期的《江苏戏曲》上。在文章中,吴先生总结了该剧的几点经验:

1. 作为古老剧种的昆剧,是有条件演现代戏的,只要把戏编好,保持昆剧风格,观众是会接受的。

2. 不是所有的现代题材,都可以改编为昆剧剧本的,借鉴传统折子戏成功的经验,必须选择矛盾冲突集集中、尖锐的题材,但剧情不能太复杂,人物不能太多。

3. 昆曲演现代戏,必须在接受遗产的基础上进行适当的革新,既不能离开传统,又不能一成不变,要让人们看出是昆剧,又是现代戏。

4. 运用传统的东西,要根据剧情和人物的需要,进行必要的改革和创新,但这种改革和创新,又不宜太多,步子也不能太大,否则就有可能失掉昆剧的传统风格。

5. 编导人员必须非常熟悉昆曲,熟悉昆剧的表演方法,在熟悉就折子戏的基础上才能恰当地选择曲牌,同时也需要全体演员、音乐和舞美工作者一起合作、研究,才能进行不脱离传统的昆曲改革。

以上根据吴先生的有关论述,介绍了他关于昆剧的一些观点与看法。必须说明的是,这些观点与看法形成于上世纪 50 年代至 90 年代初,今天时代已经发生了很大的变化,昆曲的生存状况与当年也有很大不同,人们的认识也有了不同程度的变化和提高。但笔者相信,重温这位令人尊敬的前辈学者的一些教诲,对于今天的昆曲事业还是有所裨益的。

作者附记:本文介绍的吴白匋先生的观点与看法,除平时课堂讲授之外,主要见于其下列文章:《谈谈昆曲剧目的继承与革新》《谈昆曲改革问题》《艰苦奋斗的"传"字辈老艺人》《昆剧表演艺术体系初探》《昆剧应该两条腿走路》《昆剧上演现代戏的尝试——谈〈活捉罗根元〉的改编》(均收入其论文集《无隐室剧论选》(江苏文艺出版社 1992 年 3 月版)。倘有归纳不当之处,应由笔者负责。

(原载《中国昆曲论坛 2012》,古吴轩出版社 2013 年 12 月版)

作者简介:郑尚宪,吴白匋教授晚年弟子,厦门大学人文学院教授、博士生导师。

刘　祯

扬剧《百岁挂帅》研究

以 1949 年 10 月这一时间为标志,中国文艺进入"百花齐放"时期,对戏曲而言更是如此,"百花齐放"最初的含义是和戏曲有着紧密联系的。[①] 1951 年 5 月 5 日,中华人民共和国政务院制订了《关于戏曲改革工作的指示》,全面实施"改戏、改人、改制"工作。1952 年 10、11 月文化部举办第一届全国戏曲观摩演出大会,参加会演的有京剧、评剧、河北梆子、晋剧、豫剧、秦腔、眉户、越剧、淮剧、沪剧、闽剧、粤剧、江西采茶戏、湖南花鼓戏、川剧、蒲剧、昆曲等 23 个剧种的 37 个剧团,演员达 1600 多人。这是新中国成立后第一次戏曲艺术家的盛会,是一次大展览、大交流、大学习,"它集中展览了民族戏曲遗

[①] 1950 年 11 月 27 日至 12 月 11 日,文化部在北京召开全国戏曲工作会议,"在这次会议上,发生了京剧和地方戏以何者为主的争论。有人主张'百花齐放',鼓励各类戏曲剧种自由竞赛,共同繁荣。毛泽东主席把这个正确意见和他一九四二年在延安提出的'推陈出新'结合起来,于一九五一年春题赠新成立的中国戏曲研究院,这就形成了为中国戏曲工作者一直遵循的'百花齐放,推陈出新'的方针"(张庚主编:《当代中国戏曲》,当代中国出版社 1994 年版,第 27 页)。

产的精华和戏曲改革的初步成果,并为各剧种打破长期隔绝状态,实现相互交流、相互吸收、相互促进提供了机会"。① 传统戏曲不仅是京剧,各地方剧种都进入一个崭新的发展阶段。各剧种各有所长,有自己的传统和艺术积累,虽然流行传播有区域性,但各剧种各艺术的交流之门洞开为各剧种的发展和提高提供了极其重要的平台,这在戏曲发展历史上是不曾有过的。也因此,二十世纪五六十年代许多剧种都有能够在全国产生影响、在当代戏曲史上书写的剧目作品。

扬州有着悠久的历史文化,为古九州之一,是一座有着近 2500 年建城史的文化名城。戏曲发展史上扬州有其独特的地位,元代扬州是杂剧南流后的集散地,杂剧中心由前期的大都南移到南方的杭州,扬州发挥其独特的作用,成为杂剧在南方最早的兴盛地。② 清代自乾隆十六年(1751)开始,高宗六次南巡,扬州为必经之地。李斗《扬州画舫录》记载,两淮盐务为迎高宗,"例蓄花雅两部,以备大戏。雅部即昆山腔;花部为京腔、秦腔、弋阳腔、梆子腔、罗罗腔、二簧调,统谓之乱弹。昆腔之胜,始于商人徐尚志征苏州名优为老徐班,而黄元德、张大安、汪启源、程谦德各有班。洪充实为大洪班,江广达为德音班,复征花部为春台班。"③另外还有"本地乱弹"。扬州戏曲之发达及在南北方戏曲交流中的地位可见一斑。但扬剧的形成则比较晚,它是在花鼓戏(俗称"小开口")、苏北香火戏(俗称"大开口")基础上,吸收扬州清曲、民歌小调发展而成。二十世纪一二十年代苏北香火戏和花鼓戏先后进入上海,开始各自为艺,不相往来,三十年代逐渐合并演出,以"小开口"为主,称为"维扬戏",1950 年正式定名为"扬剧"。

扬剧在二十世纪有两次兴盛,一次是三四十年代,扬剧在上海各游艺场

---

① 张庚主编:《当代中国戏曲》,当代中国出版社 1994 年版,第 40 页。

② 参见季国平《元杂剧发展史》第五章"杂剧在南方最早的兴盛地——扬州",河北教育出版社 2005 年版,第 242—270 页。

③ 李斗:《扬州画舫录》卷五,中华书局 2001 年版,第 107 页。

及数十家戏院上演,其观众都是社会底层的小市民,"他们从来不登广告,可是生意总很不错,尤其每年正、二、三三个月,几乎无日不客满"①。其艺术表现越来越丰富,剧目除了花鼓戏、香火戏、扬州乱弹等传统剧目外,新编和移植了大批连台本戏,如《孟丽君》《郑小姣》《济公》《包公案》《九美图》《杨家将》《狸猫换太子》等,一批表演精湛、唱腔有特色的演员也走向成熟。五六十年代扬剧进入鼎盛期,先后成立了扬剧联合第一剧团、金星扬剧团、苏北实验维扬剧团、"联二""联三""新艺""柳村""团结"等扬剧团,到1966年,江苏省有较为正规的职业扬剧团13个,集中在镇、扬、宁一带市县。② 出现一批优秀的剧目,如《鸿雁传书》《挑女婿》《袁樵摆渡》《上金山》《放许仙》《断桥会》《碧血扬州》《恩仇记》《夺印》等,在江苏省、华东区或进京演出产生较好的影响,这其中最有影响的是根据传统剧目改编的《百岁挂帅》。《百岁挂帅》使扬剧发展达到一个高峰,也使扬剧产生了全国性的影响,京剧及各剧种这一题材的发展都受到扬剧直接的启示,甚至影响超过了扬剧。

从扬剧《十二寡妇征西》到《百岁挂帅》改编

扬剧《百岁挂帅》是传统剧目,取材于扬剧连台本幕表戏《十二寡妇征西》,大致描写西夏王进犯三关,杨宗保不幸阵亡。焦廷贵、孟定国二将护灵回汴梁天波府。时值清明节,佘太君带领诸儿媳去宗庙祭祖,闻听宗保阵亡噩耗,悲痛万分,婆媳先后晕厥。太君苏醒后,历数杨家的英雄业绩,感伤不已。宋仁宗与八贤王前来祭奠,其实祭奠是假,搬请杨家出兵是实。在八贤王的周旋劝导下,穆桂英挂帅,十二寡妇同去征西。在征西过程中,穆桂英使用了生死相尅、阴阳神怪的法术,赢得了对西夏的胜利。

---

① 老白相:《扬州戏》,《申报》1947年1月6日。
② 《中国戏曲志・江苏卷》,中国 ISBN 中心 1992 年版,第 131 页。

　　豫剧有同名剧目,但路子大不相同,三关被困的是杨文广,率众女将出征的是佘太君,还写了五代玄孙杨锦堂——文广的孙子,而扬剧描写的是杨家四代人。在二十世纪五十年代,扬剧《十二寡妇征西》已经有二三十年不演。不仅没有剧本,幕表也甚为简单,主要根据扬州市人民扬剧团老艺人周荣根讲述一个简单的故事,一些细节又请教了南京市曲艺艺人荣凤楼先生。二十世纪三四十年代,扬剧在上海多演连台本戏,杨家将故事是重要的内容。现在还可以看到老艺人周月亭口述的十八部三百八十二场的幕表戏《杨家将》,描写北宋年间,杨家将在边塞抵御外侮、保卫国家的故事。起于宋太祖赵匡胤即位,终于宋太宗赵匡义去世,约当公元 960 年至 998 年的时候。① 但与《十二寡妇征西》无关,应各为起讫,不过,藉由《杨家将》可以见出当时幕表戏之一斑。

　　1951 年"戏改"以来,戏曲发展不是一帆风顺的,1956 年浙江省昆苏剧团改编的昆剧《十五贯》在北京演出受到热烈欢迎,1957 年 4 月文化部召开第二次全国戏曲剧目工作会议,总结交流了挖掘传统剧目的情况和经验,讨论了开放戏曲剧目的问题;5 月,文化部发出《关于开放"禁戏"问题的通知》。1958 年 6、7 月,文化部在北京召开戏曲表现现代生活座谈会,确定"以现代剧目为纲"的戏曲工作方针。1959 年 1 月,文化部党组举行扩大会议,检查1958 年忽视传统戏曲剧目的问题。扬剧《百岁挂帅》的整理创作是在这样一种背景氛围下进行的,从 1958 年 12 月至 1959 年 3 月,共修改五次。应该说这一时期戏曲发展还是处于一个较为宽松的环境中。

　　整理改编者为吴白匋、银洲(石增祥)、江风、仲飞。剧本描写宋仁宗时,西夏侵犯三关,杨宗保中箭身亡,边情危急,焦廷贵、孟定国二将驰京报丧求援。佘太君闻罢噩耗,进宫为民请命。适值仁宗在后宫取乐,佘太君入宫受阻,不能面君,悲愤而归。八贤王、安乐王批评仁宗怠慢杨家,仁宗乃以吊祭

---

① 《杨家将》(上、下),上海市传统剧目编辑委员会编《传统剧目汇编》"扬剧"第一、二集,上海文艺出版社 1961 年版。

功臣为名前往天波府,劝请杨家出兵。余太君大义凛然,以天下百姓为重,不计较朝廷以往态度,毅然接旨,亲自挂帅,率领一家寡妇及曾孙文广,祭刀出师,斩王文,击败西夏,凯旋班师。

从情节、关目来看,改编整理有几处画龙点睛的变化:一是将原来清明节祭祖改为天波府庆贺宗保五十岁寿辰,二是将余太君闻听噩耗后历数杨家功业,改为举杯遥祭英雄之灵,三是将穆桂英挂帅改为余太君百岁亲自挂帅,四是删除对西夏征伐中以生死相尅、阴阳神怪法术取胜的情节,增加了"寿堂""比武"的场次。改编者吴白匋根据各方意见,"细加研究,确定主要写四场戏:第二场写是否将杨宗保噩耗告诉太君,介绍杨家人物和存在的困难;第三场写宋皇是否信任杨家,亲来请兵,说明矛盾;第四场写杨家是否决定发兵,将宋皇和杨家的矛盾推到顶点,并加以解决;第五场写是否携带文广出征,写杨家解决一切困难,终于全家出动。"然后拟好一个详细提纲,与石增祥(银洲)、蒋剑峰(江凤)和石来鸿(仲飞)分头执笔。根据领导意见,第三稿"又增加西夏交兵的武场,全部骨架才充分树立起来"。①

该剧名为整理,实际上是创作,其核心是"删去了剧中过分哀伤的情节,突出了爱国主义精神"②。《十二寡妇征西》原本虽无,或者本来一直也只是以幕表戏形式存在,但其情节大意亦能知晓,它具有传统戏曲所具有的特征。而改编新戏也是遵循"戏改"的方针,所以必定有所剔除和吸收,显然原剧中那种"伤感有余,悲壮不足"的悲观情绪与二十世纪五十年代的时代精神相去甚远,"这样的场面只能引起观众消极悲观的情绪,不能振奋人心。目前的观众绝大多数是工农兵,赴剧场的目的是为了在一天的紧张劳动后,松弛一下,并接受有益的教育,对于过分伤感的情调是极不欢迎的"③。那是一个明媚、

① 《整理〈百岁挂帅〉的几点体验》,吴白匋《无隐室剧论选》,江苏文艺出版社1992年版,第43、44页。
② 扬剧《百岁挂帅》"提要"。
③ 《整理〈百岁挂帅〉的几点体验》,吴白匋《无隐室剧论选》,第45页。

乐观和积极向上的时代,所以"悲中见壮、由悲转喜"(吴白匋语)风格基调的转变是必然的。十二寡妇征西虽有感伤一面,是条险路,但把握好处理好,恰恰能够体现出杨家的爱国主义和英雄主义。该剧剧名"百岁挂帅"最能体现其英雄主义、乐观主义和浪漫主义。挂帅出征的不是穆桂英,而是百岁高龄的佘太君,在改编者看来,"必须细致地刻划人物,根据实际生活和原有基础,加以适当的提高,才能达到典型化的目的。"①"提高"与"典型化"是这一时期戏曲创作所追求的目标。佘太君是以往杨家将故事中生动的人物,其特征在于作为一家之主,她深明大义,亦曾久经沙场,其形象也主要描写其慈祥忠厚之面,尚觉缺乏一种英雄磅礴之气。作为《百岁挂帅》的主人公,作为剧中的"尖端人物",改编者认为"必须对她的精神状态有更高一层的表现"。② 这集中体现在"寿堂"一场,把她的性格放在矛盾最尖锐处来刻划,通过周边人物的紧张烘托宗保殉国之事对太君的影响,而一旦知晓杨家仅有的孙儿宗保已亡,出乎所有人意料:

> 佘太君:这……(手中杯落下,凝望焦孟和柴的面色,不觉流下眼泪,勉强压住悲痛,点点头逐渐镇静起来。低声)起来!起来!我……我明白了。郡主,你今晚身体不好,快些回房安息去罢。(挥手)

这是她不同于一般白发人送黑发人之处,她的平静映衬着她内心的激荡,她对旁人的关心展示了她的冷静,她的无声比声嘶力竭的爆发更有一种张力。在关照了柴郡主、文广后,她把酒杯换成大斗,为宗保祭奠:

> 佘太君:宗保!好孙儿,(举杯向空中)你今天五十生辰,为国尽忠,竟然不、不、不在……你不愧是杨门子孙,你对得起你祖父,对得起你父,

---

① 《整理〈百岁挂帅〉的几点体验》,吴白匋《无隐室剧论选》,第46页。
② 《整理〈百岁挂帅〉的几点体验》,吴白匋《无隐室剧论选》,第46页。

也对得起我、你母、你妻。你、你要痛饮一杯。(洒酒)

在感受佘太君失孙万分痛苦的同时,能够感受到这位饱经风霜、屡经沙场百岁老人的气度和胸襟、她的坚强意志和豪迈气概。没有什么比孙儿的性命对她更重要了,但也没有什么比她那种平静更具有感人的力量了。改编本正是把佘太君这一人物放在这样一种尖锐的矛盾冲突中刻划其性格,使这一人物典型化。

在"提高"和"典型化"方面,改编者做了许多工作,剧中涉及人物众多,但在出征前看似闲笔,还刻划了一个老兵杨辉:

> 佘太君:祷告已毕,正好发兵。(鼓角齐鸣。)
>
> 　　　众列队下。
>
> 佘太君:(趟马,回看帅字旗,看到打旗老兵)杨辉,你也来了!
>
> 杨　辉:我跟随太君八十年,怎会不来!
>
> 　　　佘太君笑,亮架子下。杨辉随下。

杨辉出场仅此一句台词,却是改编者十分看重的一个角色,对此,改编者曾说:

> 为了表现杨家上下都有爱国思想,曾想运用《空城计》的技巧,上几个老军,向太君表示愿意随军西征。但是,现有的场子里都插不进去,专写一场又觉得累赘。最后,一想当年余叔岩先生演《阳平关》出场趟马时,王长林先生扮演马童,不用常见的一路小翻而在黄忠亮相时翻一个空心斤斗,就能获得满堂彩声,悟到描写老军,笔墨不必多费。只要在"节骨眼"上,就能起预期的作用。因此,采取了昆剧常在尾声唱完了之后,还"找补"一点戏的办法,安排了老军杨辉为太君打帅旗,在她回马亮

相的时候,看见杨辉问道:"杨辉,你也来了?"杨辉答:"我跟你八十年,哪
会不来!"这就表现出了太君见到老部下的喜悦,和杨辉热爱老主帅的
心情。①

除"为了表现杨家上下都有爱国思想"外,老军这一人物的安排也是当时
重视群众作用、走群众路线的表现。

改编者站在二十世纪五十年代那样一个新时代的角度对传统题材加以
整理改编,其"提高"与"典型化"也是使戏曲进一步戏剧化、精致化的进程,这
是当时戏曲改编和创作的一种发展趋势。② 但对民间又是非常尊重的,这使
得该剧的改编具有较为浓郁的民间色彩和浪漫意蕴。"十二寡妇征西"之称
有极强的戏剧性和浓郁的民间传说色彩,但十二寡妇本身也有浓重的悲凉
感,所以剧名的置换是必然的,"百岁挂帅"一名更具一种豪迈和浪漫主义情
怀,是民间文学创作精神的发扬,佘太君这一人物在该剧最能体现这种民间
性。改编者是新时代的文人,但也是极谙戏曲舞台艺术和民间演出的,所以,
改编《百岁挂帅》的叙述基本保持民间的视角,虽然描写的要么是仁宗宫室,
要么是声名显赫的杨家天波府,却也都是民间眼里的宫室和天波府,包括宋
仁宗虽位居九尊之上,但闻听西夏攻打三关,惊慌失措,似乎八贤王、范仲华
就是他要抓住的救命稻草,连大太监都敢指责他"适才佘太君亲来报信,奴才
连奏两次,万岁你……(模仿仁宗后宫饮酒时,没有把话听清楚,就连连摆手
的动作)",这种僭礼是典型的民间文学和民间想象,以至于朝廷两班朝臣无
人敢领旨挂帅,平定西夏时,宋仁宗:"呀!(唱)听说是两班朝臣无人敢领兵,
只气得孤家我脸色发了青。事到如今我的主意不定,还望皇叔御弟为孤想章
程。"结果还"范仲华、八贤王不理"。不是民间文学的话,这样的君臣关系是

---

① 《整理〈百岁挂帅〉的几点体验》,吴白匋《无隐室剧论选》,第 48 页。
② 参刘祯:《中国戏曲理论的"戏剧化"与本体回归》,《清华大学学报(哲学社会科学版)》,2011
　年第 2 期。

不存在的,也是不可思议的。

这种民间文学性集中体现在范仲华这一人物身上,剧中也是借他之口抒发了民间对杨家的敬仰和宋室对杨家不公的不满:

> 八贤王:杨元帅为国捐躯,万岁理应祭奠功臣。
>
> 宋仁宗:自古道君不祭臣,长不拜幼,难道这纲常二字……
>
> 范仲华:什么?纲常!事到今天,你还说什么纲常不纲常?想那杨家,历代保宋,东征西杀,南征北讨,立了多少汗马功劳,但我皇家,听信谗言,只害得他家金刀令公在李陵碑下,自尽而死,当年双龙大会,那大郎延平为替先王,死在乱刀之下,二郎中敌冷箭,血染沙场,三郎被马踏死,尸如泥土,四郎八郎,失落番邦,五郎成婚一月就出家做了和尚,六郎延昭,心血用尽,病死在洪羊洞口,还有那七郎他……他被绑在芭蕉树上,被那潘贼,一百零八箭活活射死,直到如今,宗保又为国阵亡,难道说,他家就该死的吗?不怪杨家心寒,就是我也胆战,我看我还是速去后宫,禀明太后,回我陈州乡下卖菜去吧!
>
> 八贤王:安乐王有话好说,何必动怒。(拉住。)
>
> 范仲华:这也叫人太听不惯看不下去啦!(生气。)
>
> 八贤王给仁宗使眼色,示意为范仲华赔礼。
>
> 宋仁宗:御弟,孤愿去杨家祭奠功臣也就是了。太后面前还望御弟不要提起适才之事……

这是一个改编者刻意增加的人物,范仲华在传统包公戏里是一个卖菜的乡下人,因为救过仁宗母亲李太后,被封为御弟。他有这样一种特殊身份,本人保持农民朴素的感情思想,对杨家充满敬意和同情,对仁宗所作所为甚为不满,故而可以任意流露和表达自己的这种感情,这是民间的,也是广大观众的。

校场母子比武一场,重点在于写人,刻划人物性格,尤其是穆桂英带不带文广内心的矛盾和犹豫,但母子比武本身也是极具戏剧性和民间文学色彩的,穆桂英的败也好,文广的胜也好,最后都凝聚到写杨家。文广的少年英雄,与太君的百岁挂帅,彰显了杨家满门忠勇和"一代胜过一代"的积极乐观精神。从戏剧性、从人物性格刻划、从剧作思想意蕴的表达看都是该剧的神来之笔。

京剧改编与对扬剧《百岁挂帅》的评价、地位

扬剧《百岁挂帅》改编自民间演出,也保持和发扬了该剧的民间特色,但整体看是按照"戏改"的要求进行的,省委宣传部和文化部门的领导介入整理,吴白匋本人更是以省文化局副局长身份具体主持整理加工工作,其改编凝结了集体的智慧。该剧王秀兰饰演佘太君,华素琴饰演穆桂英,高秀英饰演柴郡主,张瑞泉饰演杨文广。当时排练情况,孔凡中在《扬剧生涯五十年——记华素琴的艺术生活》中,有详细描写,"1959 年夏,南京出现了少有的高温天气,在这酷热季节,恰恰是《百岁挂帅》排练最紧张的时期。华素琴为了演好穆桂英,顾不得天气炎热,每天身披用麻袋片做的大靠,背插靠旗,苦练基本功,一会儿跑圆场,一会儿走'鹞子翻身',一会儿跟其他演员对枪……早中晚一天三遍功,一天三身汗,每次都是汗水湿透了她的衣衫,由于天气过热,身体又累,有时练得呕吐,甚至昏倒。她咬牙坚持了三个月,终于能扎起大靠,在台上行动自如,创造了演好人物的条件。"[1]经过全体演职人员的努力,1959 年参加江苏省第三届戏曲观摩演出大会,演出效果强烈,被

---

[1]　第六章,江苏文艺出版社 1993 年版。

评为优秀剧目。

同年秋,赴京参加中华人民共和国成立 10 周年献礼演出,受到各界好评。田汉 1959 年年初在南京看《百岁挂帅》就被感动得落泪。8 月 17 日《人民日报》发表他的文章《女英雄"百岁挂帅"》:"一出许多剧种都有、但不太有戏的戏,一开始就处理得如此动人,真是不易。把原名《十二寡妇征西》改名《百岁挂帅》也更符合英雄主义。让原演彩旦的王秀兰改演老旦也是一个极大的收获。扬剧拥有许多名演员,如饰柴郡主的高秀英,饰穆桂英的华素琴等,这次都配搭得很好,余太君以下代代不弱。也正因这样,扬剧才有了与首都观众见面的机会。《吊灵接旨》一场也是好戏,高秀英唱的〔大六板堆字〕是她得意的唱腔,也是扬剧优秀的曲调,我以为很值得京剧等移植学习(京剧目前还缺少这样清楚有力地叙述故事的曲调)。"①马少波发表《扬剧有精品——谈〈百岁挂帅〉》,②曲六乙发表《看扬剧〈十二寡妇平西〉》③,对扬剧《百岁挂帅》加以肯定。马少波指出:"人物都写得很好,性格突出,有气魄。演员都很称职。特别是饰穆桂英的华素琴……不但唱功好,而且善于表现人物细腻的生活情感,生动出色。"曲六乙文章特别分析华素琴饰穆桂英、高秀英饰柴郡主,认为"演得都很感人",认为该剧的改编"从主题上看,从单纯的杨家悲剧,改为爱国主义的正剧(史剧);从人物描写上看,也减轻了寡妇们的缠绵哀痛的感情,而分别地着力刻划她们为国为民反抗侵略的民族英雄精神。扬剧《十二寡妇平西》的剧本和演出之获得成功,说明了扬剧有着丰富的艺术传统,编导者们也正确执行了'推陈出新'的方针"。

十二寡妇的传奇性、戏剧性和这一题材所蕴含的思想主旨,使得它在北京演出取得成功,同时也引起戏曲界人士的关注,田汉即认为扬剧优秀的曲调值得京剧移植学习。中国京剧院编剧范钧宏、吕瑞明看后觉得扬剧十分精

---

① 《田汉全集》第十七卷,花山文艺出版社 2000 年版,第 482 页。
② 《人民日报》,1959 年 9 月 3 日。
③ 《中国戏剧》,1959 年第 3 期。

彩动人,萌生了改编成京剧的想法。京剧《杨门女将》改编主要情节有:寿堂、请缨、比武、赐马、探谷、观火等,丰富了出征后的情节。增加王辉这一人物是京剧改编的一个重要变化,这一人物的增加体现着改编者改编的宗旨,在改编者看来:"在边关的主帅杨宗保为抵御西夏入侵不幸身亡后,如果不是写朝廷内的忠奸斗争,也不是写杨家捐弃朝廷刻薄寡恩的私怨,而是假定在朝廷内出现了怯敌的主和派(实质是临败乞降)和主张坚决抗敌的抵抗派,双方争执不下,而朝中却又无人挂帅,这时余太君以百岁之年率领杨家女将们挺身而出,为保卫疆土坚决请战;在出征后的对敌斗争中再进一步刻画她们的智勇善战,这样很可能编织出具有另一种激动人心的壮烈场景出来。"①从而构思了一位自持稳重、实则是怯敌却又十分顽固的主和派大臣王辉,与此相对应,以一贯主持正义、机敏睿智的寇准做抵抗派的代表人物。这样就将原来杨家与朝廷的矛盾转为朝廷内部主和与主战两派的矛盾和斗争。无疑,在当时这样一种提炼"提高",其"典型化"程度更高,社会意义更大,所以京剧的改编上演后更得到人们的一片赞扬。有评论认为:"《杨门女将》贯串着两种思想的矛盾斗争。《灵堂》一场,生动地塑造了主和派王辉这一类型的人物。""根据民间传说和传统戏曲对于杨家将中几员女将的塑造,今天我们又有了京剧和电影《杨门女将》,这是正确执行党的百花齐放、推陈出新方针的一大收获。"②京剧改编上演,《杨门女将》成为家喻户晓的作品,《杨门女将》在国家京剧院(原中国京剧院)已传承四代,推出许多优秀青年演员,也为多个其他剧种所移植。

京剧《杨门女将》改编的成功、流行,不惟因为京剧是全国流行的剧种,而扬剧是地方剧种,主要流行在扬州、镇江、南京、上海和临近安徽的地区;也不仅仅是《百岁挂帅》后半部分戏减弱,或余太君性格刻划得不深——当然这样

① 吕瑞明口述、靳文泰整理:《谈京剧〈杨门女将〉的改编创作》,《中国戏剧》2010 年第 9 期。
② 凤子:《爱国英雄千秋万世——戏曲艺术片〈杨门女将〉观后》,《人民日报》1960 年 8 月 28 日。

的问题可能都存在,而最为关键的还是"典型化"不够。田汉就批评戏到后面"矛盾斗争减弱了","敌人是使焦廷贵被围、杨宗保阵亡的强敌,太君胜利得更困难一些,牺牲更大一些就会更显出杨家一门忠烈,也将能更有力地刻画这位百岁元戎的高贵品质。何不去掉一些不重要的场面而加强对敌斗争的描写呢?"①曲六乙将扬剧与同名的豫剧《十二寡妇征西》加以比较,认为剧中佘太君具有举足轻重的重要,她的所作所为关系杨家今后的命运,除了调兵遣将,对剧情进展有些无关紧要,对佘太君性格刻划得不深,"虽不一定非像豫剧那样,非写她英勇善战不可,但如果进一步刻画她的性格和她的机智韬略,也会突出这位老寿星久经战场考验的帅才,和她在戏中所起的作用"②。包括穆桂英被文广打败之情节,也引起人们的争论,有人认为这有损穆桂英的形象。

较集中的批评反映在杨家与朝廷的冲突,认为"写朝廷寡恩,在宗保身膺重任为国捐躯又是边关告急之际,由此引起更尖锐的纠纷,似乎不甚可信"。而面对三关危急、朝中无人挂帅的形势,仁宗出现"乞和"的主张,引起主战、主和的紧张矛盾。在这种紧要关头杨门女将挺身而出,"岂不显得更为必要、更有气势,也更能如实地反映朝廷与杨家在危难关头对国家的不同的基本态度吗?"③这样一种认识成为京剧改编者的基本理念。还有学者认为京剧的改编"冲破了忠奸矛盾所带有的封建思想的外壳",④也即意味着被改编者扬剧本是具有"忠奸矛盾所带有的封建思想"。这些都是人们对扬剧本评价有限的重要原因,似乎杨宗保殉国、边关危急之际,杨家与朝廷不该有冲突,杨家的推辞与对朝廷的怨愤似有不顾大局、气量狭小之嫌。殊不知,这样的描写更真实,亦如有学者所认识到的"爱国者与皇室的矛盾,在中国封

---

① 《女英雄"百岁挂帅"》,《田汉全集》第十七卷,第 483 页。
② 《看扬剧〈十二寡妇平西〉》,《中国戏剧》1959 年第 3 期。
③ 范钧宏、吕瑞明:《情节——〈杨门女将〉写作札记》,《文汇报》1962 年 8 月 1 日。
④ 《中国当代戏曲史》,学苑出版社 2005 年版,第 346 页。

建社会中是屡见不鲜的,它在本质上是广大民众利益与统治集团狭隘利益之间的矛盾,外患愈严重,这个矛盾愈尖锐。不少杨家将戏触及朝廷辜负杨家爱国英雄的矛盾,是反映了历史生活的真实的"①。杨家之于宋室可谓赤胆忠心,鞠躬尽瘁,杨家几代人为国尽忠,剩得一门寡妇,这一悲剧本身就是对宋王朝的血泪控诉。即便佘太君进宫见驾被阻拦,骂其为"昏王",但当发兵征伐西夏的重任真的落到杨家时,"赴国难报家仇理所应当",在家、国的取舍中,"为国为家,事有轻重;他宋室江山事小,天下百姓事大"(佘太君),超越宋室来看待是否发兵,这极大地提升了杨家"挂帅"出征的意义,而亲自挂帅者为年已百岁的佘太君,更给人一种气冲九霄的豪迈之感。

二十世纪五六十年代是"戏改"取得重要成就的时期,不同剧种出现许多整理改编的优秀作品,如越剧《梁山伯与祝英台》、京剧《白蛇传》、昆剧《十五贯》、莆仙戏《团圆之后》《春草闯堂》、粤剧《搜书院》等,杨门女将同一题材的扬剧和京剧改编,在当时上演都引起了强烈反响,但两剧的先后亮相,彼此优长,难分伯仲,使得人们对两剧难以取舍,形成两剧并誉的局面,如谢柏梁《中国当代戏曲文学史》,特辟一章,专论两剧:"《百岁挂帅》搭台、《杨门女将》唱戏"。② 但这种并蒂绽放也会抵消对他们所达到的改编艺术成就的评价,比如《当代中国戏曲》第十章谈到对二十世纪五十、六十年代传统剧目的整理改编,对翁偶虹、范钧宏这样的作家有专论,对越剧《梁山伯与祝英台》、京剧《白蛇传》、昆剧《十五贯》《春草闯堂》等有细致的分析,而将扬剧《百岁挂帅》与京剧《杨门女将》放在一起,仅聊聊几语介绍。③ 而事实在对两剧看似客观的评价中还是有倾向的,比如《中国当代戏曲文学史》认为"扬剧《百岁挂帅》和京剧《杨门女将》,就是这样两出异曲同工的好戏,南北同映的双璧","从南京到

① 宋光祖:《〈百岁挂帅〉与〈杨门女将〉比较研究》,《艺海》1995 年第 1 期。
② 谢柏梁:《中国当代戏曲文学史》(第二版),高等教育出版社 2006 年版,第 80—87 页。
③ 张庚主编:《当代中国戏曲》,当代中国出版社 1994 年,第 266、267 页。

北京,《百岁挂帅》搭起了寿堂比武的威武擂台,完成了从幕表传统戏改编为完整艺术品的第一度升华","借《百岁挂帅》之台口,演《杨门女将》之新戏,从北京到全国,京剧达到了在优秀扬剧平台之上起跳的第二度超越"。但两者还是有其不同:"《百岁挂帅》已经是较为成熟的本子,而《杨门女将》则锻炼成为炉火纯青的典范之作。从民间传说到演义小说,从演义小说到幕表戏曲,从南京戏才到北京戏才,这一题材原型在逐步衍化中按照人民的理想和审美的需要,步步为营,节节升高,到了京剧本阶段,确已成为杨家将系列剧中最有光彩的一颗明珠。"①显然在作者看来,这里存在一个"较为成熟"和"炉火纯青的典范之作"之别。

《中国当代戏曲文学史》第十四章,谈到二十世纪五十、六十年代中期的改编传统戏,列目分析的作品是京剧《杨门女将》,认为扬剧的改编"已属成功的作品",而京剧改编"站在新的时代高度,把杨家将故事从浸透着低沉哀伤的情调中解救出来,冲破了忠奸矛盾所带有的封建思想的外壳,从原著的积极因素中深化了杨家将的爱国主义,提高了杨家将一家奋勇御侮的精神境界,有力地鞭挞了妥协投降思想,使它的主题具有了古为今用的现实意义,从而使这出戏具有了激动人心的艺术力量"。② 一些当代戏曲史对此两剧的认识是与现在及二十世纪五六十年代人们对它们的认识、评价分不开的。

如前所说,如果我们对扬剧《百岁挂帅》的认识和评价不囿于"典型化",不囿于那个年代对作品思想"提高"的要求的话,就会发现扬剧《百岁挂帅》的成功和意义是多方面的,对它的评价和地位还应该重新审视。首先,它的改编具有创作——原创性质,确立了该题材爱国主义的主旨,改变了原剧哀婉悲戚的悲剧性,成为一出正剧,"正确执行了'推陈出新'的方针"。包括京剧

---

① 谢柏梁:《中国当代戏曲文学史》(第二版),高等教育出版社 2006 年版,第 80、81 页。
② 谢柏梁:《中国当代戏曲文学史》(第二版),高等教育出版社 2006 年版,第 346 页。

《杨门女将》最核心、精彩的内容来自扬剧。其次,佘太君之"百岁挂帅"这一极具乐观主义、浪漫主义的巧思是由扬剧奠定的,刻划了佘太君这一深明大义而又具雄才大略的老英雄、女英雄,其他杨门女将也一改其旧,穆桂英、柴郡主、郝凤英等个个熠熠生辉。第三,吴白匋等人的改编,使该剧具有完整的文学脚本,文学性、思想性得以提高的同时,保留和发扬该剧民间戏曲的风格、特点,亦雅亦俗,浓淡相宜。第四,该改编所描写的杨家与朝廷的矛盾不是封建忠奸思想的体现,这一矛盾的揭示更真实,更生动,更有感人的力量。第五,扬剧的成功是全剧的成功不是个别场次的成功,"寿堂""比武"是其精髓,但其他场次(第三、第四场)如果不囿旧有评价理念的话,会看到这种全剧的有机性。① 第六,出征后有简单化问题,但在公演后的第五稿及电影本中,在广泛听取意见基础上,都有认识和重要修改,电影本中在原演出本五场戏保留情况下,增加两场穆桂英的戏。这样的处理,"武场戏大大减少了,刻划人物思想感情和心理状态的部分大大增加了"②。

定稿前《百岁挂帅》的不足亦显而易见,这种显而易见加之京剧改编本《杨门女将》随之上演及影响扩大,遮掩了扬剧改编的光芒,影响了对它的评价。但定稿后的《百岁挂帅》虽然其后半部分还不是"豹尾",却也不是头重脚轻,而与全剧相融,形成扬剧完整的一个整体。而从戏曲发展史的角度来看,扬剧改编本所具有的原创性,决定它的价值和意义更大。我们注意到,1983年出版的《中国大百科全书·戏曲卷》所收的现代戏曲作品是《百岁挂帅》,而无《杨门女将》。近年来,中国戏曲学会集中数位老中青专家学者,花费几年时间编选的《中国当代百种曲》,精选 1949 年 10 月至 2004 年 9 月共 55 年间 109 部戏曲作品,涉及 46 个剧种,其中有扬剧《百岁挂帅》,无《杨门女将》。③

---

① 可参见宋光祖:《〈百岁挂帅〉与〈杨门女将〉比较研究》,《艺海》1995 年第 1 期。
② 《谈〈百岁挂帅〉的定稿》,吴白匋《无隐室剧论选》,第 52 页。
③ 薛若琳、王安葵主编:《中国当代百种曲》(共 9 册),江苏美术出版社 2007 年版。

这些选择本身也有一种理念和认识、评价在其中。

二十世纪五六十年代扬剧《百岁挂帅》与京剧《杨门女将》是戏曲改编值得深入研究的两部优秀作品，它们并蒂绽放于上个世纪，也会永存于戏曲史册。

（原载《艺术百家》2012年第4期；韩国《中国言语文化》

创刊号，2012年2月，韩国中国言语文化学会）

作者简介：刘祯，中国艺术研究院研究员、博士生导师，曾任中国艺术研究院戏曲研究所所长、《戏曲研究》主编。现任梅兰芳纪念馆馆长。

张 旭

吴白匋编写的扬剧《百岁挂帅》
受到周恩来赞赏

　　大型扬剧《百岁挂帅》是扬剧发展史上的一个里程碑，它使扬剧产生了全国性的影响，京剧及其他各剧种同一题材的发展都受到扬剧《百岁挂帅》直接的启示。昨日，记者从扬州档案馆馆藏的吴氏档案中了解到，该剧的编者是"吴氏四杰"之一的吴白匋，该剧在北京演出时受到周恩来的赞赏。在扬剧之外，吴白匋还呼吁保护昆曲，1978 年、1981 年分别撰文《谈昆曲改革的问题》《艰苦奋斗的昆曲传字辈老艺人》。

　　在扬州市档案馆特藏室中，珍藏着 1400 余件"吴氏四杰"的档案资料，其中有近 1/3 的实物档案是属于吴白匋的。1920 年，吴白匋随父辈回扬州北河下定居，家中藏书阁"测海楼"邺架万卷，成为他喜爱的流连之所。吴白匋每天下午都借阅有关书籍，在测海楼下认真阅读，两年的时间他几乎将测海楼所藏的李白、杜甫、李贺、杜牧以及宋词中的苏轼、陆游、白石、梦窗等全集都逐一阅读，并牢记于心。

　　后来，测海楼的藏书因为战火而流失、转卖，成了空楼。但从楼内的一副出自吴白匋侄女吴娃亲书的楹联"成才未可忘忧国　有福方能坐读书"中可以看出,在吴氏后辈子弟心中,测海楼还是原来的样子。虽然他们现在散居各地,有的还旅居国外,但这种家传精神是不会散落流失的,因为吴家后辈子弟心中都有一个"测海楼",它已经变成一种传承的精神,提醒、激励一代又一代的吴氏族人,将吴家的优良家风传承下去,誓志成才、报国忧民。

母亲刘钟璇的教育对吴白匋后来的人生产生了深远的影响。刘钟璇从小接受西方教育,她对于自己孩子的一些教育走在了时代的前列。吴白匋从小喜欢画画,她就请先生教吴白匋画国画,画好的画鼓励他送给弟弟们,所以兄弟们都以拥有大哥的画为荣,吴白匋成了大家崇拜的偶像,这样不仅增加了兄弟间的情谊,并且提升了吴白匋的自信心。

1926 年,吴白匋考入南京金陵大学,先后受业于胡翔冬、黄季刚、贝德士诸名师,更被一代宗师胡小石收为入室弟子。

作为国内著名的古典诗词学者,吴白匋一生创作了众多的经典诗词作品,传世后人。其中最具影响力的是《凤褐盦诗词》和《热云韵语》。《凤褐盦诗词》由《凤褐盦诗剩稿》《灵琐集》《西征集》《投沙集》等四部诗词集组成,合计二百二十一篇,而 1949 年后所作的诗、词、散曲编为《热云韵语》。

1920 年,吴白匋十五岁时,随全家移居吴道台府邸,就在那年吴白匋遇到了扬州名士张赓庭,经他介绍,入了扬州的文士雅集"冶春后社"。作为诗社年龄最小的成员,吴白匋甚得诸老喜欢,常与吴召封、孔小山等耆儒名宿在瘦西湖刻烛飞笺、迭相唱和。

解放后,吴白匋矢志于戏曲创作研究,对于红氍毹上的水袖歌舞,吴白匋是有家学渊源的,他的祖父和父亲均是资深的戏剧爱好者。大约 5 岁时,父亲就抱着吴白匋去天津的"天仙戏馆"听戏,此后便一发不可收,每日必看。7岁时,全家移居上海,吴白匋更是饱观南方戏曲的风采,特别是由"伶王"谭鑫培和"伶隐"汪笑侬合作的《珠帘寨》,给吴白匋留下了深刻的记忆,并将这一难忘的观戏经历记录在《无隐室剧论选》一书中。19 岁时,吴白匋的父亲吴佑人辞官回到扬州,参加了扬州昆曲研究社,并时常在家拉胡琴,教吴白匋兄弟等学唱京戏,吴白匋学的是老生。在这样的环境下,吴白匋对戏曲产生了浓厚的兴趣,与戏曲结下了不解之缘,誓志躬耕戏曲事业。正是凭着对戏曲理论、音乐研究深厚的造诣,才有后来的诸如《百岁挂帅》等一批经典之作流传后世。

吴白匋把自己人生最黄金的时期奉献给了戏剧事业,编戏、改戏、说戏、教戏三十余年,匠心独具。20 世纪 50 年代初期,吴白匋任江苏省文化局副局长,带领银洲(石增祥)、江风、仲飞等人,深入民间,走访老艺人,发掘改造了一些原本不登大雅之堂的民间剧种,抢救了许多珍贵的原生态戏曲史料,《百岁挂帅》(原名《十二寡妇征西》)便是那时吴白匋的倾力之作。1959 年 8 月,扬剧《百岁挂帅》作为重点剧目,赴京向中央领导汇报演出,获得周恩来等国家领导人的称赞。剧作家田汉、中国京剧院副院长马少波分别在《人民日报》上刊文《女英雄百岁挂帅》《扬剧有精品》,对此点评褒奖。

吴白匋一生写出大量剧本,扬剧只是其中一支,很多有关创作时的感想、经验,都编入《无隐室剧论选》一书中。从书中可以看出,吴白匋先生除了扬剧,更致力于昆曲的发掘与创新,极力挽救这一濒临灭绝的古老剧种。他最后写的剧目《吕后篡国》是根据话剧《大风歌》改编的昆曲。2001 年昆曲被联合国评为人类文化遗产,国内随之掀起"昆曲热",而吴白匋早在 1978 年、1981 年就分别撰文《谈昆曲改革的问题》《艰苦奋斗的昆曲传字辈老艺人》,痛心疾呼文化界关注昆曲的抢救。

吴白匋一生弟子无数,先后在金陵大学、四川白沙国立女子师范学院、苏南文化学院、无锡国专、东吴大学、江南大学任教授。1931 年吴白匋金陵大学毕业,被聘为中文系助教,主授《学术论文选》《词学通论及词史》《词选》。此后的一年中,吴白匋谨遵恩师教诲,以《庄子·天下篇》为开讲,此后续讲《说文解字序》。每每授课前必做详细笔记,做足功课。连他自己后来都说:此一年为吾一生中用功最勤之年,奠定以后讲学基础。此后数十年教学生涯,吴白匋培养了一大批国学学者和戏剧研究者,馨香天下,著名学者冯其庸、濮之珍,上海艺术研究所研究员李晓、西南大学中文系副教授杜朝光、湖南省艺术研究所原所长邹世毅、厦门大学人文学院博士生导师郑尚宪等大批名校教授、学者都是他的弟子。他们曾多次撰文怀念恩师。

据学生李晓回忆,当年他的毕业论文苦写了半年时间,成文八万字,可是吴白匋却要其重新来过。李晓知道吴白匋严苛治学,不敢违背,于是咬牙重写两月,成文十万新论,终得先生嘉许。兴奋之余,吴白匋竟请李晓吃饭。席间,师生二人饮酒行令,开怀大笑。后来,论文获得成功,吴白匋亲自作序,并编入《无隐室剧论选》中。后来,吴白匋的弟子们将吴白匋的教学特点归纳为三条:一是温故而知新,二是讲究方法,三是重视实践。这三条也成为吴门弟子一生奉行的学问之道。

吴白匋是弟子们的良师,在吴氏后辈心中,他也是一位关心下一代人的谦和长者。他的侄女吴娃从小喜欢书法,吴白匋很是喜欢她,时常去信关心吴娃的书法进展。有一次,吴娃和父亲去吴白匋家拜访,特地挑选平时写得最好的几张请大伯指点,吴白匋见后非常高兴,他要求吴娃专攻小楷,并寻了一版《红楼梦》让吴娃用小楷全文抄写,多加练习。他告知吴娃:书法学习功夫在字外,是说多看、多临摹,且要在诗文方面有所建树,如此才能算是会写书法。

1989年10月,吴白匋见吴娃勤学小楷,十年来颇见成绩,于是郑重地将自己精心保存的吴筠孙殿试卷交予吴娃保管,并表示,让吴娃以后在后辈中择合适人选再传递,也可以交于国家保管。这份殿试卷,吴白匋保存了足足52年之久。吴娃一直遵循伯父的教诲,每日练字,不敢懈怠。最终不负大伯的期望,得到业界认可,成为江苏省书法家协会资深会员,名望甚殷。

(原刊《扬州时报》2017年11月28日)

作者简介:张旭,扬州报业传媒集团记者。

附：田汉《女英雄"百岁挂帅"》

年初过南京的时候，看了扬剧《百岁挂帅》，第一场戏就感动了我。当余太君发现了柴郡主、穆桂英和焦、孟二小将表情有异，抓紧追问，小焦酒后失言，说出"宗保临终之时……"太君问："怎么?!"焦、孟跪下。柴郡主也跟着无言跪下的时候，我落泪了。

一出许多剧种都有，但不太有戏的戏，一开始就处理得如此动人，真是不易。把原名"十二寡妇征西"改名"百岁挂帅"也更符合英雄主义。让原演彩旦的王秀兰改演老旦也是一个很大的收获。扬剧拥有许多名演员，如饰柴郡主的高秀英、饰穆桂英的华素琴等，这次都配搭得很好，余太君以下代代不弱。也正因这样，扬剧才有了与首都观众见面的机会。"吊灵接旨"一场也是好戏，高秀英唱的"大陆板堆字"是她得意的唱腔，也是扬剧优秀的曲调，我以为很值得京剧等移植学习（京剧目前还缺少这样清楚有力地叙述故事的曲调）。

戏到后面开打虽是热闹，劲头却较差了，因为矛盾斗争减弱了。桂英、文广母子比武已经是勉强造出的矛盾，十二寡妇开赴前敌，余太君指挥若定，一战成功，班师回朝，连宗保的骨骸何在也不顾了，不是太简单化了吗？

五虎入幽州，金沙滩一战死亡过半，成为余太君一生最爱提的杨家悲壮剧；于今十二寡妇征西却毫无损失，是不能使人相信的。敌人是使焦廷贵被围、杨宗保阵亡的强敌，太君胜利得更困难一些，牺牲更大一些就会更显出杨家一门忠烈，也将能更有力地刻画这位百岁元戎的高贵品质。何不去掉一些不重要的场面而加强对敌斗争的描写呢？倘使用一些笔墨写出战斗的严重性、艰苦性，余太君老谋深算，但毕竟老了，有些固执和见不到处，写穆桂英智深勇沉，帮助太君克服困难；写七娘郝凤英勇锐好斗，力战被困，穆桂英等冲入敌阵救她，但她在杀敌之后忠勇殉国；写杨文广怎样从严肃的战斗中得到初步教育,等等,是不是后面更有看头呢?

佘太君写得演得都不错。但戏由悲剧开头,发展成为喜剧,人物每容易浮而不深。让她的困难多一些吧。华素琴的穆桂英有些地方的确表现得像个久经战阵的老将。可惜戏不多,而母子比武的确使她非常尴尬,饰杨文广的张瑞泉是扬剧的后起之秀,但应该更着实用功,不要像杨文广一样显得有些骄就好。

扬剧还带来《鸿雁传书》《金山断桥》《恩仇记》《挑女婿》《审土地》等好戏,首都观众会欢喜它们的,也一定会提宝贵意见帮助他们改进的。

（原载 1959 年 8 月 17 日《人民日报》）

附：曲六乙《看扬剧〈十二寡妇平西〉》

江苏省第三届戏曲观摩大会上,省扬剧团演出了扬剧《十二寡妇平西》。它的主要情节和豫剧《十二寡妇征西》相似,但路子大不相同,人物性格的描写,也各有千秋。

豫剧本写三关守将杨文广被困,佘太君率众女将出征,阵前用她老伴儿令公的定宋宝刀,亲杀敌人,围困得解。此外,还写了五代玄孙杨锦堂——文广的儿子,这个孩子被描写得异常可爱。扬剧本则写杨宗保被番将王文所杀,皇帝以吊祭为名,请杨家出兵,佘太君也是酒祭定宋宝刀,亲自挂帅;两军阵前,十五岁的杨文广,用老祖宗的宝刀,亲报父仇。前者写了杨家五代,后者写了杨家四代。

豫剧本着重写佘太君,分量很重,但其余女将(包括穆桂英在内)的性格不够突出。扬剧本则偏重于对柴郡主、穆桂英和七郎夫人郝凤英的性格描绘,同时也写出佘太君的龙钟老态、忧家忧国,和杨文广的爱国激情与虎将气概。

　　华素琴同志饰穆桂英,高秀英同志饰柴郡主,演得都很感人。《寿堂》一场,正当天波杨府为远在三关的杨宗保庆祝五十大寿时,突然焦、孟二将来报宗保殉国噩耗。两人悲痛欲绝,但又不敢马上禀告太君。年老的佘太君正在为孙儿大寿兴高采烈,噩耗入耳,该是多么沉重的打击!穆桂英急于为夫报仇,寿筵之前不能卒饮,洒酒暗祭宗保。柴郡主痛子之深,不亚儿媳,但她不愿年迈的婆母,在兴奋的喜日里,心灵遭到难以忍受的伤害,所以强自压制着悲痛。穆桂英的动作失常,焦、孟二将的言语恍惚,柴郡主则压抑凄楚,使原有的欢乐气氛渗入了悲剧的潜流。

　　这场戏,喜中生悲,以喜衬悲。柴郡主与穆桂英,同是内心痛苦、心情沉重,同是以主人身分在筵席之前强颜接受众人对宗保的祝寿,但柴郡主的身分,和她所受的长期的宫廷教养,使她比儿媳穆桂英更善于把真实情感隐藏在心底。但表露得少,绝不等于痛苦不深,相反,内心的痛苦却是更深。婆媳二人,一个藏诸内,一个形于外。但不管怎样掩饰,终于被聪明的太君看出破绽。一刹时,欢笑顿成欷歔,喜悦陡变悲愤,感人的艺术魅力,不能不使观众的热泪满眶。

　　高秀英灵堂一场,也演得出色。她演的柴郡主,善于察言观色,深知皇帝(她的侄儿)名是吊祭,实是搬兵。婆家几代的悲惨遭遇,十二寡妇的凄凉生活,使她完全舍弃了娘家的立场,深深卑视皇帝对杨家的虚伪态度:用时捧上天,不用甩一边;喜时功封天波府,怒时翻脸无情。她不轻易流露这些情感,却在沉着应付皇帝:任你花言巧语,我有一定之规。她唱的有名的〔大陆板〕唱腔,把十数句短句,一气涌出,帮助她向观众倾泻出角色悲愤激昂的心情。

　　华素琴在比武一场,也把穆桂英演得有声有色。她疼爱儿子文广,盼望他早日成长,但比武时又不愿意把自己一世不败的英名,湮没在儿子手中。她不怀疑自己能打败儿子,脸上不时浮现出胸有成竹的微笑,可是她的母亲心肠,又经受不住儿子的哀告。她转想:儿子如不能取胜自己,太君就断不会允诺文广亲去三关手报父仇,同时,他也就丧失了一次疆场锻炼的机会。于是,她眼神开始散乱,枪法转趋迟缓。结果文广在七叔祖母郝凤英授意使用梅花枪的启示下,趁机偶然赢了母亲。穆桂英贵在不因落马而羞愧,反而为自己能培养出杨门虎子而兴奋。特别是在婆婆和众姊夸奖文广(实际上也赞美了桂英)"将门出英雄,有其母必有其子"的时候,她既不过于流露出得意之色,也不故作谦虚,而是退立一侧,避免众人的注目,回答众人的只是微微一笑;表面越力求淡漠,就越流露出藏于内心深处的喜悦。这些地方被华素琴交代得异常清楚,表演得不温不火,恰到好处。

　　此外,王秀兰同志演的佘太君,有一种刚强矜持的气质;任桂香同志刻画了郝凤英英武、勇猛和豪放不羁的烈性,看来不失为七郎夫人本色;张瑞泉同志则塑造出杨文广初生牛犊的性格:老祖宗跟前撒娇放泼,母亲面前拘谨小心,在敌人面前则横眉冷眼。这几位演员,深知自己的角色在剧中的分量和在各场中的作用,她们不争戏,不缺戏,这是可贵的艺术品质。

　　安乐王范仲华是新加的人物,观众记得他是个卖菜的,曾救过仁宗的瞎母李太后。这个善良风趣的人物,在戏中以丑角扮演。编导者安排他来讽喻和挖苦皇帝,歌颂和同情杨家,既能缓冲赵、杨君臣的矛盾,又能调剂悲剧气氛,使观众不致过分压抑。演员演得很卖力气,但一来由于剧本还有缺陷,二来由于对人物性格体会不深,结果是既对皇帝讽刺得不够,对杨家也显得不够真诚。

　　剧本的缺点是佘太君的性格刻画得不深。她的戏虽不多,她的地位应是举足轻重的,一举一动都关系到杨家今后的命运。现在看来,除了遣兵调将,她对剧情的进展有些无关紧要;杨文广也"夺"去了她勇战疆场、手刃敌人的戏。我想,虽不一定非像豫剧那样,非写她英勇善战不可,但如果进一步刻画她的性格和她的机智韬略,也会突出这位老寿星久经战场考验的帅才,和她在戏中所起的作用。

　　戏中有个情节,引起了大家的争论:有人赞成穆桂英被文广打败,与杨六郎被桂英打败相对照,据说这样可以说明"一代胜似一代";有的则建议写穆桂英由于文广苦求,自愿露出破绽,启示文广将自己打败,以成全文广要求去三关报仇雪恨的心愿。观众中有很多人是同意后一意见的,因为群众的心理,就认为穆桂英是永远不可战胜的。我认为编写者应该考虑群众的这种心理;况且这样处理,未必就是否定"一代胜似一代"。

扬剧原多幕表戏,剧本靠演员口传。"平西"是扬剧的优秀传统剧目,三十年前曾广泛演出,深得观众欢迎,据说海报贴出即满。以后由于国民党的迫害,戏班解体,演员分散,"平西"绝迹于舞台。这次是扬剧团石增祥、孔繁中、石来鸿等同志从老艺人周荣根口述中记下来的。原故事的人民性很强,但过分强调悲惨:棺枢之前众寡妇哭得昏天黑地。还有阵前杨文广招亲一节(这大概是学他老子,可惜立场混乱),更是毫无意思。江苏省文化局很重视这个剧目,多方面鼓励帮助,在领导的亲切关怀和耐心指导下,剧本除去了许多糟粕。从主题上看,从单纯的杨家悲剧,改为爱国主义的正剧(史剧);从人物描写上看,也减轻了寡妇们的缠绵哀痛的感情,而分别地着力刻画她们为国为民反抗侵略的民族英雄精神。扬剧《十二寡妇平西》的剧本和演出之获得成功,说明了扬剧有着丰富的艺术传统,编导者们也正确执行了"推陈出新"的方针。

(原载 1959 年第 3 期《戏剧报》)

附:马少波《扬剧有精品》

扬州,从清朝康熙时代就是戏曲萃集的地方。解放十年,扬剧的发展,却远远超过了过去的一百五十年。最近,江苏省扬剧团进京演出,本戏和折子戏中都有精彩的,真使人又惊又喜!

扬剧,也叫维扬剧,是流行在扬州的"花鼓戏"和苏北的"香火戏"汇流而发展起来的。曲调丰富,有一百多种曲牌,常用的有梳妆台、补缸、数板、快板、大陆板、剪剪花、鲜花、哭小郎、跌断桥、银纽丝、探亲、满江红等二十余种；传统剧目约有三百多种，富有人民性和生活色彩。扬剧在形成和发展的过程中，也受过徽剧和清曲的影响，说起来和京剧、昆曲有着血缘关系。

在解放前，扬剧曾受到反动统治阶级的极大摧残，反动政府在1927年到1928年间，曾下令"禁演扬剧六十年"！尽管这样，扬剧还是在石缝中发芽滋长；解放后，得到党和政府的领导和支持，蓬勃发展起来，无论剧本、表演、音乐、舞台美术各方面都有了很大的改进。舞台艺术的组成部分虽然有主有次，但正因为它具有综合性的特点，所以必须全面提高。从扬剧进京演出的某些节目来看，无论剧本的整理改编、表演艺术和音乐、美术的丰富创造，不但是继承了传统，而且发扬了传统，是相当好的。

扬剧团所演的传统剧目如《白蛇传》《瞎子算命》《鸿雁传书》《僧尼下山》《挑女婿》《审土地》……在整理工作中都保持了剧种的鲜明特色。例如《白蛇传》的《上金山》《放许仙》《断桥会》诸折，在艺术处理上和其他剧种显然不同。白蛇、青蛇上金山的身段相当优美。其中青蛇借兵一场，龙王、乌风大王等并不出场，只是通过小青一人的演唱，便把援兵借妥，显得简练生动；特别是白蛇投簪化船的情节，真是神来之笔；其他行船、下船、升阶、下阶、法海投杖以及白蛇还击的处理，都有它独特的手法，兼有昆曲、京剧之长，但又标新立异，有过之而无不及。特别值得称道的，是放许仙这场戏，各剧种的"水漫金山"差不多都是一场好武戏，而扬剧的"水漫金山"完全以身段、文场处理，通过许仙被锁在西楼上和小和尚开窗远眺的种种表情和话口，表现出惊涛骇浪和战斗的险恶。这场戏的身段、做派是化自昆曲；但比昆曲更繁重细致，更富有表现力。几次开窗的身段非常美，而且各不雷同，甚至两人相扶上楼下楼的脚步都有极大差异，小和尚在放许仙之前，先叫声"佛祖爷爷，恕弟子背师之罪"，望空跪拜的身段非常优美，整个戏发挥了歌唱和舞蹈的特点，而且经过精雕细刻；剧本也是经过锤炼的，例如小和尚先告罪后放许仙的细节安排，何等谨严，何等精细！

《断桥会》和昆曲、京剧的路子大体相同,看来好像更完整些,在细节处理上有不少独到之处,例如小青想起许仙无义,盛怒砍桥的情节,就集中地表现出人物的性格;和好之后,小青唱"青青杨柳条,重连断魂桥……"重新把桥搭了起来。苦心为人建筑幸福的小青,刚中含柔,搭好了桥,也为合钵的悲剧垫好了深厚的基础。其它小节目也都各有特色。

我想专谈谈《百岁挂帅》。

一、《百岁挂帅》像其他杨家将的戏一样,是表现精忠报国的优美传统的,但是作者选取了以佘太君为首的杨家寡妇奋勇卫国的题材,这就更增强了戏剧的深度,富有浪漫主义色彩。人物都写得很好,性格突出,有气魄。演员都很称职。特别是饰穆桂英的华素琴、饰柴郡主的高秀英和饰郝凤英的任桂香诸同志,不但唱工好,而且善于表现人物细腻的生活感情,生动出色。寿堂一场特别好,表现柴郡主和穆桂英为杨宗保庆五十的寿堂上,已经听到了杨宗保殉国的噩耗,但为了不使佘太君伤心,未敢直告;当时寿堂之上,充满了吉庆欢乐的气氛,愈吉庆欢乐,就愈加重了悲剧的力量,也就加深了人物心理的挖掘和刻画。灵堂一场的舞台装饰、图案、色彩都很美,和剧情极为协调,只是这场戏的矛盾安排不很恰当。这场戏的矛盾和《穆桂英挂帅》是雷同的,极力渲染杨家对朝廷的怨愤和不满,这在《穆桂英挂帅》中所描写的宋王亲奸佞远贤臣那种情况下,是合理的;但在《百岁挂帅》中,宋王仍将杨家将倚为干城,无故不满则缺乏足够的根据。在这出戏里,宋王重视功臣,亲临吊祭,看来这个皇帝对杨家并不算坏,甚至他把"打龙袍"中的那个贫汉范仲华封为王位,使之厮守君侧,安享尊荣,宋王对他和八贤王言听计从。杨家对这样的皇帝如此怒恨,甚至当他亲临吊祭的时候,佘太君托病不见,这样反而显得有点"婆婆妈妈",无理取闹了。

这场戏的主要矛盾似乎应该放在杨文广从征和杨家"留根"的问题上。杨家将死亡殆尽,只剩下文广一条后根,从佘太君、柴郡主、穆桂英等人的心理看来,在从征和留根的问题上存在矛盾,是异常合理的。通过一番斗争,终于"个人利益服从国家利益",这正是更符合生活规律地表现了英雄气概。有的同志认为强调"留根"会损伤了杨家将忠勇的形象,是不是有点过虑呢?事实上像这样的古代人物从生活出发刻画一下她们的心理变化,不但不会是那样,反而更会加强生活色彩,突出人物性格的特征。

　　二、母子比武一场,如果处理得好,不见得就是赘瘤。现在的问题,是在于和"留根"的情节扣得不紧,如果扣紧了,佘太君、柴郡主、穆桂英等人各自有相同的也有不同的想法,在人物的心理变化中安排比武的情节,会平添不少色彩。这场戏不宜用武打的路子,应该武戏文唱,比枪架子,夹唱夹白,着重人物心理和人物关系的描写,就会显得更丰满,更和全剧有机地联系起来。

　　三、关于结尾的问题。《穆桂英挂帅》和《百岁挂帅》都是表现爱国主义的主题,但是两者也互有差异,前者是表现杨家将虽然受尽朝廷冷遇,但边疆告急,仍然奋勇卫国的英雄气概;后者则是表现国难当头,杨家将丈夫死亡殆尽,而妇女奋勇出征的前仆后继的奋斗精神。

　　这两出戏的主题既然存在着这样的差异,那末,《百岁挂帅》只要前面的戏安排得比较饱满,后面要出征了,满可以收得住,不一定开打,即使开打,也宜小打,不宜大打。现在的结构就很好。如果着重表现佘太君、穆桂英等人的军事才能,和她们在战斗中如何克服重重困难取得胜利,当然也是可以的;不过,这方面占的篇幅多了,剧情的重点势必转移,从结构上说,恐怕是另起炉灶的问题了。因此,我觉得就戏论戏,还是在现有基础上稍加调色为好,不必改动太大、动摇基础。表现佘太君军事才能和政治才能的战斗场面不宜再发展了,现在有些情节加佘太君释放俘虏等,就显得"画蛇添足"。

　　其次,关于田汉同志建议"牺牲更大一些,就会更显出杨家一门忠烈"的问题,我个人觉得还值得探讨。因为这关系到一个剧的性格和风格的问题,这个戏是根据人民的愿望,从大悲剧发展为大喜剧的结尾,这里面充满着浪漫主义的想象,不可太落实。试想,佘太君百岁挂帅就是历史上、生活里根本不可能有的事。正因为杨家将一门忠烈,人们很希望她们大获全胜,十二寡妇最好一个也不要伤亡(其他将士伤亡当然也是可能的,艺术上不正面表现的例子也很多),伤亡一个都会改变了喜剧的性格,使观众感到遗憾。这和《梁祝》为什么要化蝶、《白蛇传》为什么要倒塔、《闹天宫》为什么要全胜回山,是一样的道理。

谈一点观感,很不成熟,供江苏省扬剧团的同志们参考。而且,并借此表示欢迎和敬意。

(原载 1959 年 9 月 3 日《人民日报》)

侯荣荣

雅人深致　舞台真情
——记吴白匋先生

中国风云变幻的近现代史造就了这样一批文化人士，他们早年已在某一艺术领域卓领风骚，之后因为种种原因，却掉头转入与原来相去甚远的研究领域，并同样取得很高的成就。比如，早年有新感觉派小说圣手之号的施蛰存，建国后改行文史研究，北窗之下，俨然老儒；沈从文以名小说家在午门上潜心文物数十年，捧出皇皇一部《中国古代服饰研究》。吴白匋先生便是这独特群体中的一位。

吴白匋(1906—1992)，名征铸，号灵琐，以字行于世，晚年退休后自号无隐室主人。先生生于江苏仪征的书香世家，祖辈吴引孙在清代官至宁绍道台，其家仿宁波天一阁建制的藏书楼名"测海楼"，邺架万卷，与天一阁齐名。先生幼承庭训，受此浓郁文化氛围熏陶，十五岁时即崭露头角，由人介绍，加入扬州的文士雅集"冶春后社"。当年王士禛任广陵推官时，"昼了公事，夜接词人"，作有《冶春绝句》三十首，一时江浙名士纷纷唱和。旨在承继扬州地区文酒风流的冶春后社，成员均为扬州的耆儒名宿，吴白匋作为年纪最小的成员,与前辈们在瘦西湖徐园中刻烛飞笺,迭相唱和。可惜这些早期的雏凤之声,后来在吴先生自己编辑《凤褐盦诗剩稿》和《凤褐盦词》时,因汰择甚严,都已删却不存。

1926年,吴白匋先生考入金陵大学历史系就读,当时的南京文史界人才济济,名家辈出。在中央大学执教的有汪旭初、王晓湘,在金陵大学执教的有黄侃、胡小石、刘衡如、刘确杲、胡翔冬、汪辟疆、商锡永、陈登原、吴梅等。吴先生得以亲承大师音旨,是胡小石先生的得意弟子。当时戏曲大师吴梅在金陵大学讲授词曲,课余倡导弟子拍曲填词。1931年,吴先生毕业后留校任教,金陵词风本来甚盛,吴先生少年十六即填词,宗法白石、梦窗,此时乃与著名词人吴梅、陈匪石、汪旭初、乔大壮、唐圭璋等组织词社,取《诗经》“天保九如”之意,名曰“如社”。每月社集,倚声填词,互相切磋。这一时期的作品,许多都收入2000年出版的《吴白匋诗词集》中。程千帆《吴白匋先生诗词集序》云:“(先生填词)初为白石,为梦窗,而参之以昌谷之冷艳,玉溪之绵渺,以寄其俊怀幽思。”确为的评。

抗日战争爆发后,和许许多多知识分子一样,吴白匋先生颠沛流离,从金陵故都来到蜀中,在白沙国立女子师范学院任教,讲授古典诗词。女师学院荒居山野,在小镇白沙的白苍山上,条件简陋,吴先生在此过着“小院无花禽对谇,冷瓯剩饭蚁争寻”(《浣溪沙·白苍山居六阕》)的艰苦生活。然而困苦出诗人,杜甫夔州诗最工,这一时期吴先生写下了大量诗词,成为凤褐盦诗词的主体。而这些作品的色泽,被抗日的漫天烽火洗淡了金陵时期的婉丽流光,却又被家国之思、民生之念酿出了深沉的悲慨。“及抗日军兴,违难西蜀,遂更进以稼轩为师,而杜老忠愤感激之情,亦往复于其笔端。于是先生之词,乃兼有辛、吴之胜,别开生面,当世声党,莫不推挹。”(程千帆《吴白匋先生诗词集序》)

解放后,由于红色的历史大气候,吴先生离开了古典文学研究的领域,转向戏曲的创作研究。对红氍毹上的舞袖歌扇,吴先生是有家学渊源的,他的祖父和父亲均是资深的戏剧爱好者，吴先生幼年时随侍父祖流寓天津、北京、上海等地，得以饱观当时名伶如谭鑫培、梅兰芳等的精美表演，在上海时，一场由"伶王"谭鑫培和"伶隐"汪笑侬合作的《珠帘寨》，珠联璧合，满场生辉，给童年的吴白匋留下了极为深刻的美感冲击，以至于头白之年，还特地撰文回忆（《珠联璧合的〈珠帘寨〉——难忘的一次幼年观剧印象》）。耳濡目染带来对古典戏剧的终身热爱，在南京求学期间，吴先生曾加入南京的阳春社票房，学京剧老生戏。后来又在扬州从谢莼江先生学昆曲老生。解放后，1953 年吴先生任职江苏文化局领导，第二年任江苏省文化局戏曲编审室主任，从此编戏、改戏、说戏、教戏三十余年。在吴先生的主持下，1950 年代初期江苏省发掘改造了一些原本不登大雅之堂的民间剧种，如锡剧、扬剧等。他和其他研究人员一起，走访老艺人，抢救了许多珍贵的原生态戏曲史料。使得原本只能上演于田间陌头的地方小戏，从此登上现代化舞台。其中由吴先生执笔改编的扬剧《百岁挂帅》，后来被京剧原本移植，改名为《杨门女将》，成为京剧中的经典剧目。而锡剧《双推磨》更是成为锡剧脍炙人口的保留小戏，数十年来长演不衰。

吴先生整理改编的戏曲剧本，著名的还有锡剧《红楼梦》、扬剧《义民册》《袁樵摆渡》、昆剧《活捉罗根元》等，总数不下三十种。中国传统戏曲多出于文人之手，书斋创作和实际演出脱节，而演员由于文化水平低，虽然有丰富的舞台经验，却难以总结成著作。这造成了我国古代繁荣的戏曲演出和薄弱的戏曲理论之间的严重脱节。吴先生则从整理创作戏曲剧本的亲身体验出发，在五六十年代写出一系列论旧戏改革，介绍传统戏曲知识的文章。这些文章虽然不可避免地带有那个时代的红色印记，比如强调人民性、群众性，认为《铁冠图》这样的戏是毒草等。但作者的旧式诗人风度和深厚的古典文学功底，时时在论戏文字中渗现出来。《百岁挂帅》中佘太君闻说杨宗保殉国，杨家至此全门孀寡无后，原来的表演是佘太君悲哀晕倒，吴先生参考《后汉书·范滂传》中范母大义凛然的史事，改为佘太君并不哭泣，反而举杯向天，祝他死得其所。这一改动,使得佘太君的形象一下子浓墨重彩地凸现出来。《百岁挂帅》演出后倍受好评,被称为深得古人作剧"凤头猪肚豹尾"之法,对剧情的这一改动功不可没。一部《红楼梦》规模宏大,千头万绪,吴先生执笔的锡剧《红楼梦》剧本,采用清人李渔"立头脑,减头绪"的方法,斟酌删减,将百二十回《红楼梦》的精髓压缩至几折戏中。唱词清雅,时有绝句风味。吴先生七十岁时作《乙卯自剖传》,以绝句十六首回顾生平,其中一首云:

> 绝妙红楼悔画墁,曲家陈套脱来难。巨篇封建衰亡史,缩作鸾飘凤泊看。

诗下自注:"改编《红楼梦》为锡剧,当时虽知其为四大家族衰亡史,写来仍未脱才子佳人气息。"虽知而未能改,作者的回忆是带着淡淡微笑的自嘲的,而今日的读者则在身为当日江苏文化界领导的吴白匋身后,隐约窥见一个当年才子词人吴白匋的影子。

今天,在昆曲被评为联合国人类文化遗产后,知识界重新掀起了昆曲热,愈来愈多的人开始关注这个一度濒临灭绝的美丽又古老的剧种。然而早在二十多年前,吴先生就已为昆曲的凋落大声疾呼。写于 1978 年的《谈昆曲改革问题》一文中,吴先生痛心地呼吁:目前的昆曲,好像一个垂危病人。三年后一篇《艰苦奋斗的昆曲传字辈老艺人》,更是道出 80 年代初昆曲传字辈艺人凋零殆尽,许多流传数百年的传统剧目即将作为广陵散的寥落。今日随着余秋雨、白先勇等文化名人对昆曲的热烈介入和颂扬,"昆曲"重新成为一个热点词汇。在这样的时候,重新阅读《无隐室剧论选》中吴先生二十多年前为振兴昆曲写下的这组文章,不禁深深的服膺先生的远见,和对昆曲的热忱。

除了是词人、诗人、戏曲研究者,吴白匋先生还能书善绘。他书法师承胡小石先生,被认为是金石书派的第三代传人,所绘的山水册页设色娇雅,济楚工致。吴先生精于饮食,继承 30 年代金陵名士大捧马祥兴的遗风,常为江苏传统名菜题词吟咏。这是一位自中国旧传统文化中走出、旧传统文化却始终拂拂衣袖间的老人。斯人往矣,爱不可追,今年为吴白匋先生百年诞辰纪念,谨以此文,以代心香一瓣。

(原载《古典文学知识》2005 年第 5 期)

作者简介:侯荣荣,文学博士,淮阴师范学院讲师,发表此文时为南京大学古代文学博士生。

宋神恬

戏曲大家吴白匋

"招英魂,朔风低扬。凝望眼,望中天,孤月昏黄。十年来隔关山,空劳梦想。今夜里未亡人才来到你的身旁……"经典扬剧《百岁挂帅》中名段《登高丘》正在扬州运河京杭之心会议大厅上演,哀婉断肠的曲调让观众无不动容。凿嵌于心的唱词莫不让人唏嘘暗叹。作为一部大型戏剧,《百岁挂帅》是扬剧发展史上的一个里程碑,它使扬剧产生了全国性的影响,京剧及其他各剧种同一题材的发展都受到扬剧《百岁挂帅》直接的启示,在戏剧发展史上意义重大。在大家赞叹这部扬剧的同时,也让我们深切缅怀这部戏的编者——吴白匋。他给扬州人留下了如此珍贵的艺术瑰宝,其价值福泽后人,他的艺术成就如星辰般在中国戏曲发展史上熠熠生辉。

测海楼内承家学　慈母训蒙入名庠

在扬州市档案馆特藏室中,珍藏着 1438 件"吴氏四杰"的档案资料,其中有近三分之一的实物档案属于吴白匋。吴白匋(1906—1992),谱名"征铸",以字行于世,晚号"无隐室主人",祖辈吴引孙在清代官至署理新疆巡抚、浙江布政使。吴白匋自幼秉承庭训,在箕裘不坠的家学中接受良好的熏陶,精于诗文,工于书法,一生醉心于戏曲事业,为世人敬仰。1918年,吴白匋随父辈回扬州定居,并于1920年入住北河下宅第。宅中藏书阁"测海楼"邺架万卷,成为他的喜爱流连之所。据《风云北河下》记载:有一次,吴白匋曾随伯祖吴引孙上了测海楼,看到测海楼浩如烟海的几百箱书籍,大为惊叹。吴引孙一边翻阅校核,一边向吴白匋说:"这些书籍就是为你们今后读书准备的。我在小时候兵荒马乱,想读书但无书可读,后来就决心藏书,测海楼一共收藏有20多万卷,目的就是想让自己的子孙能够有书可读。"从此吴白匋每天下午都借阅有关书籍,在测海楼下认真阅读。两年的时间他几乎将测海楼所藏的李白、杜甫、李贺、杜牧以及宋词中的苏轼、陆游、白石、梦窗等全集都逐一阅读,并牢记于心。吴征镒曾在写给吴仲嶂的信中感慨道:测海楼的藏书只有大哥受到教益最多,其他弟兄都"无福坐书堂"。虽然之后测海楼的藏书因为战火而流失、转卖,藏书阁成了空楼。但在吴氏后辈子弟心中,测海楼还是热于求知者的殿堂。虽然他们现在散居各地,有的还旅居国外,但这种家学精神却是不会散落流失的,因为吴家后辈子弟心中都有一个"测海楼",它已经变成一种精神在传承,提醒、激励一代又一代的吴氏族人,将吴家的优良家风传承下去,誓志成才、报国忧民。

如果说测海楼是吴白匋的人生路上藏书阁,那还有两个人则是他启蒙引路之人。吴白匋9岁时,入了家族的私塾,黄吉甫便是吴家请的塾师。在吴白匋的《凤褐老人自定年谱》中曾记载:"黄先生为老廪生……以我好看戏,乃命读史,每日圈点袁了凡、王凤洲《纲鉴》一二页不等。课外,许阅《三国志演义》《东周列国志》等小说。余能强记,读经与古文二、三遍即能背诵,故为黄师所喜。"由于黄先生教书有方,循循善诱,而吴白匋读书勤奋,记忆力强,四年的时间就读完了先生规定的课程,可以说吴白匋日后的学术成就,黄吉甫先生功不可没。另外一位老师，便是吴白匋的母亲刘钟璇，母亲对他的教育和日后的人生影响很大。因为刘钟璇老夫人从小接受西方式家庭教育，教育理念非常先进，她对于自己孩子的一些教育方法在那个年代是超前的。吴白匋第一个进入洋学堂，以后兄弟们都跟着入了西式学堂，从此吴氏子弟都受到了很好的教育，为将来接受高等教育以及在各学术领域的发展打下了坚实的基础。1926 年，吴白匋考入金陵大学，先后受业于胡翔冬、黄季刚、贝德士诸名师，更被一代宗师胡小石收为入室弟子。

凤褐盫内传诗词　红氍毹上炼匠心

作为国内著名的古典诗词学者，吴白匋一生创作了众多的经典诗词作品，传世后人。其中最具影响力的是《凤褐盫诗词》和《热云韵语》。《凤褐盫诗词》主要由《凤褐盫诗剩稿》《灵琐集》《西征集》《投沙集》等四部诗词集组成，合计二百二十一篇，建国后所作的诗、词、散曲编为《热云韵语》。

1920 年吴白匋 15 岁，随全家移居吴道台宅第，就在那年吴白匋入了扬州的文士雅集"冶春后社"。作为诗社年龄最小的成员，吴白匋甚得诸老喜欢，常与吴召封、孔小山等耆儒名宿在瘦西湖刻烛飞笺、迭相唱和。因诗社中喜欢填词的人不多，吴白匋又擅长，便作一词《苏幕遮》"憔悴韶光谁是主。剩得西风，卷起溪涛怒"（因为未存稿，只得两句被吴白匋所忆）成为当时的入社佳作。金陵大学求学期间，吴白匋学史作诗、拍曲填词，深得各位老师意旨。这个时期所作的诗词多为踏青访翠、山水寄情，后期所作诗词却更多地融入了国家之思、民生之念的情感。在《凤褐老人自定年谱》中可以发现，吴白匋留存的第一首七律诗为《丁卯夏重到金陵》（之前所作诗词均未留存，甚是可惜），从 1929 年到 1937 年这一时期的作品收录在《灵琐集》，取《楚辞·离骚》中"欲少留此灵琐兮，日忽忽其将暮"之意，内容主要是金陵求学和初掌教席时的所感，词间淡淡透露出关乎民族危亡的时代哀音。1937 年，卢沟炮响，抗战烽燧燃起,吴白匋颠沛流离,一路西行来到成都,先后在西迁的金陵大学和新成立的四川白沙国立女子师范学院任教。这一时期吴白匋写下了大量的诗词,分别收录在诗集《凤褐盦诗剩稿》和词集《西征集》和《投沙集》中,成为《凤褐盦诗词》的主体。

1949 年后,吴白匋专情于戏曲创作研究。对于红氍毹上的水袖歌舞,吴白匋是有家学渊源的,他的祖父和父亲均是资深的戏剧爱好者。大约 5 岁时,父亲就抱着吴白匋去天津的"天仙戏馆"听戏,此后便一发不可收拾,每日必看。而后全家移居上海,吴白匋更是饱观南北戏曲的风采,特别是由"伶王"谭鑫培和"伶隐"汪笑侬合作的《珠帘寨》,给吴白匋留下了深刻的记忆,并将这一难忘的观戏经历记录在《无隐室剧论选》一书中。在父亲的影响下,吴白匋耳濡目染,对戏曲产生了浓厚的兴趣,与戏曲结下了不解之缘并誓志躬耕。正是凭着对戏曲理论、音乐研究深厚的造诣,才有后来的诸如《百岁挂帅》等一批经典之作流传后世。

吴白匋把自己人生最黄金的时期奉献给了戏剧事业。编戏、改戏、说戏、教戏三十余年,匠心独具。20 世纪 50 年代,吴白匋任江苏省文化局副局长,带领银洲(石增祥)、江风、仲飞等人,深入基层,走访老艺人,发掘改造了一些原本不登大雅之堂的民间剧目,抢救了许多珍贵的原生态戏曲史料,《百岁挂帅》(原名《十二寡妇征西》)便是那时吴白匋的倾力之作。1959 年 8 月,扬剧《百岁挂帅》作为重点剧目,赴京向中央领导汇报演出,获得周恩来等国家领导人的称赞。当时首都媒体纷纷予以报道,剧作家田汉、中国京剧院副院长马少波分别在《人民日报》上刊文《女英雄百岁挂帅》《扬剧有精品》,对此点评褒奖。作为扬州人,吴老对家乡的情怀都融入这部戏的创作当中,此后他还整理创作了《袁樵摆渡》《金山寺》《填山塞海》《义民册》等经典的扬剧,以馈家乡。这些戏至今仍被扬州人喜爱,在扬州的街头巷尾,常能听到有人在浅吟低唱着某些经典的选段,扬剧团更是将《百岁挂帅》作为重大演出的压轴大戏。

吴白匋一生写了大量剧本,扬剧只是其中一支,很多有关创作时的感想、经验,都已编入《无隐室剧论选》一书中。从书中可以看出,吴白匋除了扬剧,更致力于昆曲的发掘与创新,极力挽救这一濒临灭绝的古老剧种。他最后写的剧目《吕后篡国》也是根据话剧《大风歌》改编的昆曲。2001 年昆曲被联合国评为人类文化遗产,国内随之掀起"昆曲热",而吴白匋早在 1978 年、1981年就分别撰文《谈昆曲改革的问题》《艰苦奋斗的昆曲传字辈老艺人》,痛心疾呼文化界关注昆曲的抢救,比之早了整整二十几年。到今日,再细读《无隐室剧论选》的每篇文章,不难发现一个戏曲大家的恋乡之情、报国之心,而这种情怀已经全部浸润到一曲曲唱词当中而百世流芳。

钟山下菁莪造士　后昆中楷朴作人

吴白匋一生弟子无数,桃李天下。先后在金陵大学、四川白沙女子师范学院、苏南文化学院、无锡国专、东吴大学、江南大学任教授。1931 年吴白匋金陵大学毕业,被聘为中文系助教,主授《学术论文选》《词学通论及词史》《词选》。他的老师黄季刚赠诗一首为其张目:"雒诵新篇喜不胜,君家君特有传灯。论词突过王僧保,始信清才在广陵。"他的另一恩师胡翔冬则传授教学方法:"无他,唯多作备课耳。初教学术论文,以上课即讲长篇巨制为宜。"此后的一年中,吴白匋谨遵恩师教诲,以《庄子·天下篇》为开讲,此后续讲《说文解字序》。授课前必做详细笔记,做足功课。连他自己后来都说:此一年为吾一生中用功最勤之年,奠定以后讲学基础。此后几十年的教学生涯,吴白匋培养了一大批国学学者和戏剧研究者,馨香天下,著名学者冯其庸、濮之珍,上海艺术研究所研究员李晓、西南大学中文系副教授杜朝光、湖南省艺术研究所原所长、一级编剧邹世毅、厦门大学人文学院博士生导师郑尚宪等大批名校教授、学者都是他的弟子。他们曾多次撰文怀念恩师。李晓说:"先生待人宽厚,但对我们学生'严'字第一,当我们在学术上使先生满意时,他才给我们慈父般的爱。我的体会最深。"举一例：李晓的毕业论文苦写了半年时间，成文八万字，可是吴白匋却要其重新来过。李晓知道老师严苛治学，不敢违背，于是咬牙重写两月，成文十万新论，终得先生嘉许。兴奋之余，吴白匋竟请李晓吃饭。席间，师生二人饮酒行令，开怀大笑。后来，论文获得成功，吴白匋亲自作序，并编入《无隐室剧论选》中。在李晓所著的《严慈并著　恩泽永怀——深切怀念白匋师》文中曾提到："先生称我贤弟，我视先生若父，先生倾箧相授，我得到很多很多。"以此感怀老师教导。后来，吴白匋的弟子们将吴白匋的教学特点归纳为三条：一是温故而知新，二是讲究方法，三是重视实践。这三条也成为吴门弟子一生奉行的学问之道。

　　吴白匋是弟子们的良师，也是吴氏后辈心目中的谦和长者。他的侄女吴娃从小喜欢书法，吴白匋很是喜欢她，觉得吴家后辈子弟中，能坐下来定心练书法的孩子不多，时常去信关心吴娃的书法进展。有一次，吴娃和父亲去吴白匋家拜访，特地挑选平时写得最好的几张请大伯指点。吴白匋见后非常高兴，他要求吴娃专攻小楷，并寻了一版《红楼梦》让吴娃用小楷全文抄写，多加练习。他告知吴娃："书法学习功夫在字外，是说多看、多临摹，且要在诗文方面有所建树，如此才能算是会写书法。"后来，吴娃多次赴南京接受伯父的指教。为了鼓励吴娃，吴白匋将自己精心保管的殿试卷给吴娃阅看，并勉励她："你的曾祖父参加甲午殿试时，才33岁，就写了这么好的字体，你今年24岁，能否用十年的工夫超过他？"1989年10月，吴白匋见吴娃勤学小楷，十年来颇见成绩，于是郑重地将自己精心保存的其祖父吴筠孙殿试卷交予吴娃保管，并表示，让吴娃以后在后辈中择合适人选再传递，也可以交于国家保管。要知道，吴白匋保存这份殿试卷足足52年之久。个中的甘苦艰难，外人难知。吴娃一直遵循伯父的教诲，每日练字，不敢懈怠，最终不负大伯的期望，得到业界认可，成为江苏省书法家协会资深会员。2005年，吴娃和吴仲崤遵从吴白匋的遗愿，将这份珍贵的殿试卷交于扬州市博物馆保管，让这份历经百年沧桑的珍档回到了扬州。

　　吴白匋虽生于乱世,一生却是幸运的,因为可以做他喜欢的事,并且把喜欢的事做成他的事业。他喜词好曲,舞文弄墨,能书善绘,还精于饮食,每一样都被他做到极致。他的弟子成名者众多,对于戏曲的"吴门"匠心必将延续。他的后辈出色优秀,测海楼内成才报国的家风定能传承。吴白匋离开我们已有多年,吾辈未能有幸一睹他的音容,但从他的学生、后辈的文章中,仿佛看到一个词曲文学巨匠,一个开朗豁达、淡泊名利、烦恼不介的老者,一个事业严谨而卓领风骚的大家。正如他在《凤褐盦诗词》中《鹧鸪天》中所云:"闲梦江南细马驮。繁樱千树覆春波。锦城纵有花如雪,一夜高楼溅泪多。抛远恨,仗微酡。新烹玄鲫引红螺。莫教重听潇潇雨,还为今宵唤奈何。"

　　(原载扬州市档案馆编《测海楼吴氏珍档解读》,广陵书社 2018 年版)

　　作者简介:宋神恬,扬州市档案馆工作人员。

邱振华　贾丽琴

"始信清才在广陵"

——记国学大师吴白匋

在扬州市区泰州路中段,一组晚清浙派建筑群格外引人注目,这就是俗称扬州"九十九间半"的吴道台宅第。宅主吴引孙,江苏仪征人,祖籍安徽歙县,吴道台宅第是其任浙江宁绍道台(道台即省以下,府、州以上地区的行政长官)期间在扬州修建的私家宅院。始建于清光绪二十五年(1899),历时5年建成,聘请浙江匠师设计施工,仿宁绍道台衙署,并结合扬州建筑风格,因此成为当地独具一格的建筑。宅院内的测海楼,仿宁波天一阁建造,《扬州吴氏测海楼藏书目录》记载,测海楼的藏书达8020部、247759卷之多,曾是我国规模最大的私人藏书楼。

据吴氏后人回忆,洋务运动兴起后,受安徽老乡李鸿章和实业家张謇的影响,吴引孙计划年老归隐,在扬州发展实业,并将国外的东西引进国内。为了接待外国客人,在扬州吴道台宅第专门修建了集罗马柱、拱形门和壁炉等典型欧式建筑元素,外观仿哥特式风格的小洋楼。世事变幻,为接待外商而建的这座小洋楼由于战乱,没有实现主人通过实业来救国的愿望,但确为吴氏子孙留下宝贵的精神财富,由此走出了饮誉海内外的"吴氏四杰"。四兄弟中,三个弟弟均工理科。老二吴征鉴是著名医学寄生虫学家、医学昆虫学家,中国医学科学院副院长;老五吴征铠是著名物理化学家,中科院院士;老六吴征镒是世界著名的植物学家,中科院院士;1978 年第一届全国科学大会召开时,吴征鉴、吴征铠、吴征镒三兄弟同时与会,一时传为美谈。

"吴氏四杰"中唯一事文的长子吴征铸(字白匋)是著名剧作家、教育家、文学家。吴老早年在诗词创作和古典文学研究领域卓领风骚,之后因为种种原因,掉头转入与原来相去甚远的戏曲创作研究,所获成就绝不亚于三个弟弟。1992 年 9 月初的《人民日报》在刊登吴白匋逝世的消息时,对他作了高度的评价:"新华社南京九月一日电 著名剧作家、南京大学中文系教授吴白匋因病于八月二十五日在南京逝世,享年八十六岁。吴白匋先生一生治学不厌,博识多闻,于文学、史学、艺术学、考古学、文字学、文物鉴定诸领域,均有很高造诣。他创作的锡剧《双推磨》、扬剧《百岁挂帅》(后移植为京剧《杨门女将》)等剧作和大量诗词,产生过广泛影响。"

测海楼内初受启蒙

吴白匋,1906 年 10 月 20 日生于山东济南,祖籍仪征,世居扬州,谱名"征铸",字"白匋"。

1911 年春,吴白匋的祖父吴筠孙被授予湖北荆宜道道台,上任前全家由天津回到扬州北河下暂住。当时,吴白匋伯祖吴引孙被授予浙江布政使,也尚未赴任,于是两家人在北河下吴氏新居团聚。在扬州期间,吴引孙每天校正《扬州吴氏测海楼藏书目录》,楼内浩如烟海的几百箱书籍给孩童时的吴白匋留下了深刻的印象。

1918 年—1919 年,吴白匋一家还未迁入吴氏宅第,但想到测海楼有大量的藏书,其中不乏各种诗词,吴白匋便每天下午到宅内通过专管测海楼藏书的老仆曹喜,借阅有关书籍。每次借阅两三本,内容都与集部诗词相关。两年间,他几乎将测海楼所藏的李白、杜甫、李贺、杜牧以及宋词中的苏轼、陆游、白石、梦窗等全集逐一阅读,并牢记于心。

1920年吴引孙逝世,立下遗嘱,吴氏宅第由两房共有。这时吴白匋全家才迁入北河下吴氏宅第,从而使吴白匋阅读诗词有了更好的条件。曹喜特别允许他将测海楼的藏书登记借回,改变了书不出阁的规定。吴白匋经过两三年阅读,对我国古典书籍,特别是唐诗、宋词有了较深的了解。许多书籍都能熟记、背诵。他是"征"字辈中唯一能够阅读测海楼藏书的孩子。吴白匋的五弟吴征镒曾在写给侄子吴仲崝的信中谈到,测海楼的藏书只有吴白匋受到教益,其他弟兄都"无福坐书堂"。

在那些年里,吴白匋在测海楼一边读书,一边开始诗词的习作,并得到扬州县中老师张赓庭的指导。按照张老师的要求,吴白匋在测海楼找到了《钦定佩文韵府》这部书籍,用以习作韵律,并征得曹喜同意,放在身边随时翻阅。这部书在测海楼藏书全部出卖时幸存在吴老身边,成为吴家唯一保存的一部测海楼藏书。

1928年,测海楼藏书全部出卖,吴白匋愤而写有一诗《鬻书》:"伯祖踪天一,勤求二十霜。官来偷百种,贾笑捆千箱。老树乌啼早,空楼日影长。诸孙思卓荦,无福坐书堂。"悲愤之余,他设法拿到了藏书目录,并一直珍藏到逝世。

冶春后社最后社员

冶春后社是晚清时期扬州地方名流、文人学者追怀康乾盛世,继冶春诗社而成立的文学团体,始于同治、光绪年间,由臧谷主持发起,后由曾任国会代议长的凌鸿寿继之。诗社社员均为当时扬州文坛宿将、士林名流,如韩国钧、萧畏之、孔庆熔、辛汉青、凌鸿寿、严绍曾、周嵩尧、江石溪、王景琦、高乃超、胡震等。其中周嵩尧先生是周恩来总理的伯父,江石溪先生是江泽民主席的祖父。

受家庭浓郁文化氛围的熏陶,吴白匋自小热爱诗词,在张赓庭等人的指点下,十几岁时即崭露头角。后通过张赓庭介绍,认识了扬州冶春后社吴召封、孔小山等诸老。他们对只有十五、六岁的吴白匋能够写出比较通畅感人的诗作十分赞许,称其是"后生可畏"。1922 年,17 岁的吴白匋正式加入冶春后社,成为该社年龄最小、最后的一位社员。

1937 年,日本攻陷扬州时,诗社被迫解散。1941 年,避难四川的吴白匋曾写有一词《庆宫春·月夜寄怀扬州诸老》:

> 虯蜿坛罗,麏麚阶斗,古今共赋芜城。新制荷裳,枯吟兰畹,避愁何处山青。乱红飘径,想词客、登楼泪凝。堤边风恶,三两衰杨,珍重西倾。
>
> 涛笺倦写离情。灭烛披衣,微步中庭。重倚天涯,一分残月,海东遥见晨星。有怀无寐,伫立待、虚廊雾清。甚时湖舫,塔外同参,劫后铃声。

词中充分反映了他对冶春后社和社内老人的深切怀念。

"始信清才在广陵"

1926 年,吴白匋考入金陵大学,先后受业于胡翔冬、胡小石、黄侃诸名师。由于吴白匋原来的诗词基础较好,在校期间又勤奋学习,成绩优良,并继续进行诗词创作,受到老师的赞赏。1931 年,他毕业后留校,在当时金陵大学国学研究班任助教。金陵大学不同于国立大学,助教同样教课,吴白匋教授"学术论文选""诗选"和"词学通论及词史"。当时他感到自己大学刚毕业,担心自己资历不够,学识浅薄,不受学员欢迎,就向黄侃老师汇报自己的想法。出乎意料的是,黄侃对他说:"汝能为此,足够开课。如恐资望不足,我赋

诗为汝张目。"即写一绝句云:"雏诵新篇喜不胜,君家君特有传灯。论词突过
王僧保,始信清才在广陵。"吴白匋为此受到莫大的鼓舞,自此开始了长达20
余年的大学教学生涯,先后担任金陵大学副教授、四川白沙国立女子师范学
院教授。抗战胜利后,吴白匋任江苏省立教育学院教授,继又兼任无锡国学
专修学校、东吴大学和江南大学教授。

1935年春节,经词曲名家吴梅介绍,吴白匋参加了近代南京著名词
社——"如社",与吴梅、周谷人、唐圭璋等诸词家交往甚密,"如社"雅集《如社
词钞》中收入他多首词作。

吴老自15岁开始作旧体诗词,至86岁"远行"前仍笔耕不辍。1929年至
1937年作《灵琐集》;1937年至1941年作《西征集》;1941年秋至1949年作
《投沙集》;1949年春,吴白匋将历年所作诗词整理、删定为《凤褐盦诗剩稿》
一卷、《凤褐盦词》三卷。此后吴老致力于戏曲创作,不作诗词近十年。1958
年后,吴老重提诗笔,作诗、词、散曲甚多。1981年夏,吴老整理汇集《热云韵
语》三卷,会同前所编定之《凤褐盦诗词集》一并油印行世。1989年后,吴老
将1987年春退休之前所作编定为《热云韵语》卷四。

吴老一生先后创作了上千首诗词,后收入《吴白匋诗词集》的就有447
首,被誉为"满眼珠玑""玉茗新声"。

古典文学向戏曲创作的华丽转身

因祖父吴筠孙和父亲吴佑人都是京戏、昆曲的爱好者,吴白匋从小就是
一个小戏迷。吴佑人在北京工作期间,曾组织票友社,自己能够登台演出。
1924年,吴佑人辞官回到扬州,参加了扬州昆曲研究社,成为一位骨干社员。
吴白匋受祖辈的影响,也特别喜欢京剧和昆曲。扬州昆曲名家谢庆溥先生
1924年组织扬州昆曲研究社,并热心向年轻人传授昆曲。吴家故居泗德堂
比较宽大,因此成为昆曲研究社的一个聚会处,吴白匋和他的几个兄弟都受

到谢庆溥先生的指导。从此,吴白匋对戏曲的兴趣愈加浓厚,与戏曲结下了不解之缘。

1949 年,吴白匋迎来了人生中的一大转折。当年暑期,他参加了教师学习班,在思想总结中向组织上提出,过去长期从事古典文学和诗词的研究和创作,不能适应新时代的要求,愿作为一名普通的文化戏曲工作者,更好地为人民服务。他的这一请求得到了当时苏南区党委的支持。1950 年,他被选为苏南文协(筹)副主任。1952 年教育部门改革时,吴白匋正式调到文化部门工作。自此,吴老离开了古典文学研究领域,转向戏曲的创作研究。

他很关心锡剧,认为锡剧曲调优美,但历史不长,需要很好扶持。他曾根据先声锡剧团的演出,创作了苏南第一部锡剧《倪黄狼》。他在担任省文化局戏剧编审室主任期间,主持写出了《双推磨》《庵堂相会》剧本,又和朋友合作改编了锡剧《红楼梦》,由省锡剧团在全国各地巡回上演两年多,轰动一时。

吴白匋在文化部门工作期间,曾主持、指导或执笔整理、改编、创作戏曲剧本 30 余种。其中包括扬、锡、京、昆、淮 5 个剧种,并整理鉴定了全省大量的剧目。作为扬州人,他很关怀自己的家乡戏——扬剧,先后写了扬剧《百岁挂帅》《袁樵摆渡》《金山寺》《填山塞海》《王昭君》《义民册》等剧目,其中最著名的是《百岁挂帅》。

1959 年初,江苏省委宣传部确定扬剧进京参加纪念建国十周年的汇报演出。此前扬剧团演出了很受群众欢迎的剧目《十二寡妇征西》,江苏省委领导看了演出后,认为这个剧目的戏名和内容的思想性仍需提炼,决定由吴白匋亲自挂帅,重新整理。他在 1958 年花了近半年时间,写提纲,组织节目组人员切磋研究,反复修改,最终创作出一部立意高、文学品位浓并具传奇色彩的剧本——《百岁挂帅》,突出了百岁老人的爱国精神。田汉和陆定一先后在南京观看了演出,力荐该剧赴京演出。为了赴京演出,吴白匋天天深入剧团,亲自给演员讲解剧本。当时,上海海燕电影制片厂确定将该剧改编成舞台纪录片。为了做好改编工作,他没有随团赴京,写了一首诗《送扬剧入北京》:

"老干新条各自香,十年辛苦沐朝阳。天安门外弦歌地,一派清光见绿杨。"党和国家领导人刘少奇、周恩来、朱德等观看了演出。朱老总看到《寿堂惊变》和《灵堂》两场戏时,曾两次落泪。著名戏剧家马少波曾在《人民日报》登载长文《扬剧有精品》,认为扬剧这一地方小戏,能成为建国十周年进京表演,获得广泛好评的剧种,《百岁挂帅》起了很大作用,是扬剧创作史上的一个重要里程碑。1960 年,中国京剧团将扬剧《百岁挂帅》移植为京剧《杨门女将》,在全国上演,影响极大。

吴白匋一生勤于笔耕,除写出大量剧本、诗词外,还写出许多论文,其内容涉及文学、史学、戏曲、传记、文字学等诸领域。在他后半生戏剧工作生涯中,吴白匋特别提倡昆曲的改革和创新,极力支持我国古老的剧种,曾写出多篇有关昆曲的论文,对昆曲的理论、音乐的研究有很高的造诣,成为江苏省著名的昆曲理论家。特别是在首届中国戏曲艺术国际学术讨论会上,他在《昆曲表演艺术体系初探》一文中将梅兰芳作为中国昆曲表演体系代表的主张,得到会议主持者的重视。此文被载入与会学术论文的首篇,吴白匋被安排在会上发言,并受到国内外戏曲专家们的赞扬。

由于吴白匋一生不遗余力地提倡昆曲艺术的创作和改革,他被选为全国振兴昆曲委员会的委员。他最后写的剧目——《吕后篡国》也是根据陈白尘的话剧《大风歌》改编的昆曲。在他逝世以后,著名昆曲表演艺术家俞振飞曾发来唁电:"吴老先生故世噩耗传来,惊愕不已,悲痛万分。前年在沪促膝聊衷,友谊如兄弟,吴兄一生为弘扬中华民族优秀文化贡献了一切,斐然卓绝。他的逝世是整个文学艺术界,特别是昆剧事业的巨大损失。"

诗咏家乡——扬州

吴白匋虽说高中毕业后即离开扬州,但他与家乡扬州渊源很深。

吴白匋多次对家人说起,他一生所以能够为党、为人民做一些工作,从事诗词的教学、研究和写作，写过不少剧本，都是和青少年时代在扬州这个历史文化古城受到培育、熏陶分不开。随着年龄增大，他愈加怀念扬州时期的生活和学习，感激扬州诸老对自己的教育和指导。他认为，建国后扬州把许多消极的东西都根除了，但古老的文化和历史文物都保留下来了，这在全国都是很少的。扬州市政协和文联曾在 1983 年邀请在南京的扬州知名人士 10人，回扬州举行文化研究会议，他是其中一员。吴白匋在会后写下了诗词《扬州慢》和《谒鉴真纪念堂》，对扬州的发展变化给予较高评价。他在《扬州慢》中写道：

　　　　癸亥首夏扬州市政协、文联折简相邀，设文酒之会，得畅睹故乡新貌。因次白石声韵作。

　　　　忘老还乡，拾欢填梦，岂同小杜游程。渐文峰塔影，漾运渎波青。问多少湖山胜地，幸逃奇劫，红卫称兵？讶年来，新绿芊眠，春涨环城。

　　　　个园旧侣，认依然、楼观飞惊。谢继怪时英，烹鲜妙手，宾待深情。伫立鉴真堂下，鸣禽变、仿佛诗声。又无双琼萼宋时后土祠琼花，称天下无二本，置无双亭宠之，宋亡，花枯死，山僧方报重生其实为聚八仙。

　　吴白匋一生在文艺教育方面的贡献是多方面的。他爱好广泛，多才多艺，除了是词人、诗人、剧作家、学者，吴白匋先生还能书善绘。他书法师承胡小石，被认为是金石书派的第三代传人。1939 年，金陵大学中文系在成都举行过郦衡叔、吴白匋等四人的书画展览。作为江苏著名的书法家，吴白匋在南京清凉山、夫子庙和瞻园等处都留下了他的书法碑刻。他从小喜欢古代书画的鉴赏，曾受到陈含光恩师和其他扬州专家的指点，使他养成了鉴别字画真伪的能力。1973 年，他重返南京大学历史系，教授《存世书法作品的鉴赏》和《如何鉴定书画作品》两门有关书法文物方面的课程。吴先生还精于饮食，继承 30 年代金陵名士大捧马祥兴的遗风,常为江苏名菜题词吟咏。

由于吴白匋一生成就卓著,他被选为一至三届省人民代表,"文革"后任过第五、六届省政协常委,并出任第二届、第四届全国文代会代表,被选为全国戏剧家协会和戏曲学会理事暨江苏省戏剧协会副主席、副会长和名誉会长,中国韵文学会理事,《中国大百科全书·戏曲曲艺》卷编委,江苏省民俗学会会长、名誉会长,江苏省诗词学会副会长等职。

（原载《江苏经济报》2013 年 8 月 30 日 "《江苏档案》第 101 期"）

作者简介:邱振华,扬州市政协文化和文史委副主任、扬州市文史馆馆长;贾丽琴,扬州市档案馆工作人员。

张 旭

吴白匋的多面艺术人生

"吴氏四杰"之一的吴白匋是我国著名戏曲家,然而鲜有人知,吴白匋还是一位鉴赏家、书画家、美食家……作为一名鉴赏家,吴白匋收藏颇丰,家中门庭若市,常有人拎着一捆捆的字画出现在他家中,请其品鉴;作为一名书画家,他的书法饱含了古风古韵,素雅而又清丽,他的画作则被南京博物院永久性收藏;作为美食家,吴白匋曾写下《我所知道的富春茶社》《扬州人品成都味》《谈鲜》等文章,彰显了他对于美食的喜爱与研究。

鉴赏名家

吴白匋喜欢玩古董。喜欢玩,就需要懂得其中的门道。为了收藏,吴白匋的生活相对比较节俭。由于长年累月地接触古玩字画,吴白匋在收藏方面有了自己的心得。1976年,吴白匋曾应南通博物院之邀,前去鉴别所藏全部书画。

在吴白匋的藏品中,曾有唐伯虎等人的书画。如今唐伯虎的书画在拍卖市场上动辄拍至几百万元,如2017年6月深圳一家拍卖公司拍卖唐伯虎缂丝山水四条屏,拍卖价是277万元。然而吴白匋这些书画都已捐献给南京博物院,成为馆藏的珍贵之物。

当年,吴白匋曾希望他的侄女吴娃跟他一起学鉴赏。据吴娃回忆,吴白匋跟她讲过,收藏的门道很多,就拿鉴赏来说,除了对各时代的名家创作特点要了然于胸,还需要对纸张的特性有所了解,各个时期的纸张也有显著的特点,这是看书或者口头传授学不来的,需要亲手去触摸才能感受得到。吴白匋后来再度回到南京大学中文系从教,也曾想过带鉴赏方面的研究生,因为没有较多的实践机会,未能如愿。

书画名家

2017年的仲夏,一场名为"清风徐来——明清扇面精品特展"在南京博物院举行,此次展览主要展出的是南京博物院馆藏的明清画家所创作的扇面,其中有是十三幅扇面为吴白匋曾经的藏品。

扇子虽是引风用品,但也是文人雅士手中把玩之物,因此对于扇面就有了格外的要求。古来文人多爱在扇面上作画题字,扇面成了文人文化的重要组成部分之一。

吴白匋曾经收藏的十三件扇面为明末清初的画家所作,画作均为文人画,画面清新秀丽,富有文人画的雅致。

七十年代末期,吴白匋刚刚走出了"文革"的阴霾,此时的他,思想似乎更为通达,当生命无法得以保障时,所有的收藏于他不过是身外之物。于是,吴白匋将手中珍藏的近三百件古玩字画精品捐赠给了南京博物院。虽然迄今已无从认定当年捐赠的精品有哪些,但凡有吴白匋题识的扇面,皆为吴白匋当年所珍藏,这点是毫无疑问的。

对字画收藏有所了解的人会知道,古代有收藏者喜在收藏品上题字、盖印,其中最为有名的就是清代乾隆皇帝,在收藏的字画上盖满了自己的印章。有些题字和盖印会增加收藏品的价值,有的则会大打折扣。作为一名鉴赏名家,吴白匋的题识可谓为这些明清扇面做出了一个注释,作者何人,出自哪里,有什么才能。吴白匋的鉴定增加了这些扇面的可信度。

美食专家

旧时扬州大户人家生活讲究,从穿着到吃住皆彰显了名门望族的身份。吴氏后人对家中曾经的食谱进行编撰,形成了《吴氏菜谱》。从菜谱中不难发现,无论是珍贵食材,还是普通食材,吴氏族人都能做出美味佳肴,吃出健康、吃出趣味、吃出品位。

在吴白匋看来,烹饪是门艺术。品尝菜肴和欣赏戏曲、散文、诗歌、书画、音乐等一样,要从它本身细细地咀嚼出滋味来,再和过去所接触的味道比较一下,才能够发现它的长短。在《扬州人品成都味》一文中,吴白匋说:"我是扬州人,论口味是属于我国四大菜系中的'苏派'。但由于我是学文艺的,我所敬重的老师们一向教导我广泛阅读,博采众长,我把这个道理用之于吃喝,就对于各地风味,特别是著名菜点,都想尝尝究竟如何,我是自信没有多少成见的。"

正宗川菜咸、甜、酸、辣、麻五味俱全。抗战时期,吴白匋只身随着金陵大学入川,在1938年初春,来到成都。在此之前,吴白匋已经尝过南京、上海有名的川菜馆的肴馔,觉得很好。但是到了成都以后,才发现它们已经为了适应下江人的口味,有所变化,而且不少厨师是扬州人,虽然跟川师学艺很努力,终究不能十分地道。要尝正宗川菜及品鉴其特点特色,非到成都不可。四川人是好客的。当时成都的社会名流和学校教师们很同情关照他们这批逃难来的读书人,吴白匋被邀参与过大宴、小宴以至家常便饭,很快地结识了许多谈得投机的新朋友。

就在一两年内,吴白匋对于正宗川菜有了大致的认识。在吴白匋看来,首先应当肯定,川菜是味厚而鲜的。一般的说法"以辣为主",甚至是"每菜必辣",实际上并不如此。举家常菜为例,回锅肉有微辣,生爆盐煎肉就不辣,而且甜烧白(夹沙肉)之甜,超过了扬州人的冰糖蹄髈。至于整桌宴席,却是多数菜不辣,辣的反而占少数。应当说,正宗川菜是咸、甜、酸、辣、麻五味俱全,以浓厚为主的。川菜和其他菜系最大的不同之处在于能合用麻辣。

吴白匋在吃上面,不似普通食客那般,只为满足口腹之欲,他在饮食之中,寻出了文化的内涵,从中可以看出中国饮食文化的博大精深。

吴白匋品美食,善于用舌头带动大脑的思考。"'鲜'!'好鲜'! 这是我们吃东西时常用的形容词,不管男女老少,也不管富贵贫贱,都会说。"在《谈鲜》一文中,吴白匋如是说。众所周知,"酸甜苦辣咸"是为"五味","五味"为何,可以用简单的语言形容,亦可以某种食物的味道作比拟,而"鲜"作为一种滋味是怎么样的呢? 吴白匋在《谈鲜》中还说,"鲜"不能单独成为第六味,它是包含在五味之中,和五味都有联系,但又超出了五味,是我们的舌头会产生一种特殊的感觉的。而后,吴白匋又从《说文解字》《古文尚书》(孔安国传)等古籍着手,追溯道:"鲜"本是一种鱼名,是个形声字,可惜如今已找不出这种鱼了。

都说味精是提鲜的,可在吴白匋看来,味精没有回味,单薄得很,而且纯用味精,就会百菜一味,总不如保存本味的好,鸡汁称得上鲜味主帅,本味实在鲜,而且极少腥膻气。火腿、虾子也是鲜味大将。素食的鲜味有"三霸",就是蘑菇、笋和黄豆芽。

苦瓜大多数人吃过。"苦"一般是与"鲜"绝缘的,可吴白匋在《谈鲜》中却说,除湖南人爱吃苦瓜外,一般人没有说它鲜的,但如果尝一下,入口虽苦,咽下不久,就能回甘,同样会感到鲜。四川有苦笋(唐代就很出名,大书法家怀素有《苦笋帖》),比苦瓜苦得轻些,味道却鲜。还有更平常的菱角菜,即榨菜的原料,味道微苦,不必费事烹调,只要切片水煮,就能教你尝出别具一格的鲜味。

吴白匋举例生活中的细节和事物,展现出文人的澄思渺虑,同时也告诉了世人,很多事情是不能一概而论,很多相对的事物在不同的理解中,也能融为一体。

（原载扬州市档案馆编《测海楼吴氏珍档解读》,广陵书社 2018 年版）

作者简介:张旭,扬州报业传媒集团记者。

舒 芜

遥祭吴白匋教授

一九九二年九月二日上午九时，南京石子岗殡仪馆正在举行吴白匋教授追悼会。此时，我在北京家中，重新展读白匋先生给我的最后几封信和他的诗词集《凤褐盦诗词》《热云韵语》。

这两本诗词集，是自费油印线装本，写印装帧，俱极精工。《凤褐盦诗词》是新中国成立前之作，包含《凤褐盦诗剩稿》一卷、《凤褐盦词》三卷。《热云韵语》是新中国成立后之作，诗词混编，三卷。白匋先生自少年时代，即用功于诗词，平生所作甚多，但是他编集子的时候，去取极严，如《凤褐盦诗剩稿》这个书名，已说明是大删之后剩下的，卷末自记云："起丁卯夏，迄己丑春，删存七十四首。"即自一九二七年夏至一九四九年春，二十二年之间，平均每年仅存三首多一点而已。我感到荣幸的是，他赠我的诗三首、词一阕，全都录存了。

我与白匋先生相识于一九四四年秋，我到国立女子师范学院国文系教书，白匋先生在，很快我们就相熟了。女子师范学院院址，在四川省江津县白沙镇白苍山上。《凤褐盒词》卷三有《浣溪沙——白苍山居六阕》,写的即是他在白苍山上的生活。词中有云:"小院无花禽对谇,冷瓯剩粥蚁争寻,醒来长昼但阴阴。"这个长昼阴阴的无花小院,即是女子师范学院单身男教师宿舍。白匋先生是只身逃难入四川,夫人仍留在仪征老家,所以他住在这小院里。他用一个小炭炉,自己在房间里做饭。他爱吃煎炸食品,不爱喝汤,我几次见他用一点油,煎几片馒头片,炒一个鸡蛋做菜,便是一顿(同住小院内的黄淬伯教授爱喝热汤,炎炎夏日,一顿饭吃完,喝得汗流满脸,与白匋先生之不喝汤适成对照)。房间小,桌上位置无多,有些锅碗就放在地上,自然容易爬上蚂蚁,所以"冷瓯剩粥蚁争寻"写的确是事实。词中又有云:"独客能知夏夜长,羽虫如雾正飞扬,四更伏枕暗心光。"又有云:"十年冷暖曙灯知。"都可见他当时独客孤身、伤离念远的凄清心境。

可是,他当时的风度,却是很洒脱,有风趣,能独往独来,自得其乐,也能与二三知交清言竟日,从宇宙之大,说到苍蝇之微。他是胡小石先生的得意弟子,还有黄季刚先生、吴瞿安先生、胡翔冬先生都是他常常称道的尊师。他原是诗人,后来更以词人著称,在女师学院讲授"历代词选",极受学生欢迎。我对他说,我不懂词,只有《鹧鸪天》的调子还比较喜欢。这当然是很幼稚的话,大概我是因为这个词牌最近于七言律诗的声调。白匋先生的词,本自梦窗、白石入手,工于中长令,不以小令见长,但是他不鄙薄我的幼稚,立刻向我口诵他来白沙之前,在成都所作的一阕《鹧鸪天》,今存《凤褐盒词》卷二:

鹧鸪天

同石斋、子蕊薄饮市楼,有怀金陵

闲梦江南细马驮,繁樱千树覆春波。锦城纵有花如雪,一夜高楼溅泪多。

抛远恨,伏微酡,新烹玄鲫引红螺。莫教重听潇潇雨,还为今宵唤奈何。

这是我第一次接触白匋先生的作品，很欣赏，很佩服，立刻记熟了。现在读程千帆教授为《凤褐盦诗词》写的序言，他说白匋先生的词，从梦窗、白石入手，抗战中入川，"遂更进以稼轩为师，而杜老忠愤感激之情，亦往复于其笔端，于是先生之词乃兼有辛、吴之胜，别开生面"。我看这阕《鹧鸪天》虽是小令，却有尺幅千里之妙，正是合梦窗、稼轩为一手，而运以杜陵之气，足见千帆之论，深得文心之要。

我当时有一个诗稿本，送请白匋先生指教。他还我时，已在上面题了一首诗，今存《凤褐盦诗剩稿》：

题方重禹《拜康回室诗稿》

不嗣灵皋响，能知药地心（方密之有《药地炮庄》）。文章有兴废，庄墨共炮熺（君方治《墨子》）。志猛天难夺，情奇海自深。巴山多苦雾，聊供尔孤吟。

诗中虽多过奖，但是指出我以桐城方氏子弟，不愿嗣方苞之响，而有契于方以智之心，确实说中了我的心意；尾联"巴山多苦雾"用李商隐句意，也说中了我在学诗之中的向往。

我们相识之次年即一九四五年，抗战胜利，逃难入川的人都想出川回家，但极难找到交通工具。白匋先生是单身一人，走起来比较方便，毅然于一九四六年春动身，采取一段一段地设法买车船票的办法，这是拖家带口的人学不来的。他走后不久，寄来途中所作词一阕，今存《凤褐盦词》卷三：

鹧鸪天

过当阳初见日俘

野荠风吹破帽香，鸡栖车子过当阳。独怜废垒生新草，仍见残俘有笑庞。

寻史迹，问村氓，低眉不答拾柴忙。断碑蚀尽英雄事，长坂坡头落日黄。

他信中说明,这是他乘手推鸡公车过当阳长坂坡时,第一次看到被俘虏的日本侵略军,他们神情并不沮丧,脸上还带着冷笑、怪笑、狞笑,而中国老百姓则是压抑麻木,满腹心思,他觉得很可怕,作了这阕词。我们几个朋友传诵此词,佩服他的敏锐感受。当时有个说法:"日本惨败,中国惨胜。"他这阕词以一个平常的场景,极生动地把当时的形势表现出来了。

一九四七年夏,我与陈沅芷在桐城老家结婚,几个月后,沅芷回北平继续上学,我去广西南宁,到南宁师范学院国文系教书。白匋先生寄来他画的贺我们新婚的一幅《勺园联咏图》,工笔彩色,气韵静美,图上有他用簪花小楷自题的两首诗,今存《凤褐盒诗剩稿》:

重禹与沅芷女弟婚后居桐城勺园,
联吟甚乐,为画小帧并题

勺园一天地,高咏混茫初。养梦化猿鹤,拾欢忘毁誉。

新鬟丛绿洗,彩笔静香嘘。吟定烧红烛,重温两地书。

画未寄,闻桐城兵燹。越五月,
得重禹南宁来书,喜极复题

图成不敢寄,北望劫余灰。诗惜新婚别,书难旧雨来。

巴陵犹雾暖,江左但云哀。今日逢南雁,为君酒戒开。

白匋先生平生作过的贺亲友新婚的诗,总该不少吧,现在《凤褐盒诗词》和《热云韵语》两集之中,贺人新婚的诗却仅此二首,第二首尤其沉挚肫切,更非一般应酬之作。我把他这幅画精裱起来,一直悬诸座右,"文革"初红卫兵来抄家时毁去,沅芷也就于那一天被拉去关起来,不几天就被打死了。

这当然是白匋先生画图题诗时绝不会料及的。解放之初,他和我的兴致都很高。一九五二年冬和一九五七年夏,我们两次同游北京陶然亭,听他畅谈他在江苏担任省文化局副局长，全力从事地方戏工作的情形。他还把他写的常锡剧《红楼梦》剧本中得意的曲子念给我听。一九五七年别后不久，"反右"运动起来，我被"扩大"进去，白匋先生平安过来，从此一别二十余年，中经"十年浩劫"，直到一九七九年才在北京重见。他有一阕词记重见之事，今存《热云韵语》卷三：

南歌子

过重禹幽居清话

陌巷寻三曲，晴窗点一灯。狂朋妙语吐纵横，犹似陶然亭上、那时情。（一九五七年夏同游陶然亭后，一别廿年）

识破长生药，耽追不朽名。庞眉书客炯霜睛，解道劫灰飞尽、古今平。

那时我还住在一间仓库隔成的房里，没有窗户，成天伸手不见五指，不睡觉时全得开灯，他词中"陌巷寻三曲，晴窗点一灯"，纯是写实。那次闲谈中，我大致说过：古人若富贵已极，进一步只有服药求长生了；今人知长生不可能，便一心要维护身后之名，为此不惜任何代价。这些话给他印象很深，就写进词里了。

我曾经听朋友传说，白匋先生在"文革"中受的冲击不轻，劫后重逢时，却没有详细问他。后来，在他的《热云韵语》卷二中看到有一组《乙卯自剖诗》，是一九七五年他七十岁时自叙平生之作，隐约可见那场浩劫给他留下的心灵印迹，曲笔甚多，极耐寻味。

"文革"后，白匋先生重执教鞭，到南京大学中文系任教，直到逝世。讣告中列举他的社会职务：中国戏剧家协会江苏分会名誉主席、《中国大百科全书·戏曲曲艺》卷编委、文化部振兴昆剧指导委员会委员、中国戏曲学会理事、《中国戏曲志·江苏卷》顾问、江苏省民俗学会名誉会长、江苏省锡剧研究会名誉会长、江苏省诗词学会副会长、江苏省美术馆顾问、江苏省《红楼梦》学会顾问、江苏省昆剧研究会常务理事、第一、二、三届江苏省人民代表、第四、五届江苏省政协常委,可以体现社会对他的多方面的学艺成就的承认,看起来他晚年应该是颇不寂寞。但是,他庚午除夕(一九九一年二月四日)给我的信中说:"两年来腿腿(原文如此,当是'腿足'之误——舒芜)疲软,日甚一日,终朝困守小楼,钻故纸堆。"一九九一年六月四日的信又说:"此后恐难远行,唯愿老友常寄文鳞,以慰岑寂。千帆兄春节后尚未觌面,恐亦因多病,常住医院故也。"一九九一年十二月二十四日的信(这是他给我的最后一封信了)中又说:"自然规律毫不饶人,从去年起病足不良于行,稍用力即气喘,因而极少出门,困守小楼。幸神志尚清,犹能读书作文耳。人云老年在回忆中过生活,诚然。弟昨日事今日即忘,而五十岁以前事却历历在目。为此,近日所作诗词,除应酬品外,大率为忆旧,兹录呈数首,即乞吟定。"原来他最后的岁月,竟是这样苦于寂寞。他录示的忆旧怀人的诗,有几首都是深情怀念他已逝的夫人的,例如:

悼亡三十年矣,遗剔梳银片一,
上镌"百年和合"四字

　　一寸乌银四字书,宝奁经劫未全虚。

　　拈来犹记纤红指,妆罢微瞢细剔梳。

有怀念白苍山的:

怀白苍山

　　寒山修道院,久雨望新晴。油糵土墙影,钉靴石磴声。

　　茅篷朝受训,竹几夜谈瀛。往日怨艰苦,追思无限情。

　　此诗他写示时未标题,现在的题是我加的。女师学院以女校而僻处空山,当时学生嘲之曰尼姑庵修道院。山上多雨,人人必备钉靴以走雨路。校舍简陋,大礼堂是一座茅棚,宿舍所用桌椅大率竹制。如此艰苦之地,追思起来却有无限之情,其实可念的主要是当年的友朋师生之情罢了。

　　台静农先生是当年女师学院国文系主任,抗战胜利后去台湾大学,一九九〇年十一月九日逝世于台北。白匋先生庚午除夕信中说到这个噩耗时说:"台老骑鹤,白苍旧侣,仅存吾兄与弟二人,伤逝之情难以笔罄。"他说的是当年女师学院国文系、史地系同事中来往较多的几位先生,如柴德赓、黄淬伯、魏建功、罗志甫、台静农这几位,都已在最近十多年中先后逝世。当时我想到,白匋先生比我大十六岁,总会有一天轮到我来说仅存我一人,但又觉得这大概还是好多年以后的事。白匋先生虽是八十多岁的高龄,每封信上的字,还是工整得近于小楷,近年所作的诗词中还有几首长篇古风,句律精严,精力弥满,毫无老手颓唐之状,我给他的信说这些都是"寿征",我真心如此相信。不料才一年之后,这些就成为遗札、遗诗,我也是七十岁了,重新展对,近半个世纪的交游往事,历历都上心头,这些大概也是白匋先生晚年的忆旧怀人之中的内容吧。

　　我久已不学作诗,只能简质地记录下来,聊当遥祭,并帮助读白匋先生诗词者的理解。

(原载《瞭望周刊》1993 年第 2 期,题名《记吴白匋教授》,
后收入舒芜、方林《忆天涯》,北京出版社 2020 年版)

　　作者简介:舒芜(1922—2009),本名方管,字重禹,现代著名作家、文学评论家,曾任人民文学出版社、《中国社会科学》杂志编审。

单人耘 _____

忆匋翁

端午节快到了。邻家园篱里几株石榴树正在开放着红焰般的花。而每当石榴花开放时,我便思忆起石榴花庭院里一位敦厚和雅的老人——师长、学者、诗人、词人吴白匋先生。

1978 年夏,南京城红庙 30 号院内,石榴花盛开的时候,我初次踏进白匋先生的书斋,将游黄山归来所作的十多首诗词呈请先生指教。此后的十多年,到 1992 年 8 月先生辞世,我一直是蒙受先生的教诲和钟爱的。自 1992 年到现在,又过了十多年。这十多年中,似乎先生并没有离开南京,我仍涵泳在先生亲切的教诲和静穆的钟爱之中。

白匋先生是一位谦和冲淡而又绵穆深挚的学者、长者、艺术大师。1976 年我全家下放苏北农村回城后,在我童年时的老师林散之先生家遇到白匋先生,我就非常崇拜这位学者、长者、诗词书画俱有家数的艺术大师了。因我是金陵大学毕业的学生,他在书柬中亲切地称我为学弟;我呢,在先生家遇有客人来探望他时,我就说是他的"校外研究生"。先生听了莞尔默许。

先生对我诗词书画的学习、创作是嘉许的。我自幼学画学诗,受教于林散之先生,深受濡染。特别是诗,是师承林散老以杜、韩、苏、黄为宗,而我学词,则是中年回城以后,受到白匋先生的启迪和指点而进益的。几首有点宋人风味的我还把它们题在山水画上。先生看了,在一旁拈髭微笑。

先生是博学多才、修养深湛的文学家、艺术家、戏剧家。不独古文、诗词书画印无一不精,而又善于品评鉴定,不但能编写优美的传统的淮、扬戏,而且能写出高雅的且有时代精神的大部头昆剧,同时他又是很有眼光的剧评家。他的书画诗词创作、戏剧理论著作,皆极繁富,同道中无不交口称赞。而先生却淡然自若,不以为意,平易近人,如春风化雨。

不过,我倒是更喜欢先生的词。他早年致力于梦窗(宋吴文英号梦窗),曾在木版线装书《梦窗词集》每页上头,密密麻麻地写下比蝇头还小的品析文字。

尽管先生的词当时已为词友们如沈祖棻、程千帆诸先生所盛称,先生却谦逊地对我说:平生只有两句词是脱离宋人畦径的。

仅此一语,就使我受到深刻的教育——这就是先生一贯主张的和一再嘱咐我的"当于宋词外求词,言中有物,文必己出,立新言,咏新事,创新格,铸新辞,以别开生面,为新中国之词也"(见《一勺吟——单人耘诗词选》序)。

先生于诗,下的功夫也很深,平生所留诗作十分精严,也是我深深敬佩的。我深深敬佩的不仅是他的诗词本身之美、之善、之诚,而在于他的诗词创作是奉行他的老师胡小石先生对诗的追求,因先生最服膺于胡小石(光炜)先生。不仅诗文书法创作,亦步亦趋,师其心,躔其迹,而终身治学敬业、待人接物、爱国爱民、关心时世,亦皆奉小石先生为圭臬。

白匋先生曾撰文《胡小石先生传》,发表于《文献》(1986年第2期)"中国社会科学家"栏内,文章署名"门人吴白匋(原名征铸)",井然有条地全面评述胡小石先生生平、学业、事业、文艺的成就。其末段云:"综观吾师一生,学极渊博,兼为文学家、史学家、艺术家,当之无愧。其最大特长,在于独出手眼,既能继承前人,总结经验,又能开创途径,启发后进,虽以律己甚严,不轻易著作,而诲人不倦,及门弟子受其培育,在学术文艺上能卓然自立者实繁有徒。为人正直,是非分明,从不阿谀取容……"

今天,我以为白匋先生赞佩他的老师小石先生这些话,也正是我要说的,白匋先生的一生也正是这样的。虽然,我愧未能像先生那样全面精深地评述师传,但我受到先生尊师敦学的启迪,深知师承之重要。"古之学者必有师,师者所以传道、授业、解惑也"。人之从师、求学、如木材之成器,"不依规矩,不能成方圆"。这是中外古今概莫能外的真理。而且,如果说"得天下英才而教育之,一乐也",那么,得天下名师而受其教导,那不仅是"一乐",而且一大福份。我能在白匋先生门下受其教诲熏陶十多年,真是莫大的幸福。

白匋先生82岁后迁往大钟亭新村,我也常去探视先生起居,聆听先生诲训,观摩先生诗词书画,同时也常呈上我的诗词习作和绘画,请先生指教,也或与先生对某一理论、某一作家、作品,进行论评;先生也常将他满意的近作或旧作见示,并自道其创作由来。有几次他还要我帮他确定改稿中所用的词字何者为佳。……先生惜爱后昆,诲人不倦,和蔼可亲,真令我终身难忘。我曾有两首小词记下在先生身边那难忘的时刻和幸福的感受:

浣溪沙

壬戌冬晴,白匋先生寓斋侍坐

三月相违挂梦频,一窗浓日倍情亲。闲吟有味我能珍。

绿酽寒柯庭砌静,墨腴细字砚池春。斟今酌古论常新。

(1982 年)

虞美人

岁暮怀白匋翁成此，他日呈之，翁为之莞尔

冬晴爱听松风健，高蹈钧天愿。大钟亭下又春深。一径幽花茂草寂

寥心。

太湖酽白练湖紫，漫论甋瓻史。烟波短棹梦鸱夷。正用诗情疏淡慰

期颐。

（1983 年）

（原载《江苏九三》2006 年第 4 期）

作者介绍：单人耘(1926—2021)，中华诗词学会会员，中国农科院、南京

农业大学副研究员。

顾一平————————

缅怀吴白匋先生

国庆前夕,整理点校吴白匋伯祖《吴引孙自述年谱》的蒋孝达先生对我说:"今年 10 月 20 日,是吴白匋百年诞辰,他是我们扬州走出去的文化名人,你与吴老有交往,应该写篇文章纪念他。"

是的,我应该写。在我接触、交往的老一辈专家、学者、作家、诗人中,给我印象最深,令我至今难忘的,当数著名学者、戏剧家、词曲学家、南大教授吴白匋先生了。

吴白匋,乳名同寿,谱名征铸,号灵琐,晚号凤褐老人、无隐室主人,祖籍仪征而世居扬州。如今对外开放的吴道台宅第,即其三代故居。清光绪三十二年九月初三(1906 年 10 月 20 日),吴白匋生于山东济南,后随父辈流寓天津、北京、上海等地,直到 13 岁(1918 年)才回扬州定居,不久与陈含光之子陈康、冒广生之子冒孝鲁就读于美汉中学。1926 年考入金陵大学,毕业后留校任教。

吴白匋一生从事教育、文化工作,历任金陵大学、四川白沙国立女子师范学院、江苏省立教育学院、无锡国专、东吴大学、江南大学、南京大学教授,还担任过江苏省文化局副局长、中国戏剧家协会江苏省分会名誉主席、《中国大百科全书·戏曲曲艺》卷编委、文化部振兴昆剧指导委员会委员、中国戏曲学会理事、《中国戏曲志·江苏卷》顾问、江苏省民俗学会名誉会长、江苏省锡剧研究会名誉会长、江苏省诗词学会副会长、江苏美术馆顾问、江苏省红楼梦学会顾问、江苏省昆剧研究会常务理事；第一、二、三届江苏省人大代表和第四、五届江苏省政协常委。

　　吴白匋学识渊博，涉猎面广，于古文、诗词、戏曲、书画、印章，无一不精。他还通晓英文，中学时代即用英文与家人通信，30岁担任来南京从胡小石学习文学史的英国贾克逊女士的翻译。吴老15岁开始古典诗词的创作，先后创作上千首诗词，经过删定，收入《吴白匋诗词集》的就有447首。他还整理、改编、创作了30余种戏曲剧本，其中有锡剧《双推磨》《庵堂相会》《红楼梦》，扬剧《袁樵摆渡》《百岁挂帅》《金山寺》《义民册》，昆剧《活捉罗根元》《吕后篡国》等。后来越剧《红楼梦》、京剧《杨门女将》，就是根据吴老创作的本子改编的。1992年3月戏剧论文集《无隐室剧论选》出版问世。

　　记得1985年秋我第一次访问吴老，是为搜集、整理扬州著名诗社冶春后社的史料。吴老是冶春后社唯一健在的诗人。他在家热情而谦和地接待了我。他说：冶春后社创立于清末民初，倡导者为臧谷，之所以叫冶春后社，是表示要继承清初大诗人王渔洋创立的冶春诗社。我参加冶春后社是经我的老师张赓庭介绍的，由此得识社中吴召封、孔小山等诸老。那时我才15岁，是当时冶春后社年龄最小的一个。冶春后社社址设在瘦西湖徐园内。开始，诗社活动都在徐园。因为徐园在城外，一些年长者嫌远，活动不方便，便改到市中心的富春茶社。接着，吴老把话题转到了富春茶社。他如数家珍，娓娓道来，简直就是一篇富春茶社的发展史。听吴老谈话，简直如沐春风，如饮甘霖。临别时，我对吴老说："您对富春茶社如此熟悉，又如此喜爱，何不将您知道的富春历史写出来，以存史料。"吴老听了淡淡一笑，未置可否。谁知不到两个月，吴老给我寄来了《我所知道的富春茶社》打印稿，模糊之处，吴老一一用笔重写清楚,中间又在旁边加了一段,并附言道:"一平同志:遵嘱,寄上一稿,如觉可用,请转市政协,在《扬州文史资料》上发表。"一个前辈学者对一个普通的文史工作者竟如此谦和,令人感动。我看了吴老的打印稿,所写内容比上次和我谈的还要丰富、翔实。我转市政协后,很快在《扬州文史资料》上刊出,成为研究富春茶社的珍贵史料。

1988年10月10日,江苏省诗词学会在南京西康路省老干部活动中心二楼召开全省诗词学会会议,上午开会时,我正好和吴老坐在一起,他在我的左边。会议期间,我递给他一张纸条,上写:"吴老:我正在编写《冶春后社诗人传略》,求您墨宝,请为拙编题写书名。"吴老看后,轻轻地说:"好,下午我就不来了,给您写好,明天上午带来。"真使我高兴不已。

第二天上午,一进会场,我看到吴老,立即走上前去,吴老交给我一封未封口的信,我打开一看,除了两张"冶春后社诗人传略"题签外,还有用他题签的江苏省民俗学会信笺写的信。信是这样写的:

一平同志:您好!

蒙索书,甚感欣快。

近来目力太差,勉书直横左右行各一。呈上,即祈择用。自惭拙劣,乞谅。又误盖一印,不得已挖去,但望影印时无碍也。

此致

敬礼!

吴白匋

1988.10.11

展读吴老"冶春后社诗人传略"8个古朴大方、刚劲有力的端楷题签及其热情谦和的信,令我高兴、激动得一时不知说什么是好。

扬州是一座历史文化名城,古往今来,多少文人墨客旅经扬州,不仅写下了千古传诵的诗词,而且写下了脍炙人口的散文。吟颂扬州的诗词,已有人编集出版,而记游扬州的散文,还不曾有人汇集出版过。为此,1989 年我和祝竹合编了一本《扬州游记散文选》。我们想请一位扬州籍的学者、书家题写书名,并认为吴老最为合适,于是,就在书稿送印刷厂发排时,给吴老写信,说明要求。没几天,吴老给我寄来了"扬州游记散文选"题签。书出版后,读者对此书及封面设计、吴老题签反应都很好。时任江苏省文化厅厅长的王鸿看到《扬州游记散文选》后,给我们来信,特地说:"封面设计,既具地方特色,又典雅庄重,吴白匋教授题字古朴大方,可谓相得益彰。"

为纪念扬州绿杨诗社成立十周年,1990 年 10 月 7 日,我受夏友兰委托,给吴老写信,向他征诗。时隔 10 天,我收到吴老用毛笔写在南京十竹斋八行信笺上的信和诗:

一平同志:

昨奉手书,所云前寄之书与周世恩地址竟未收到,目前邮局常有脱误,致劳悬念为憾。绿杨诗社十周(年)纪念,敬赋小诗,另纸录呈,即祈转请诸大吟坛郢政为感。年衰笔拙,未免贻笑大方也。书不尽怀,此颂时安!

吴白匋 十月十一日

绿杨诗社十周年纪念

花田十里排新厂,歌吹千家变旧声。

诗思浓于春柳绿,平畴佳气涌峥嵘。

录呈

诸大吟坛郢政!

八五老人吴白匋(下钤"白匋八十后作"白文印章)

1991 年 3 月中旬,我和祝竹去南京看望吴老,吴老很为高兴。他得知祝竹爱好金石,擅长篆刻,因此就篆刻方面的内容和祝竹谈得比较多。我是外行,插不上嘴,只好坐在一旁聆听。吴老有一句话给我影响最深,至今未忘。他说:"篆刻是一门艺术,千万不能有匠气,操刀篆刻,不是修脚。"听后我们都笑了。吴老腿脚不便,临别时,尽管我们再三要他不要送,但他仍坚持送我们到门口,并说:"欢迎你们常来!"

1991 年 4 月 4 日,我收到吴老写于 4 月 1 日的挂号信,信是这样写的:

　　一平同志:您好!

　　上次晤谈,甚快。

　　所索拙书,写好三幅,特此寄上,请祈察收。内"题广陵图册"一首,全题是"题杨荫苍广陵胜迹图",因纸上空白不多,未能写上,盼告凤仪同志为感。

　　春暖花香,能重游南京否? 甚念。

　　　　　　此致

　　敬礼!

　　　　　　　　　　　　　　　　　　　　　吴白匋

　　　　　　　　　　　　　　　　　　　　　1991.4.1

吴老信中所说的"上次晤谈,甚快",是指 3 月中旬我和祝竹同志去看他的那次。所说"所索拙书,写好三幅",是指为祝竹、许凤仪和我三人写的条幅。给祝竹写的是特地为祝竹作的一首七绝:"歌吹扬州胜旧风,轩轩佳气壮雕虫。请看凤哕鸾吟势,尽入元朱汉白中。"这首诗,不仅是对祝竹个人篆刻艺术的赞赏,也是对扬州整个印坛群体的赞赏。写给许凤仪的是他写于 1929 年《题杨荫苍〈广陵胜迹图〉册》二首中的一首,即"月观风亭郁紫霞,只今萧瑟剩山家。村姑拾得金钗处,野荠吹香十里花。"因纸上空白不多,未能将全题写上,只写了"题广陵图册"5个字。所以吴老信中关照要我告诉许凤仪。给我写的是作于1960年的一首《春游瘦西湖》:"几处荒洲画栋新,绿杨青覆古堤湑。倚篙村姥还相识,四十年前白裕人。"后来,这首诗收进南大出版社出版的《吴白匋诗词集》时,标题改为"瘦西湖",二、三两句各改动了一个字,即第二句"青覆"改为"青拂",第三句"村姥"改为"村姬"。尤其"拂"字改得好,写出了湖畔弱柳被风吹拂的动态美。

吴老自从1926年赴南京读书,而后一直在外工作,很少回扬州,尽管如此,吴老还是写了不少歌咏扬州的诗词,其中直接写扬州的就有《雪霁游瘦西湖》二首、《重宁寺》二首、《题杨荫苍〈广陵胜迹图〉册》二首及《瘦西湖》《谒鉴真纪念堂》《扬州慢》等诗词。另有些诗词虽不是专写扬州,但反映了吴老对故乡的无限思念之情。例如,1930年秋,他准备由扬州移家金陵(今南京),所作《芜园》10首,其中有句云:"雪衫歌水调,明月落扬州。"1936年夏,他在《金陵江上有忆》的词中写道:"星辰昨夜,飞梦扬州。"1937年"七七"事变,日寇侵华,吴老离乡背井,只身随校西迁,他在《浣溪沙·过屯溪》词中写道:"一丛灯火石街头,却疑今夜在扬州。"又在《清平乐》词中写道:"多少离怀持泪写,梦绕平山堂下。"并在序中说:"平山堂古藤大可合抱,春日繁花覆座,尊酒尽紫。枝隙遥望,江南诸峰,浮眉天际,至可念也。"又说:"自逃死入川,故乡花事,渺不可复问,观锦江画藤,百感俱集。"1941年,吴老在四川,还写了《庆宫春·月夜寄怀扬州诸老》等诗词。

1945年9月2日,日本无条件投降,抗战胜利结束。次年夏,吴白匋由四川回到了离乱后的故乡扬州,和家人团聚。回扬期间,吴白匋曾去拜访陈含光,谈及避乱四川及游峨眉山看猴子的情形,并带去在四川作的诗词、绘画,请陈含光指正。陈含光看后,用清宣统时得到的日本笺纸写了两首诗送给他,其一为《白匋仁兄归自蜀中,作此奉简,即乞赐正》:"潘郎犹未二毛侵,八载羁栖契阔深。耳厌啼猿巴峡泪,身还化鹤故乡心。新词黄绢人争唱,旧巷乌衣燕自寻。赖有嘉陵山水绝,画来吟看与开襟。"其二为《闻白匋兄谈峨眉之游》:"峨眉不易到,暂听已心清。山在绿荫里,人穿瀑布行。早钟猿队集,夜窨灯火呈。凭写丹青障,余年慰向平。"这两首诗,既是对吴白匋诗词、绘画的赞扬,也是对吴白匋在四川生活的关切。吴老生前一直将陈含光的亲笔赠诗珍藏着。

1983年夏,吴老等一行10位江苏省文艺界名人应扬州市政协、扬州市文联之邀,来扬州作"文酒之会",看到故乡的新貌,特地依姜白石原韵,填了一阕《扬州慢》,抒发"忘老还乡"之情,词云:

> 忘老还乡,拾欢填梦,岂同小杜游程。渐文峰塔影,漾运渎波青。问多少湖山胜地,幸逃奇劫,红卫称兵?讶年来,新绿芊眠,春涨环城。
> 个园旧侣,认依然、楼观飞惊。谢继怪时英,烹鲜妙手,宾待深情。伫立鉴真堂下,鸣禽变、仿佛诗声。又无双琼莩,山僧方报重生。

吴老这次回扬州,还写过一首诗,只是未收进他正式出版的诗词集中。6月30日,吴老看到同行的画家马得画《鸿雁传书》。这是一出吴老非常熟悉的著名扬剧表演艺术家高秀英演唱的经典折子戏,反映的是唐代薛平贵从军,其妻王宝钏苦守寒窑18年,终日盼夫归来。一日,王宝钏看到鸿雁北飞,遂写血书一封,详述思念之情,系于雁足,希望传与薛平贵。吴老看了马得的画,特地题诗一首,诗云:"边塞三千里,寒窑十八年。我心似明月,长照薛郎前。"

吴老最后一次回扬州,是参加1984年8月在扬州召开的中国民俗学会江苏分会成立大会,并被推为会长。

1992年8月31日上午,我把刊有吴老《奉贻祝竹同志》诗的《邗江诗词》送到机关收发室寄给吴老。下午,我去收发室拿报纸时,给吴老的《邗江诗词》尚未送邮局(收发室每天下午下班前才将一天的信件送邮局),却收到吴老治丧委员会寄来的讣告,说吴老因心力衰竭,抢救无效,于1992年8月25

日 14 时 25 分寿终正寝,享年 86 岁。读后,我心在悲痛,手在颤抖,眼前浮现的是吴老一次次与我交谈、一次一次与我通信的情景,他那谦和冲淡、厚道诚挚、博识儒雅、光彩照人的音容笑貌,永远定格在我的心里,永远鼓励我读书、做人。

(原载《扬州史志》2006 年第 4 期,后收入顾一平

《邗上杂记》,广陵书社 2015 年版)

作者简介:顾一平,扬州著名文化学者,文史专家,扬州市邗江区政协文史委员会副主任。

纵 光

热 云

去年的一天，我在一位老先生处看到一本油印的诗集，粗粗一看，有 200 首，写作年代从 1958 年到 1981 年；细细读来，感到气度不凡。这时再翻到封面，作者是吴白匋。吴白老，我认识，他不仅是江苏诗词学会副会长，而且是江苏戏剧家协会副主席、中国大百科全书《戏曲卷》的编委、南大教授。据说湖南省的某出版社已准备出版这本诗集，这时我再看诗集的题目，叫《热云韵语》三卷。我不解，问老先生，何以为"热云"？老先生笑而不语，我再三请教，老先生才说，你了解了他这个人和他的经历，"热云"之谜就迎刃而解了。再往下，便什么也不肯说了。

这一年多，我自己仿佛是哥伦布一样，决心去发现一块新大陆，终于听到了不少关于吴白老的故事。

吴白老原名吴征铸。祖父在清朝是个翰林，到父亲这一辈就衰败了，他连小学也没上过，因为教会大学不要学历，1926 年就考入金陵大学，就读于历史系。他除了听西洋史外，还选听了中文系黄季刚、胡小石、胡翔冬教授的课,而且很受这几位先生的赏识。1931年秋他毕业后,反到中文系当了助教,教高年级的诗词。他十几岁便作诗填词了,曾写了"憔悴韵光谁是主,剩得西风卷起溪潮怒"的词句。他教书时才25岁,现在蜚声文坛的程千帆、孙望等老先生都听过他的课,因此,直到现在见面还尊称他"先生";他倒是和他们同学相称的,因为大不了几岁。当时的南京的词人组织了"如社",他加入了,是最年幼的。他向老辈词人虚心请教,得益匪浅。1940年,他34岁,升为副教授。1945年在现在的西南师范大学的前身——国立女子师范学院升为正教授。评正教授时,除了有关论文外,还有诗词集一本,名为《凤褐盦诗词》,取自杜甫的《北征》诗:"床头两小女,补绽才过膝,天吴及紫凤,颠倒在短褐。"抗战时的生活确是很艰苦的。1946年,台湾大学曾请他去做教授,他未去。朋友童润之请他到无锡江苏教育学院教文史课,后又教戏曲,直到解放。吴白老从小就爱看戏,在家里有"小戏迷"之称;那时,有谁知道,"小戏迷"会成为戏剧家呢!

解放前,江苏教育学院有地下党,常演戏宣传,吴白老就当导演。锡剧过去在下层流传,连小学教师都不去看,吴白老他们这些高等学府的教师积极投身其中,当然促进了它的发展。这也证明了:中国传统的戏曲最早都在民间,但提高要有知识分子参加。解放后,吴白老认为编剧可以影响更多的人,毅然中断了23年的教龄,转向搞戏曲工作。那一段时期,和汪海粟、钱静人、吴天石来往密切。1952年,吴白老作为观摩团人员去北京参加了全国第一届戏剧汇演,开拓了视野,中国的民间戏曲真是一个五光十色的世界呵!还结识了不少朋友。回南京后担任了省文化局戏曲审定组组长,搞锡剧、扬剧的整理工作。事隔卅年人们还记忆犹新的锡剧《双推磨》《庵堂相会》(均拍成电影),就是那时他领导大家集体创作的。还有一些戏剧在华东演出中获奖。审定组改为审定室后,吴白老又和杨彻合作写了锡剧《红楼梦》,比越剧本早出世一年,1956—1957年演了一年多,很受欢迎。1956年,吴白老担任省文化局副局长,专管戏曲写作。1958年,庆祝解放十周年,他把扬剧传统剧目

《十二寡妇征西》改编为《百岁挂帅》(后拍成电影)。以后,中国京剧团从《百岁挂帅》中拿出两场,移植成为《杨门女将》。《百岁挂帅》记载在《大百科全书》的《戏曲卷》中。吴白老京、扬、锡、淮、昆都会唱会编,且时有佳作问世,这在戏剧界里是不多见的。

1964年,江苏搞了京剧《耕耘初记》,写知青下乡的,吴白老也参加了。这个戏曾经到中南海演出过,江青认为可以,但没改成样板戏。"幸亏没成功,改成样板戏就糟了",多少年后,吴白老曾经这样感叹过,他认为这个戏有片面性。

1966年,"文革"开始了,吴白老和钱静人、周邨、陈嘉、陈瘦竹四人同时被点名批判,后来去了干校,锄过草,捉过虫。1973年,南京大学历史系考古专业需要人教中国文字学,吴白老又重操放下二十年的教鞭。1979年,匡亚明任南大校长,陈白尘任中文系主任,成立了戏剧研究室,陈白尘兼任室主任,吴白老任副主任。他还带了两届研究生。1986年,江苏省诗词协会成立,吴白老被推选为副会长。这时,距30年代参加"如社",已有半个世纪之遥,回想往事,思绪万千,吴白老走笔成诗一首:

七　律
江苏省诗词协会成立书怀

少年誓饮黄龙府,晚景联吟朱雀航。

历劫诗怀非冷逸,瞻前斗志总昂扬。

门当江海波涛阔,笔系风骚脉络长。

愿向花坛斟贡品,暖溶新酒出奇香。

首句借用岳飞语表示出由爱国转向革命,朱雀航,即南京秦淮河上的朱雀桥。尾联说的是绍兴花雕酒以廿年陈者称"贡品",色浊味苦不可饮,须以新酒酿之,始奇香袭人。无论对人生,还是对诗坛,感情都是炽热的,充满了希望。

当然,他无法忘记戏曲,文化部成立了"振兴昆曲指导委员会",他是委员。1987年4月,北京要召开"中国戏曲国际学术讨论会"。国内35名代表,国外15名代表,每人要先交一篇学术论文,合格者始能入选。吴白老写的是《昆曲表演艺术体系初探》,已被通过……

当我把吴白老的故事联成一气,就感到眼前出现一片云,飘来飘去,是呵,吴白老的经历就像一片云,"热云"的"云"是否就是比喻这个呢? 而"热"呢? 是指他那颗火热的心,那腔沸腾的血,那周身上下散发的炽热的情感吗? 1986年11月22日下午,南京大学举办了四位八旬老教授的祝寿会,其中有吴白老,我也参加了。从党委书记到各位老教授,大家都谈了感受,唯独吴白老的表达方式与众不同,他唱了一段昆曲,唱的是《大闹天宫》。孙悟空,那可是个充满生命活力的人呵。接着又吟诵了两首诗:

八十抒怀两首

鞠躬诸葛能忘我,纵浪渊明只自全。

珍惜余光红烛短,一分力在便加砖。

犹有童心大耋人,浅斟低唱乐余春。

小园莫炫栽桃李,遥望长城绿色新。

这哪是一个八十岁的老人呵,我看到在场的很多人都受到了感染。一位研究心理学的同志说得好:"吴白老的心理状态是童心未泯,青春洋溢。"

最近,在一次会议结束时,我又见到了吴白老,我大着胆子请教"热云"的含义,吴白老叫我先说,我就照心里想的说了,吴白老微笑着,微微点着头,便径直向前走去。我没跟上去,只是在背后目送着他的背影,慢慢地,他的背影和天边红亮美丽的晚霞融在一起了……

　　吴白老离开我们有 14 年了。吴白老实际上是《江苏九三》的顾问,我们在编辑中遇到文字上的问题大多是请教于他。今年适逢吴白老百年诞辰,谨献上 1987 年的一篇旧作。

作者又及

（原载《江苏九三》2006 年第 4 期）

　　作者简介:纵光,九三学社江苏省委员会《江苏九三》编委会副主任。

张铁民

忆吴白匋

《新华文摘》2020 年第七期刊有舒芜《天荒地老忆青峰——忆柴德赓》一文,文中写到许多著名学者:(四川白沙)国立女子师范学院创办于 20 世纪 40 年代之初,"国文系的情形,我当然更熟悉了,历届的系主任是胡小石教授、黄淬伯教授、台静农教授……国文系当时的副教授有吴白匋、宛敏灏、姚奠中、詹锳、张盛祥等"。余生也晚,不过还是有幸认识了吴白匋先生,虽未能登堂入室做他正式的门生弟子,但多次聆听他的教诲,捧读他的手札翰墨,心里有一种不似弟子胜似弟子的自豪。

吴老助我"三十而立"

1977 年 8 月初,有新闻报道说南京大学召开"文革"后的第一次科学报告会,吴白匋在会上发表了《早期隶书研究》。我贸然写信给南大索要该文。8 月 12 日,南大历史系回信说:"你所要的《早期隶书研究》,是我系吴白匋老教授的论文,在我校科学报告会上作了报告,只有草稿在吴老先生手中,未曾印出。你如对此有兴趣,可直接写信去问吴老先生。他已七十二岁,住南京香铺营红巷 20 号。'文化大革命'前吴老是江苏省文化局副局长,后调来我系。"

随即,我写了一封信给吴老,以侥幸的心态寄了出去,但愿不会泥牛入海。当收到吴老 8 月 17 日写的回信时,我真的喜出望外。

吴老在信中说:

接到来信,很受感动。书法艺术是我国独有的,日本朝鲜只是受我国影响后才有。因此,这份遗产必须有像您这样的青年工人继承下来,并予以发扬。江苏各地现有不少工农同志爱好书法,这是非常可喜的现象。我感到现代人学书法的机会比过去任何时代都好,因为我们能够看到以前书家所不能看到的文物资料,像马王堆三号墓出土的帛书,云梦睡虎地秦墓出土的简册等,可以说都是王羲之不曾看到的。过去人只能仿写东汉碑,现在却可以学写秦和西汉隶书了。不过,我那篇初稿是从文字学角度研究怎样由篆体演变为隶体的,不是谈书法艺术(文字学研究字体结构,书法研究用笔方法和风格,二者有联系,但不是一回事),对于学写字的,关系不大。现在历史系正在打印中,印好后,寄您一本供参考。我所根据的材料大部分在 72 年到今年的《文物》里面,可以找到。您可以先看看。

最后,吴老写道:"我们老年人是非常乐意把自己的一点点东西交给年青同志的,您对书法艺术,如有什么问题,可以来信问我。"

不久,吴老寄来《从出土秦简帛书看秦汉早期隶书》打印稿。兹后由《文物》1978 年第 2 期发表,当时我订阅了《文物》,又认真读了一遍,写得真好。

1978 年 12 月初,我把《论内撅、外拓和方圆》一稿,寄给吴老求教。此前,上海《书法研究》杂志的编辑看了后，提出要补充内擫、外拓这两个书法专用术语的由来。我请教了几位老先生，都无法解答。

吴老12月26日写了回信：

接到您的来信，已有两个多星期之久。由于我校内外工作多，空闲时间有限。对于您提出的问题，又非多翻资料，细加研究不可。因此，我特请南大图书馆丁灏同志代翻参考书籍，并作答复。丁同志是南京书法名家高二适先生的弟子，虽年岁不大，而对书法源流，却很有研究。现将他的信和您原稿寄上。如有什么问题，可以直接和他通信商榷。他对您爱好书道，能发现问题，是很钦佩的。迟迟未复，乞谅。由于我研究重点在文字学方面，对于纯粹书法艺术问题，老实说，研究不深。我同意丁同志对大作的看法，自己就不再提意见了。也请原谅。

根据丁灏的手札来信，我对文稿做了修改补充，1981年由《书法研究》第六辑发表后，吴老来信鼓励道："书法用笔内擫外拓之分，争议很大。您的看法，我是完全同意的。今日论书法的文章很多，实际上颇有假大空的毛病"；"您在业余时间里，能够尽量寻找、阅读，写出了这样的文章，是很难得的"。同年，中华书局《文史知识》杂志发表了拙稿《"渡"、"度"同义辨析》，一时有点儿"三十而立"的感觉，其实已三十出头了。

如数家珍论书法

吴老在来信中，不时诉说"我现在工作较忙"，"我近来精力大不如前，每星期为研究生讲课两次，就感吃力，头目昏昏。又校内外各种集会繁多，所占时间可观"，"我年已老迈，走路蹒跚，很怕出门"。虽然如此，却仍然再三嘱我："希望您可以根据〔拟目〕(指《文史知识》编辑部寄来的选题拟目)再写一些。如有什么疑问,可以来信告我,我自当努力替你解决。""您能在业余时间,努力钻研书法艺术,将来振兴书道,正在您这样人,我是寄托厚望的。以后如有新的议论,盼再告我,当竭尽我所知对您说说。"

按理说,我应该尽量不去麻烦他,费他精力了,但能遇到吴老这样学识渊博的好老师,是十分难得的。于是,仍不时寄上拙文,请他指点迷津。由此,吴老写下了十分精辟的书论,是为留给世人的一份珍贵的文化遗产。愚生不敢私藏,特公布如下。

1. 关于楷书起源的问题,应当分清文字学史上的隶书和书法史上的隶书的区别:从文字学角度讲,篆书系象形字的系统,隶书是改象形为符号(例如水是象形字,水和简体偏旁氵是符号)。楷书在字体结构上是和隶书基本一致,但笔法作势上和隶不同(例如隶有波磔而楷没有,隶用逆笔而楷正书顺笔,隶无钩而楷有。水隶书,水楷书)。因此,从文字学角度说,楷书称为"今隶",但从书法讲,隶楷是两体。过去讲书法的常混淆不清。

2. 你说"楷书可能起源于秦朝",从文字学角度看,可以这样说,但说"程邈的隶书只能是正书"就不免有点武断了。

3. 南北朝分裂时期,北方比较保守,魏碑多用方笔隶法。南方以二王为首,当时是推陈出新,用笔的变化非魏碑所能到。隋代统一中国以后,南书战胜北碑,实际上是新生事物优越的必然结果。这点,范文澜同志在《中国通史简编》谈得很透彻。

4. 最后一段很有独到的见解,我赞同您的看法。可是还希望您把练习楷书作为写字的基本功,说得更明确些。

【案】吴老看了拙稿《楷书论》后,1983 年 7 月 8 日写了这四段议论。拙稿修改后参加在常熟召开的江苏省书协首届书法学术讨论会。经此一"役",

为我撰写国家"八五"重点图书《中国书法文化大观》(北京大学出版社 1995
年 1 月出版)中的"中国书法书体的演变"一章,打下了基础。

　　第一段,"隶无钩而楷有",吴老加有重点号。裘锡圭《文字学概要》(中华
书局 1988 年出版)也特别强调这一点。这段议论,把文字学、书法学在字体
(书体)研究上的联系与区别,讲得十分精到,为我编撰《大学书法隶书临摹教
程》(1999 年出版)打下了立论基石,在该书"隶书书体论"一章中,特设"隶书
在文字学和书法学中的地位"一节。

　　　　我认为书法之类,实由于符合辩证法、"矛盾统一"律,首先运用毛笔
　　(无论羊毫、紫毫、狼毫,本质皆软)而要求写得刚劲有力(或铁划银钩,或
　　绵里裹铁),这就是矛盾统一。毛主席最初学欧学颜,都属道劲凝重一
　　类,而晚年学怀素狂草,却是奔放流畅一类,这也是矛盾统一。由此而推
　　看历代名家墨妙,可以说,没有不是矛盾统一的。由规矩入手而终于破
　　除陈规,所谓"有法无法""似与不似之间",这都是由于掌握辩证法。不
　　知您以为如何? 张廉卿书实属于有意融合碑帖而未能达到化境者,因此
　　不免有做作气,只可乍观,不尽耐看。康南海推崇他,未免过分。您的看
　　法是对的。何子贞评包慎伯云"高睨大谈"(见《张黑女志》跋),实际上是
　　讥讽包自命不凡而会吹牛,康圣人也与包同病。因此,今天对《艺舟双
　　楫》与《广艺舟双楫》不可不读,却也不可尽信。我的看法也有点妄。只
　　可向您提供参考,请不必宣扬。

　　【案】河北举办张裕钊书法研讨会,我写了《奇特的二律背反——张裕钊
书法及其评价刍议》一文参会。吴老看了,于 1989 年 12 月 9 日写了上述
议论。

铁民同志：

来信收到了，很愉快。由于近来事情忙，未立即答复，望包涵。

最使我高兴的，是你已经下了很多功夫学书，而且在继续努力中，有了实践，理论就好谈了。很惭愧，我没有把字写好。几十年来，只能写小楷，不能悬腕，一寸见方以上，就写不好了。朋友们说我没有天赋，我是接受的。不过，我在青年时，曾经听过很好的师友论书，知道一些源流演变和方法技巧，只是来问的，我多少可能提供参考，信不信由你。对于你，我的态度当然一样。

写字，最初要根据自己的性之所近，选择一种碑或帖临摹，练习基本功。最好是先学真楷，规规矩矩，一笔不苟中学，因为先有规矩，再放开来，就不会杂乱无章，粗犷不耐看的。这一点，技工同志，应当容易理解。现代知名不少是先学草书的，先放后收，成功要难一些，但并不是不可以。学草也要学它的规格，不能苟且。照来信看，你已临过不少种碑，可以说，每一种都是好练功的。问题在于：你现在还没有找出一种来，集中全力来学它。为你设想，你快去找过去学过，或没有学的，从里面确定一种，拜做师傅。郑文公碑，我认为北碑中最好的，当然是可以夫你全力去学的。只是我没有写过，揣不能乱测它的笔法。

写字的方法是辩证的，有正反合三个阶段。正，是首先临摹游憩，树立一个中心，围绕着它吸收和它切近的。反，是掌握第一步后，再来怀疑它，和它闹革命，找一种或几种和它切反的进行吸收，但革命要有根据，不是乱闹。合，是通否它的否定和矛盾统一，成为自己的面貌。清代写隶书最好的之一是何子贞，他临张迁碑多到二百几十遍，起先不象，后来很象，最后又不象，成为何子贞，就是这个道理。郑板桥的字很怪，他中进道士，写法最早是写正楷，而且必然是庸俗的"馆阁体"，后来他变了。行草学黄山谷，再变学书时行的隶体，郑谷口（名簋）的笔法，黄和郑是切反的，经过他下功夫，把它们融合为一体，用黄的行书，运郑的笔法，结果成为他的"乱石铺街"体。现在有人爱好板桥，由于不知道他的来源，就只能学他表面，结果很不成样。板桥实际上是规矩严密的，怪只在表面。能够做到正，就很不容易。很多有名的书家只是做到这一点，反和合是进一步功夫，量力而为，不能勉强。你学郑文公，可以兼学其他切近的北碑，稍后，可以学同时的南碑，象贝义渊的萧憺碑等，进行小规模的反。

《艺舟双楫》和《广艺舟双楫》当是必读书，但对它们也要批判地看，不能尽信。要去连它们的时代背景和凡气。从清初的乾隆，写字没有不学董其昌的素描的。董是恶慢化之，就字论字，却是明代字帖最好的。但是，经过清代皇帝的提倡，人人学他，结果就越烂刻不能再学了。包世臣出来提倡北碑（这是唐以后没有人学的）推崇当时的邓石如（这个刻石工人完全不懂笔的韵味）多是有革新的精神的。康有为再加以发挥，造成近百年学碑的新风气，扩大了书学的方面，这是他们好的一面。但是，他们的评论并不全对。尤其是他们本家字更不能学，学是空论脱离实践的。包提倡用长锋羊毫，并全部泡开，这是为了追求酣畅淋漓的。但是，所有北碑南帖多是用硬笔，至多泡开一半（这很重要，写大字未能不用羊毫，但只能发一半锋）写的，如果用包法，就要事倍功半了。我们赞成革新，反对偷工减料，但不必要的浪费精力，也是应该反对的。我的好友林散之用包法写草书，非常瘦劲，我很敬佩，但他是花了几十年功夫，苦练出来的。初学不必写这样，你如用钢笔写也都有困难，希望改一改。

暂时写到这里，希望再提问题。此祝

一切进步！

吴白匋　8.31

不必再写邮票。

【案】这篇近 1500 字的书论写于 1985 年,彼时吴老虚龄 80,还能用精丽的小楷写成,十分难得,不仅对我的书法学习和研究有直接的指导意义,而且对所有的书法爱好者都具有指导意义。当时我在企业工作,所以有"技工同志"云云。

金石书风一脉相承

我从不向师友索要他们的书法。那年在都江堰召开全国书学讨论会,侯镜昶的研究生谢建华叫我帮她请王学仲写字。我也是第一次见到津门名家王学仲,但一开口,王学仲当即应允。第二天一早,王学仲给了谢建华两幅字,说:"张铁民这个人挺怪的,我答应给你写了,他却没有跟着向我要字。我给他也写了一张。"而在吴老面前,我却先后两次向他索要墨宝。

吴老是著名学者、剧作家和诗词作家。他的代表作扬剧《百岁挂帅》晋京演出时,曾受到周总理的赞扬,我看过该剧拍摄的戏剧影片,那时还在念小学。他在信上对我说:"'文革'期间,曾发誓不再搞戏剧,现在又搞了。"又说:"我现在除想把研究生教好外,只想把过去写的发表过的(实际上大部分谈我写戏经验,也相当于您所期望我写的'治学之道')文章汇集起来,作适当的修改后,付印。"但是,吴老业师胡小石是以书法家盛名于世的,胡小石的业师即是晚清著名书法家李瑞清。于是,我一反常态向吴老索书。

1986 年 2 月 4 日,吴老来信说:"我本不擅长书法,并未加入江苏省书法印章研究会。腕力不够,过去只能写小楷,近年倚老卖老,从 1981 年(壬戌)起,才开始写点行书,勉强应付,自觉力不从心,不是知己朋友,我是不敢写的。您过去和我通信,我很受感动,认为像你这样好学深思的人,目前是不多的。既然要我写,当然很愿意送一条给你。写的是从前做的诗,诗不错,书却不称。兹特寄上,即祈检收。"横幅一纸,七绝一首,写鼋头渚长春桥樱花盛开之景。吴老自诩"诗不错",酷如齐白石、林散之自诩"诗第一"一般。起首盖"壬戌后作"朱文章。

1989 年 12 月 9 日,吴老寄来第二幅墨宝,并附信说:"我因为嗜好太多,学书不专,很想师法鲁公精神,于楷书中夹草,功夫不够,未能矛盾统一,因此从不敢说会写字。来信要我写一条,勉强应命,特此寄呈,即乞哂正。"竖条一幅,七绝一首(见下页)。

两首自作诗,朗朗上口,明白晓畅,没有故作艰涩高蹈之句,一如吴老的为人,平易可亲。在吴老府上,我曾就李瑞清、胡小石一脉金石书风,发过一通议论,认为:李瑞清用涩逆笔法表现碑版特色,固然自有个性,但那种抖擞的笔痕不免有造作之嫌,显得不自然,让人有不舒服之感;胡小石把抖擞之迹几乎悉数去尽,在涩逆笔法的基础上,以果敢狠辣的运笔,表现碑版金石气,转折斩钉截铁,擒纵自如,以苍劲老辣彰显金石书风,似乎超越了业师李瑞清。

吴老点头认可我的议论,说:"清道人是有追求的,刻意追求就难免有点生硬。小石先生精力充沛,志在治学,书法仅是他的消遣之娱,所以无所牵挂。"

由此来看吴老的书法,显然是师承了胡小石的金石书风,虽然苍劲老辣不如小石先生,但在委婉圆转之间隐隐地有着一缕书卷气。

吴老府上,我去过好几次。他从香铺营红庙迁居鼓楼大钟新村时,随即写信告诉了我。第一次去,带了一篓油面筋。吴老夫人笑着说:"你是无锡人,老先生不会生气,下次可不要再带东西了。"又说:"老先生就是喜欢你们老三届。招收研究生,即使考分比应届生低一些,他也要录取老三届的。"

最后一次去吴老府上,不,应该说是最后第二次。吴老正在指导一个小女孩用小楷抄录他的诗词集。最后一次,大概在 1992 年的深秋,未能见到吴老。一位中年男子接待我,可能是吴老的儿子,也可能是女婿,已不记得了。他说,吴老已去世。我顿时愕然,不知所措。他又问,你是谁? 我简要说了与吴老交往的始末。他叹了一口气,说:不好意思,在吴老的通讯录里没有你的……随后给了我两份材料,一份是 1992 年 8 月 26 日吴白匋教授治丧委员会的"讣告",一份是 9 月 2 日追悼会上的"悼词"。并说:《人民日报》发了消息。

吴老于 20 世纪 40 年代末至 50 年代初在无锡有过一段工作经历,曾任苏南文化教育学院文史部副主任、教授,兼任无锡国专和江南大学教授,是无锡市各界人民代表会议协商委员会副秘书长、副主席。这是看了"悼词",翻了有关资料,我才知道的。不过,"悼词"中还漏了两项经历:1949 年 12 月无锡市戏剧工作者协会成立,吴老是负责人;1950 年 4 月苏南无锡市戏曲改进委员会成立,吴老是主任,并创作、整理、改编了锡剧

《双推磨》《庵堂相会》等一批剧目。于此,我似乎有点明白了,为什么吴老在人生的最后十余年间,对我这个无锡年轻人青睐有加,或许是无锡的峥嵘岁月给他留下了难以忘却的人生经历⋯⋯

如今,与吴老的交往,是我难以忘却的人生经历。

(原载《书画艺术》2021 年第 6 期)

作者简介:张铁民,江苏省无锡市文化局(文博)副研究员,中国书法家协会会员,江苏省文艺评论家协会会员,江苏省非物质文化遗产评审专家库成员。

吴仲嶂
_____

始信清才在广陵

——缅怀我的父亲吴白匋

今年八月是我敬爱的父亲逝世 20 周年。1992 年 9 月初的《人民日报》刊登了我父亲逝世的消息，对他做了高度的评价。其全文是：

> 新华社南京九月一日电 著名剧作家、南京大学中文系教授吴白匋因病于八月二十五日在南京逝世，享年八十六岁。吴白匋先生一生治学不厌，博识多闻，于文学、史学、艺术学、考古学、文字学、文物鉴定诸领域，均有很高造诣。他创作的锡剧《双推磨》、扬剧《百岁挂帅》(后移植为京剧《杨门女将》)等剧作和大量诗词，产生过广泛影响。

在他逝世 20 周年的时候，将他与我交谈的涉及有关扬州的部分内容加以回忆整理，作为纪念。

一

父亲于 1906 年 10 月 20 日（光绪三十二年，阴历九月初三）出生，谱名为"征铸"，字"白匋"，1946 年后以字行。

父亲曾多次向我说过，在他一生中有两个最关键的年份。第一次是 1918 年，由于头年曾祖父吴筠孙在九江突发脑溢血逝世，家中欠债较多，为了节约开支，曾祖母率全家由上海迁入扬州。第二次是 1949 年无锡解放以后，他决定投身于祖国的文化、戏曲事业。

在父亲 6 岁的时候，即 1911 年春，曾祖父吴筠孙守孝三年期满，被授予湖北荆宜道，全家由天津先回到扬州北河下居住。时曾伯祖吴引孙也被授予浙江布政使，尚未赴任，两兄弟在北河下新居团聚。当时吴引孙每天都在校正扬州吴氏测海楼藏书目录。在父亲的记忆中，有一次，他曾随曾伯祖上了测海楼，看到测海楼浩如烟海的几百箱书籍，吴引孙一边翻阅校核，一边向吴白匋说："这些书籍就是为你们今后读书准备的。我在小时候兵荒马乱，想读书但无书可读，后来就决心藏书，一共收藏有 20 多万册，目的就是想让自己的子孙能够有书可读。"当时父亲还是一个不懂事的孩子，但对测海楼的藏书和曾伯祖的教导，留下了深刻的印象。

从 8 岁起，家里请了一位叫黄吉甫的塾师，教他和二弟吴征鉴。由于黄老师教书有方，父亲读书勤奋，记忆力强，在四年的时间内就读完了旧塾规定的课程。到 13 岁来到扬州时，黄老师认为他学有小成，对父亲的学习不再督促，改教其他兄弟。父亲自小热爱诗词，他想到测海楼的有大量的藏书，也包括各种诗词，1918 年、1919 年两年间，那时还未迁入吴氏宅第，他每天下午都到宅第内通过专管测海楼藏书的老仆曹喜，借阅有关书籍，在测海楼下认真阅读。每次借阅二至三本，主要是有关集部诗词。他几乎将测海楼所藏的李白、杜甫、李贺、杜牧以及宋词中的苏轼、陆游、白石、梦窗等全集，都逐一阅读,并牢记于心。他热爱读书,使家仆曹喜等非常感动。

1920年曾伯祖逝世,立下遗嘱,将吴氏宅第由两房共有,于是曾祖母金太夫人率全家迁入北河下吴氏宅第。这样我父亲阅读诗词有了更好的条件。曹喜特别允许他将测海楼的藏书登记借回,改变了书不出阁的规定。父亲经过两三年阅读,对我国古典书籍,特别是唐诗、宋词有了较深的了解。许多书籍都能熟记、背诵。他是"征"字辈中阅读测海楼藏书唯一的一个。我的六叔吴征镒曾在写给我的信中谈到,测海楼的藏书只有你的父亲受到教益,其他弟兄都"无福坐书堂"。

1928年,测海楼藏书全部出卖,父亲愤而写有一诗《鬻书》:"伯祖踪天一,勤求二十霜。官来偷百种,贾笑捆千箱。老树乌啼早,空楼日影长。诸孙思卓荦,无福坐书堂。"父亲向曹喜提出:"既然藏书出卖,能否将藏书目录拿给我保存?"曹答应了他的要求。此后,父亲一直将藏书目录珍藏到逝世。

在那些年里,父亲在测海楼一边读书,阅读诗词,同时也开始了诗词的习作。当时他和钟士豪(他的堂表兄)相熟,钟是扬州县中中文老师张赓庭的学生,通过钟认识了张老师。父亲将自己的习作请张老师指教,张看后,感到写得很好,非常高兴,就经常指导父亲。张指出父亲的习作韵律不够工整,要求他阅读《钦定佩文韵府》等书籍。父亲在测海楼找到了这部书籍,征得曹喜同意,放在身边随时翻阅。这部书在测海楼藏书全部出卖时,幸存在父亲身边,成为吴家唯一保存的一部测海楼藏书。父亲的诗词习作也受到了他的表伯周谷人的指点。并通过张赓庭介绍,认识了扬州冶春后社吴召封、孔小山等诸老。他们对父亲当时只有十五六岁,居然能够写出比较通畅感人的诗作,都十分赞许,都说:"后生可畏。"1922年由张赓庭介绍,父亲17岁时正式加入冶春后社,成为该社年龄最小、最后的一位社员。

1937年,日本攻陷扬州时,诗社被迫解散。1941年,他曾写有一词《庆宫春·月夜寄怀扬州诸老》:

　　魑域坛罗，麚齇阶斗，古今共赋芜城。新制荷裳，枯吟兰畹，避愁何处山青。乱红飘径，想词客、登楼泪凝。堤边风恶，三两衰杨，珍重西倾。

　　涛笺倦写离情。灭烛披衣，微步中庭。重倚天涯，一分残月，海东遥见晨星。有怀无寐，伫立待、虚廊雾清。甚时湖舫，塔外同参，劫后铃声。

充分反映了他对冶春诗社和社内老人的深切怀念。

　　1922 年，他进入扬州美汉中学，与校内同学陈忠寏（名康）相识，并结为深交。他得知陈忠寏系扬州文化名人陈含光的独子，就想跟他父亲学习诗词，陈表示愿意帮他推荐。当年暑假，父亲应约赴陈忠寏家，拜见陈含光先生，受到他的欢迎，父亲将自己的习作请陈加以指教。陈向父亲说："你小小年纪就写得这样好，我很高兴。"父亲说："我的诗写得不好，主要是靠自学，没有受到系统的学习，希望陈伯伯多加指教。"陈谦和地说："我很愿意和您互相切磋，我家人口不多，你随时都来可以。"在以后的岁月中，父亲每逢假期都到陈含光家中，向他求教，获益很大。自此专致于二李（长吉、义山）、一温（庭筠）诗，与南宋白石、梦窗二家词，亦从其教，欲继承"仪征学派"。

　　当时扬州旧家多藏书画，常求陈先生鉴别题跋，父亲因亦爱好书画，初识朱荔孙先生，他家多明清名家真迹，故鉴别能力高。

　　抗战胜利后，1946 年 5 月父亲回到扬州，曾专门拜见陈含光先生，将自己抗日战争中写的诗词和绘画请他指正。他看后很高兴，并赠送父亲两首诗，其一为《伯匋仁兄归自蜀中，作此奉简即乞赐正》：

　　潘郎犹未二毛侵，八载羁栖契阔深。耳听啼猿巴峡泪，身还化鹤故乡心。新词黄绢人争唱，旧巷乌衣燕自寻。赖有嘉陵山水绝，画来吟看与开襟。

　　南京大学程千帆教授为父亲诗词集作的序中也称：先生始从其乡先辈陈

叟含光游,既已涉风骚之阃奥……父亲一直认为受益于陈含光,成为其门下弟子,是一生的幸事。

父亲从小就是一个小戏迷。因曾祖父吴筠孙和祖父吴佑人都是当时京戏、昆曲的爱好者。无论在京、津、沪,凡有名角,他们都携带父亲前去观看。祖父吴佑人在北京工作期间,曾组织票友社,能够登台演出。他从1924年辞官回到扬州,就参加了扬州昆曲研究社,成为一位骨干社员。父亲受到祖辈的影响,也特别喜欢京剧和昆曲,并直接向祖父学习京、昆老生角色。扬州昆曲名家谢庆溥先生,1924年组织扬州昆曲研究社,并热心向年轻人传授昆曲。我家故居泗德堂比较宽大,也成为昆曲研究社聚会处,父亲和他的几个兄弟,都受到谢庆溥先生的传授。从此,父亲对昆曲的兴趣愈加浓厚,与昆曲结下了不解之缘,并对昆曲的理论、音乐的研究有很高的造诣,成为著名的昆曲理论家。

1926年,父亲考入南京金陵大学,先后受业于胡翔冬、黄侃诸名师,且为一代宗师胡小石先生入室弟子。由于父亲原来的诗词基础较好,在校期间又勤奋学习,成绩优良,并继续进行诗词创作,受到老师的赞赏。1931年,父亲毕业后留校,在金陵大学国学研究班任助教。金陵大学不同于国立大学,助教同样教课,校方决定由父亲教授"学术论文选""诗选"和"词学通论及词史"。当时父亲感到自己大学刚毕业,而高级研究班的学员也是大学中文系毕业的佼佼者,何况上述两门课程原来由他的老师黄季刚担任,怕自己资历不够,学识浅薄,不受学员欢迎,就向黄季刚老师汇报自己的想法。出乎意料的是,黄季刚对父亲说:"汝能为此,足够开课。如恐资望不足,我赋诗为汝张目"。即写一绝句云:

　　雏诵新篇喜不胜,君家君特有传灯,论词突过王僧保,始信清才在广陵。

父亲为此受到莫大的鼓舞,对所教学科作了充分的准备。开始讲课时,有些学生看到父亲也是一位刚毕业的大学生,有所轻视。但父亲对所教词选能够不看笔记,滔滔不绝,且精彩纷呈,学生们便改变态度,课堂秩序良好。自此,父亲开始了长达 20 余年的大学教学生涯,先后担任金陵大学副教授、江津北沙国立女子师范学院教授,抗战胜利后,又在无锡的江苏省立教育学院、无锡国学专修学校和江南大学担任教授。

1935 年春节,由词曲名家吴梅先生介绍,父亲参加了近代南京著名词社——"如社"。与廖忏庵、周谷人、石云轩、林半樱、孙太狷、仇述菴、夏仁虎、吴梅、陈世宜、蔡柯亭、汪旭初、乔大壮、唐圭璋、卢前等诸词家交往甚密。据父亲晚年所撰《金陵词坛盛会——记南京"如社"词社始末》,"如社"共举办雅集十六次,刊有《如社词钞》十二集,因抗战爆发,后四集未及付梓。

1949 年春,父亲整理、删定历年所作诗词,将诗作编为《凤褐盦诗剩稿》一卷;另将词作编为《灵琐集》(1929 年至 1937 年所作)、《西征集》(1937 年至 1941 年所作)和《投沙集》(1941 年秋至 1949 年作)。将二者合称《凤褐盦诗词集》,盖以杜甫《北征》"天吴与紫凤,颠倒在短褐"诗意,寄寓身世之感焉。此后致力于戏曲创作,不作诗词者近十年。1958 年后重提诗笔,作诗、词、散曲甚多。1981 年夏整理汇集《热云韵语》三卷,会同前所编定之《凤褐盦诗词集》一并油印行世。

1989 年后又将 1987 年春退休之前所作编定为《热云韵语》卷四。父亲去世后,他的学生郑尚宪在程千帆先生指导下,整理了父亲晚年所作诗词遗稿,和父亲生前已经删汰、编定的诗词作品,合编成《吴白匋诗词集》一书。此书出版以后,受到诗词学界的重视和高度评价。

我记得这样一件事:1946 年 11 月,我曾在父亲任教的江苏教育学院总收发室,收到一件包裹,回去交给父亲,拆开一看,是一本《雍园词钞》,他看后向我说:"这本词钞出于杨度(皙子)之子公庶与夫人乐彦雍之手,他们热心收集了当时在重庆等地的著名词人:沈尹默、陈匪石、汪东、乔大壮、叶麟、沈祖菉、唐圭璋等人的词作,但没有想到将我的词列为第二位,仅次于沈尹默之后。"从此事可看出,父亲当时年仅 40,已负有盛名。

二

　　父亲一生中的第二次转折,是 1949 年无锡解放后。他参加了教师学习班,在思想总结中向组织上提出,过去长期从事古典文学和诗词的研究和创作,不能适应新时代的要求,愿作为一名普通的文化戏曲工作者,更好地为人民服务。他的这一请求得到了当时苏南区党委的支持。1950 年,他被选为苏南文协(筹)副主任,在 1952 年教育部门改革时,正式调到文化部门工作。苏南流行的主要是锡剧,他很关心锡剧,认为锡剧产生于太湖地区,曲调优美,但历史不长,对幕表戏需要很好扶持。他曾根据先声锡剧团的幕表戏演出,创作了苏南第一部锡剧《倪黄狼》。在担任省文化局戏剧编审室主任期间,他和室内人员集体讨论,主持写出了《双推磨》《庵堂相会》剧本。他自己又和杨澍先生合作,改编了锡剧《红楼梦》,由省锡剧团在全国各地巡回上演两年多,轰动一时,父亲因此成为锡剧的功臣。

　　他在文化部门工作十九年间,曾主持、指导或执笔整理、改编、创作戏曲剧本三十余种,包括了扬、锡、京、昆、淮五个剧种,并整理鉴定了全省大量的剧目。那时他工作非常繁忙,往往是白天工作,晚上看戏,业余时间写作。他这种精神得到领导的高度肯定和同事们的一致赞扬。

　　父亲曾对我说过,在江苏的地方剧种中,扬剧是较为古老的一个剧种,它原有的节目较多,做工繁复,唱词优美,群众基础较好,他作为扬州人,应当更好地关怀自己的家乡戏——扬剧。因此,他写了扬剧《百岁挂帅》《袁樵摆渡》《金山寺》《填山塞海》《王昭君》《义民册》等剧目。其中最著名、费力最多的是《百岁挂帅》。

　　1959 年初,江苏省委宣传部确定扬剧要去北京参加纪念建国十周年的汇报演出。当时扬剧团演出了《十二寡妇征西》,此剧在南京演出时曾受到群众欢迎。省委领导看了演出后,认为这个剧目的题名和内容的思想性还需要提炼,决定由父亲亲自挂帅,重新整理。父亲花了近半年时间,首先写出提纲,然后和编剧组人员共同研究,四易其稿,改编创作了一个立意高、文学品位浓并具传奇色彩的剧本——《百岁挂帅》,突出了以佘太君为首的杨家将的爱国精神。全国剧协主席田汉和中宣部部长陆定一先后在南京观看了演出,力荐该剧赴京演出。为了赴京演出,父亲天天深入剧团,亲自给演员讲解剧本。当时上海海燕电影制片厂已确定将它改编成舞台纪录片,为了做好改编工作,父亲没有随团赴京,写了一首诗《送扬剧入北京》:"老干新条各自香,十年辛苦沐朝阳,天安门外弦歌地,一派清光见绿杨。"中央首长刘少奇、周恩来、朱德都观看了演出。朱老总看到《寿堂惊变》和《灵堂》两场戏时,曾两次落泪。著名戏剧家马少波曾在《人民日报》发表长文《扬剧有精品》,认为扬剧这一地方小戏,能在建国十周年进京表演,并获得广泛好评,是扬剧创作史上的一个重要里程碑。其后中国京剧团曾将《百岁挂帅》移植为京剧《杨门女将》,成为当代京剧的经典剧目,影响极为深远。

父亲一生勤于笔耕,除创作大量剧本、诗词外,还写出 100 多篇论文,其内容涉及文学、史学、传记、文字学等诸领域。尤其是在戏剧领域,他特别提倡昆曲的改革和创新,多方呼吁积极稳妥地保护这一古老剧种,曾写出多篇有关昆曲的论文。在 1987 年举办的首届中国戏曲艺术国际学术讨论会上,耄耋之年的他提交了一篇《昆曲表演艺术体系初探》,把梅兰芳作为中国昆曲表演体系的代表,其观点得到会议主持者的重视,将之作为与会学术论文的首篇,并安排他在会上发言,受到国内外戏曲专家的一致赞扬。

由于父亲一生不遗余力地提倡昆曲艺术的创作和改革,他被选为全国振兴昆曲指导委员会的委员。他最后写的剧目——《吕后篡国》也是根据陈白尘的话剧《大风歌》改编的昆曲。在他逝世以后,著名昆曲表演艺术家俞振飞曾发来唁电:吴老先生故世噩耗传来,惊愕不已,悲痛万分。前年在沪促膝聊衷,友谊如兄弟,吴兄一生为弘扬中华民族优秀文化贡献了一切,斐然卓绝。他的逝世是整个文学艺术界,特别是昆剧事业的巨大损失。

父亲一生在文艺教育方面的贡献是多方面的,他爱好广泛,多才多艺。他从小就开始练习蝇头小楷和各种书体。1939 年,金陵大学中文系在成都举行过郦衡叔、吴白匋等四人的书画展览。父亲晚年尤喜"行草",成为南京著名的书法家。1990 年,南大教授康育义曾向我说:"你父亲的书法,在南京大学是很著名的。南大校长匡亚明访问东南亚大学时,专门携带你父亲的书法作品,作为礼品赠送给受访学校的校长。"

他晚年退休居家,有许多慕名而来求字的人,他是有求必应,尽量满足来人的要求。他是江苏著名的书法家,在南京清凉山、夫子庙和瞻园等处都留下了他的书法碑刻,同时还是金陵一位书法古玩鉴赏家。他从小喜欢古代书画的鉴赏,曾受到陈含光恩师和其他扬州专家的指点,使他养成了鉴别字画真伪的能力,常有人找上门来请求他鉴定字画。

在上世纪五六十年代,父亲还收藏了不少明清时代的书法绘画作品,多数是扇面和册页。1958 年 11 月,我回去探亲时,他曾把他收藏的作品拿给我欣赏。我发现他对每张绘画都作了很好的装裱,在画的背面作了详细的考证,如作者的姓名、生平、画的艺术特点等。当时我感到家里生活并不很宽裕,劝他:"您现在主要搞戏剧工作,不必再搞书画收藏了。"他却讲收藏字画是他的爱好,同时这些字画往往都是一些比较富裕的家庭的旧日收藏,现在由于形势变化,拿来出售的,有的价格较低,但国家博物馆由于经费有限,往往无力收购。如果长期留存在市场,就会被海外的一些商人收购,造成流失。虽然个人的经济能力有限,但周围都是文化人,大家都比较齐心加以购买、收藏,可以保护这些珍贵的文物不外流。他同时对我说:"这些字画在我身后要全部捐献给扬州市博物馆,你们是要不到的。""文革"初期,他被报纸上公开点名批判,他非常担心这些字画被红卫兵和造反派搜走,于是将个人收藏的字画(包括吴筠孙的殿试卷)装在一个木箱子里,交给了省文化局。几年后组织上定性,他的问题作为人民内部矛盾处理,这些字画又回到了他的身边。但当时他曾多次被迫搬家,缺乏必要的保管条件,为安全起见,他将收藏的字画捐给了南京市博物馆。

1973年他重返南京大学历史系,教授《存世书法作品的鉴赏》和《如何鉴定书画作品》两门有关书法文物方面课程。

父亲多次对我说起,他一生所以能够为社会为人民做一些工作,从事诗词的教学、研究和写作,写了一些剧本,都是和青少年时代扬州这个历史文化古城培育、熏陶分不开,随着年龄增大,愈加怀念扬州时期的生活和学习,感激扬州诸老对自己的教育和指导。他关心扬州的发展和变化。他认为,建国后扬州把许多消极的东西都根除了,但古老的文化和历史文物都保留下来了,这在全国都是很少的。扬州市政协和文联,曾在1983年邀请在南京的扬州知名人士10人,回扬州举行文化研究会议,他是其中一员。在扬州期间,父亲品尝了富春茶社的美食,游览了名胜古迹,会后写下了《扬州慢》和《谒鉴真纪念堂》,对扬州的发展变化给予较高评价。他在《扬州慢》中写道:

> 癸亥首夏扬州市政协、文联折简相邀,设文酒之会,得畅睹故乡新貌。因次白石声韵作。
>
> 忘老还乡,拾欢填梦,岂同小杜游程。渐文峰塔影,漾运渎波青。问多少湖山胜地,幸逃奇劫,红卫称兵?讶年来,新绿芊眠,春涨环城。
>
> 个园旧侣,认依然、楼观飞惊。谢继怪时英,烹鲜妙手,宾待深情。伫立鉴真堂下,鸣禽变、仿佛诗声。又无双琼萼(宋时后土祠琼花,称天下无二本,置无双亭宠之,宋亡,花枯死),山僧方报重生(其实为聚八仙)。

1984年,江苏省在扬州召开了民俗学会成立大会,父亲被选为民俗学会的首任会长。他写信告诉我,这次在扬州开会是他再一次回到故乡,并受到扬州党政领导和与会人员的尊重,他感到很高兴。他当时已年近八旬,自己觉得可能是最后一次回到家乡。

由于父亲一生成就卓著,除了任南京大学教授外,曾被选为一至三届江苏省人民代表,第五、六届江苏省政协常委,并出任第二届、四届全国文代会代表,被选为全国戏剧家协会和戏曲学会理事和江苏省戏剧协会副主席和名誉主席,中国韵文学会理事,《中国大百科全书·戏曲曲艺卷》编委,江苏省诗词学会副会长等职。

时光易逝,父亲逝世已 20 年了。值得高兴的是,他创作的《百岁挂帅》于 1993 年选入《中国当代十大正剧集》;孜孜不倦为之努力的昆曲,已在 2001 年被联合国列为世界非物质文化遗产;而他曾经在扬州生活居住的故宅,已由国务院正式命名为"吴氏宅第"(即"吴道台宅第"),并作为国家级重点文物保护单位,对外开放,成为扬州大运河畔重要的旅游景点;他多年珍藏的曾祖父吴筠孙的殿试卷和《扬州测海楼藏书目录》等文献,交由扬州市博物馆收藏,实现了他多年的夙愿。近年来,扬州又将故居过去被火烧毁的部分全部修复,如果父亲泉下有知,也会感到欣慰的。

作者简介:吴仲峥(1933—2019),吴白匋先生次子,此文写作于 2006 年,时为自贡市税务局离休干部。

吴泽晶

怀念父亲

扬州的"吴氏宅第"是先父吴白匋教授(1906—1992)和他几个兄弟自幼生长的地方。"吴氏宅第"于 2006 年春被评为国家级文物保护单位,其影响越来越大,于是扬州档案馆有意征集我家祖辈和父辈的档案材料。2012 年 6月,档案馆征集处打通了我的电话,说明意图。随后,我到档案馆考察了一番,感觉这是国家单位,馆内的保存条件很好,多年来,我一直想要永久地很好地保存父亲的档案资料,如今这愿望可以实现了。2012 年 9 月的一天,档案馆征集处同志到南京,我们经过协商达成协议,定于 10 月 20 日为父亲档案材料捐赠日。我为什么执意要选择这一天? 因为这天是老父亲的诞辰,在这一天我们向故乡捐赠,该是对他老人家多好的纪念啊!

紧接着的一个月里,我抓紧时间在原有基础上再分类整理,有时看着父亲手迹,我会愣在那里好一会儿;有时想到时间太紧,我会着急得不由自主地冒出一身汗。

2012 年 10 月 20 日,一个秋高气爽的周六,在扬州档案馆会议厅里举行了一场简朴而又隆重的"吴白匋教授珍贵档案捐赠仪式"。在仪式上,我将多年保存下来的父亲的个人档案捐献出来。

捐赠的父亲个人档案材料有:

1. 自传资料(大事年表,戏曲剧本目录,戏曲论文目录,诗词散曲目录,诗词论著目录,鉴定书画论文目录,古文字学论文目录等);

2. 剧本手稿(《铜牌记》《吕后篡国》等);

3. 诗词手稿及 1981 年《凤褐盦诗词》《热云韵语》油印本等;

4. 文章手稿(《重建崇正书院记》《诗词的用韵问题》《试探传统戏曲表演艺术"五法"之"法"》《读蕲春黄季刚先生遗词小记》等);

5. 友人信札(林散之、程千帆、沈祖棻、王季思、冯其庸等);

6. 书法手迹;

7. 古文字学研究手稿(《从出土秦简帛书看秦汉早期隶书》《对于古器物原名的一些探索》《说文解字部首分类评述》等);

8. 笔记(1954 年工作笔记及其他戏剧笔记等);

9. 照片(时跨青少年、中年、老年及和兄弟们的合影等);

10. 出版的著作(《无隐室剧论选》《吴白匋诗词集》);

11. 个人物品("博古珍藏"木匣、证件、印章、钢笔、公文包、放大镜等);

12. 追悼会材料(讣告、悼词、唁电、挽联等)。

这些材料分门别类放在二十包档案袋里,它的史料价值十分丰富,十分珍贵。完成了整个仪式后,我走出会场,望着天边飘浮的白云,顿觉轻松,因为觉得老父亲在云端含笑地望着我……

1947 年 10 月,正是解放战争如火如荼的时候,我的出生给全家带来了欢乐。这一是因为我和父亲同日生辰,二是因为父亲抗战飘泊在四川,抗战胜利后辗转刚回江苏一年,正是享受夫妻团聚、儿女绕膝的惬意时光。因此我自然而然地成为父母和哥哥姐姐们的掌上宝。1949 年 4 月无锡解放,不久三位兄姐报名参加刘邓大军,奔赴解放大西南前线,只剩下我和二姐跟随父母生活。

如今七十多年过去,父母和四位兄姐都相继离开了我,回忆起那甜蜜、苦涩和动荡的岁月,我感慨万千! 可我不想伤感,只想回味给我力量的事和情,尤其是爸爸,他八十六岁离世,经历很多,留给世上的东西也很多,这里我只撷取几朵生命中的浪花,献给天上的父亲,表达我无尽的思念和感激!

一

1952 年父亲调入江苏省文化部门工作,立即以最大的热情和精力投入到振兴江苏戏曲的事业中去。当时正是我开始记事的时候,所以我对父亲的第一印象就是忙碌。

父亲的忙碌是卓有成效的:其后十余年间,江苏省的戏曲事业风生水起,走在全国前列;他主持、指导或执笔整理、改编、创作了三十多部戏曲,获得了广泛赞誉。先是 1952 年,他主持整理了《秋香送茶》《双推磨》《庵堂相会》等一批锡剧对子戏,其中《双推磨》几十年来盛演不衰,成为经典;继而又于1955 年和杨澍先生合作编创了锡剧《红楼梦》,取得很大成功。至于 1959 年他主持编创的《百岁挂帅》,更被誉为"扬剧发展史上的里程碑式作品",并被收入《中国当代十大正剧集》。

锡剧《双推磨》《红楼梦》盛演时我还是个懵然无知的小姑娘,到了《百岁挂帅》走红大江南北时,我已跨进中学的门槛,懂得欣赏戏曲了。这部凝聚着父亲和其他编导人员大量心血的作品中,有很多个性鲜明的人物和感人至深的情节,令人难以忘怀。

一是第二场开场时,舞台上喜气洋洋,身着红裙的穆桂英唱道:"红烛高烧耀眼明,天波府内闹盈盈。我夫宗保五十整,桂英还是少夫人。可笑我盘马弯弓手,传杯摆盏忙不停。太君说闭门庆寿好尽兴,丫环们! 你们侍候要

小心!"天波府正在为戍守边疆的杨宗保大摆五十寿宴,不料噩耗传来——杨
宗保殉国了! 从大喜突然到大悲,场上气氛一下子凝重起来。当佘太君得知
孙儿杨宗保殉国的消息,她抑制悲痛,缓缓取下戴在鬓发间的红绒花,众人也
一一摘下,观众屏住呼吸,等待下面情节的推进。这时佘太君吩咐换喝酒的
大斗来,然后带领众人走到台口,举杯向空中说道:"宗保! 好孙儿,你今天五
十寿辰,为国尽忠,竟然不、不、不在……你不愧是杨门子孙,你对得起你祖
父,对得起你父,也对得起我和你母、你妻,你要痛饮一杯!"随着佘太君洒酒
动作的起落,台上、台下无不感情共鸣——肝肠俱裂又肃然起敬! 佘太君这
人物在舞台上被塑造得高大饱满、浩气凛然。爸爸在《整理百岁挂帅的几点
体验》一文中说明了这样写佘太君的原因。文章中写道:"当她从焦廷贵失言
中,发现了最心爱的孙儿已经殉国,应该怎样反应才最足以表现她的性格?
这里如果再根据一般的生活经验,写她痛哭失声或晕倒位上,则她便是个极
寻常的老太太,反而很不真实,真的佘太君谁也没见过,但根据传说中的她,
既能上阵交锋,又能坐朝论道,更能以饱经忧患之身,活到百岁之上,如果没
有过人的坚强意志和豪迈的气魄,是不可想象的。因此,写她精神上受到极
大震动以后,反而忍痛镇静,安慰下人,举起大杯向宗保亡灵敬酒,我认为是
有理由的。……有了这一段的描写,佘太君的典型性格便可以树立起来,下
面的讽谏仁宗和出兵挂帅等细节,才有依据。"这是多么好的一段合情合理又
令人肃然起敬的人物刻画!

　　还有一段感人情节要说的是:剧情发展到第五场,佘太君挂帅,威风凛凛
的杨家将即将奔赴战场,台上众多人物在锣鼓声中轰轰烈烈下场时,剧本安
排了一个令观众意想不到的细节——

　　　佘太君(趟马,回看帅字旗,看到打旗老兵)杨辉,你也来了!
　　　杨辉:我跟随太君八十年,怎会不来?
　　　佘太君:哈哈哈……

　　〔太君亮架，马童、太君、杨辉下〕

　　一个跟随征战八十年老兵上场一闪，这真是神来之笔！且看爸爸在《整理百岁挂帅的几点体会》里对这段安排是怎么说的："悟到描写老军，笔墨不必多费，只要'节骨眼'上，就能起预期的作用。因此采取了昆剧常在尾声唱完之后，还'找补'一点戏的办法，安排了老军为太君打帅旗，在她回马亮相的时候，看见杨辉问道：'杨辉，你也来了！'杨辉答：'我跟随太君八十年，怎会不来？'这就表现出了太君见到老部下的喜悦和杨辉热爱主帅的心情……"

　　是啊，这里寥寥数语，把杨家将为国征战八十年，英勇杀敌、保家卫国的历程，把佘太君和老兵同甘共苦、休戚与共的感情，把一群忧国忧民英雄前赴后继，豪迈自信的气概都巧妙地淋漓尽致地表现出来了。父亲总结的是编者在剧本中用一切可以调动的手段进行创作的心得体会，可现场观众被这出乎意料的细节激动起来了。这节奏刚刚好，台上台下心心相印，情感上得到了极大的满足，演出达到非常好的效果。这细节的安排叫人佩服得五体投地！

　　爸爸不但古装戏写得好，即使是现代戏，他也能别开生面，独臻妙境。上世纪六十年代，文化部曾举办过全国性的京剧现代戏会演。爸爸在 1963 年 10 月 5 日日记写道："中央文化部有通知给省局云，明年春节后将举行京剧现代戏会演。说有条件参加者全国有八个省，江苏在北京、上海、湖北之后列第四位。"从 1963 年的 12 月到 1964 年的 7 月，爸爸和江苏省戏剧创作人员积极地投入到这项工作中。12 月 23 日爸爸记下："文化部为明春京剧现代戏会演开筹备会，我省派梁冰参加。今日汇报云，会演只限七省二市参加，每单位只能演一晚上，文化部对此极为重视，徐副部长报告云'京剧必置之死地而后生'……"从此，这项工作紧锣密鼓地进行。12 月 24 日省委领导同志同意将省扬剧团的《红色家谱》改编为京剧，预备参加会演。爸爸和其他三位指定的人员负责审查修改《红色家谱》京剧本初稿。1964 年 1 月 17 日爸爸记："在京剧院办公楼内专辟一室进行工作，生火炉，备茶饭，舒适而安静。字斟句酌，一字不放松，互相诘问，往复构思，期于妥善，因此进度不甚快，一整天只改完第一场。"爸爸以后每天的日记里只有一件事，那就是如何遵循省委指示对剧本一再推敲：有 2 月 17 日的"雨雪未停，假期已毕，四人重聚京剧院，拟在一星期内根据欧阳部长所提意见，将《红》重写一次，意见虽不少，但不伤原作骨架，改不算难"；有 2 月 25 日的"自十七日至今，每日皆与梁冰、玉琤、棣华三人修改剧本，以充分体现欧阳部长所提意见为准，字斟句酌，常在细节上反复研究数次，故进度甚慢"；有 3 月 7 日的"座谈会今晨开毕，静人、夏阳、伊兵、邨夫皆发言，看法不一，总之存在问题不少，我代表编剧小组做最后表示，要根据大家意见再改一次，以十日为期"；有 3 月 16 日的"省委招待所无空房间，局里向江苏饭店接洽，开楼下小房间，供我们修改剧本，用一日功，仅改好第一场之半，确是'头难头难'，不得不审慎精细"。在 3 月 22 日爸爸又记："利用半天时间将剧本全部改完，据欧阳部长意见，剧名定名为《革命家谱》，我们四人合用一个笔名'向阳'。"

到了 3 月底，参加京剧现代戏会演剧目差不多定下来了，但 28 日扬剧《耕耘记》出现在大家的视野里，这出戏是根据盐城知识青年董加耕放弃高考主动下乡的事迹编成的，很有时代性。早在 1963 年底，爸爸曾写道："各省目前所报剧目大部分是回忆革命家史，写敌我斗争，以便于武打。我省独写内部矛盾和农村当前的问题，故能引起注意。"在这种指导思想下，爸爸在 1964 年 3 月 30 日记下："《革命家谱》正在排练中，演员和乐队同志们均积极……为了会演多一剧目，拟将《耕耘记》翻成京剧，在十日内脱稿，等《革命家谱》排好，原班人马再排一个。"6 月就要会演，时间已到 4 月，再要拿出一出参加会演的戏，这时间太紧迫了。爸爸在 4 月 12 日日记中说："晨，京剧院送来《耕耘记》油印本……较之目前演的扬剧改动不大……静人、邨夫决定由辛瑞华、蒋剑奎、孔凡中、江蛰君四人与我们四人加徐子权合成一大组，集中力量共同搞。"4 月 23 日《耕耘初记》完成初稿。4 月 28 日再将《耕》剧修改一次，完成第二稿。5 月 6 日完成《耕》剧第三稿。5 月 9 日称："参加北京会演的京剧，原则上必须经过本省第一书记的批准，始能合选。江渭清同志不久将赴各专区巡回视察，不能在宁长住，今日省委宣传部送来通知，原定《耕》剧彩排需提前到十一日，十二日则看《革命家谱》，早日请江做决定。邺夫因此至京剧院作动员报告，一时大家忙碌异常，排戏尚可跟得上，布景、服装则要连夜赶制。"5月13日"邺夫召集我们开会，谈继续修改《耕》问题，约好本星期四缴第四稿"。5月17日完成第四稿，经过排练，发现艺术上存在不少问题，因此又一次增减润色，27日小改成第五稿，5月30日完成第六稿。如何表现剧中主角田志耕的农村扎根行为以及党中央提出的"一颗红心，两种准备"政策是几位编戏人的纠结。爸爸说："正在排练之中，因赴京时中宣部与文化部需要定本，我们又细加推敲一次，补了不少漏洞，文字上亦作了删、润，可称第七稿。"《耕耘记》最后改为《耕耘初记》，每一稿都认真排练，在排练中发现问题，解决问题，到京后还在修改。爸爸还考虑：参加此剧编写达九人之多，若全部署名剧本上未免繁累，建议共同用一笔名"洪玖"，"洪"与"红"同音，"玖"代表九人，"大家一致同意"。

　　演出团六十一人于6月3日赴京参加会演。6月5日会演开幕。6月16日会演第一轮演完，全团休息。爸爸趁这空档，写介绍《耕》剧文章，他认为"因本来成功处少，颇难着笔，旅社喧嚣，午后遂往附近的陶然亭公园构思"。6月18日爸爸写成《自成一格的〈耕耘初记〉》，交与大会。他向来冷静，日记上说："此次规定宣传介绍文字由各省（市）自备，自吹自擂，应掌握分寸。"6月28日《自成一格的〈耕耘初记〉》在《光明日报》刊出。后一月，父亲看了不少戏，因着急要看省里的现代戏会演，他于7月15日离京返宁。

　　我那时上高中一年级，董加耕的事迹宣传得沸沸扬扬，"一颗红心 两种准备"的政策家喻户晓，我们所接受的教育就是"考不取大学就下乡"，对于这半年来父亲和他的上级、同事们对参加京剧现代戏会演无论时间和精力上的投入感触很深，父亲很长时间都是临近半夜才回到家。我对他们用先进学生下乡的题材编戏很感兴趣，因此到现在我都念念不忘这段日子。不得不说从

1963年底到1964年6月这半年中,为了高质量参加全国京剧现代戏会演,从华东局、江苏省宣传部到省文化局是多么的重视,从剧本的编剧到剧团的演职人员是多么的辛苦! 短时间里奉献一台既要政治正确又要矛盾突出,既要保持传统又要有所创新的京剧现代戏谈何容易? 仓促上马,好事多磨,一波三折,父亲和他的同事们为了一个目标抱诚守真,铆足了劲,竭尽全力。今天,我翻开那已泛黄的日记本,一页页看着,竟有看惊心动魄大片之感,虽然《革命家谱》《耕耘初记》已成为历史,但我真为父亲和前辈们的敬业精神所感动!

1991年7月间,华东地区大雨,苏南、皖北均吃紧。爸爸对此忧心忡忡。7月3日日记中写:"月来淫雨,今日又大雨半日,报载淮河水位已过1954年,看来涝灾不可避免。闷坐读《汉语文字与审美心理》。"过了十一天,父亲又在日记中写:"转入多云到晴,降雨线已北移,淮河流域吃紧。但根据滁河、太湖地区抢险救灾工作结果来看,苏北地区定可保无虞,绝不会发生60年前辛未年那样的运河决堤事件……"那些天,爸爸关心洪涝灾情,由此萌生了以清代治河名臣栗敏美事例写一出新编昆剧的想法。8月8日他开始编写故事提纲,安排人物表,初步将剧名拟为《生死鸳鸯》。他在8月18日日记写道:"拟在《生死鸳鸯》第五场"抢险"一场内,兼采'收拾起''不提防'两名曲之长,藉以表现昆曲精华。第五场栗耀宗归省亲,祭母述怀,唱《倾杯玉芙蓉》即用'八阳'原谱,高响入云。予少时填词难调,下过依四声阴阳苦功,今衰老矣,幼功仍在,并不困难。今日填好此曲初稿。拟将剧中唱词一一先行填好,再加念白,先难后易,实较方便。"其后,他反复考虑剧情发展,如10月17日的日记:"尚宪来,读我《生死鸳鸯》已成稿三场,劝我将第一场改放至栗敏美已成河督追忆前事,可使前后较为衔接,觉其建议不错,可采,因照改。"10月22日日记中再写:"开始写《生死鸳鸯》最后一场,拟改名为《铜牌记》,用《转调货郎儿》调,择其合乎剧情者,而不依原调之次序。"10月31日爸爸日记又写:"写好《铜牌记》最后一场唱词,再加上念白科介,即可全部完成。"11月7日爸爸高兴地在日记中写："《铜牌记》全部写成,拟再改名为《淑美传奇》。"

　　几个月里,从酝酿到完稿,爸爸聚精会神、专心致志。一日我下班回家,已是薄暮时分,公交车到四牌楼站时巧遇爸爸上车。他为了查找资料到了成贤街的南京图书馆,从下午两点到傍晚五点图书馆闭馆,他一直在馆内。汽车到了鼓楼站,我扶他下车,原想送他到家,爸爸却以天色已晚而我需要继续坐车回自己家烧饭为理由,在小区门口拒绝了我。我望着夜色中爸爸蹒跚而去的身影,心里敬仰和依恋之情油然而生!要知道老爸此时已经整八十五岁,腿脚走路已很吃力,可是,为了心中的好剧本,他甘愿受苦!写好剧本是他生活的寄托,是他的家国情怀。

　　爸爸在中年后从事戏曲工作,正是我从幼年长大开始形成人生观的过程。这给我带来的就是我比其他同龄人有更多接触戏曲的机会,有更多接受舞台上宣传的中华传统文化精华的可能。那精忠报国、积极向善、安身立命、尊老行孝的优秀传统文化,深深烙在我脑海中,影响着我的人生观,我真是很幸运!我退休以后,参加了甘贡三先生创办、爸爸当过顾问的"南京昆曲社"活动,努力学唱昆曲,以最好的戏曲文辞和行腔滋养自己,这不仅丰富了我的退休生活,也是我对老爸的一种纪念!

二

　　"抗战军兴,避地入蜀",父亲和台静农先生曾为白沙国立女子师范学院中文系同事,台先生任系主任,父亲任教授。父亲在《凤褐老人自定年谱》1941年里记下:"初识台静农兄,时为国立编译馆编辑,余久知其为鲁迅大弟子,谈得很投机。"1942年又记:"开学后,国立编译馆迁合川,静农受女师院聘,移家白苍山,自此朝夕晤对四年半。"当年的交往情形父亲在《题静农半山草堂》《和静农迎神曲》等诗中作了记录。1946年春他们将要分别,父亲在《石州慢》词小序写道:"丙戌春暮,静农、绰裕、华琼、蔚青饯别桐花下,人世多艰,倚声寄慨。用'东山韵'。"词中上阕有:"一坞霞英,吟望四年,埋梦春阔。……何意客东归,值花残时节。"下阕有:"临发。箭滩鸣水,苍岫含烟,黯然伤别。……石梁廻步,静想此后芳期,行人不语肠千结。如梦远波横,上孤明黄月。"此后台先生到台湾大学中文系任教,父亲辗转回到江苏扬州,再到无锡,次年爸爸曾填词《绛都春》,小序曰:"丁亥闰二月,绰裕寄桐花至,践去年之约也。词以报之,兼寄静农、华琼台北,蔚青渝州。"此后两岸隔绝三十多年,直到1981年开始设法通信。老友多年不得相见,刚联系上,台静农先生即寄赠了小条幅。父亲收到后非常高兴,找出在白沙时台先生赠送的画梅小卷,在画上题款,将之与小条幅合裱为一轴。他在给台先生的信中说:"感激不尽,已装轴悬壁,时时如见故人。"还为此写了一首《点绛唇·怀静农》作纪念:"短卷寒梅,卅年珍护如珪玠。神交何碍。横海冰山大。　　见说深杯,一发悬遥黛。莺飞再。为翁开戒。对笑朱颜在。"词的最后注道:"东坡诗'青山一发是中原',又'儿童错认朱颜在,一笑那知是酒红'。"之后父亲和台先生辗转互通着音信。

　　1988年4月5日父亲收到台静农先生由其弟台川泽转来的"书诗横幅",他在日记里记下。同年12月20日又收到还是台川泽先生转来的台静农著作《龙坡杂文》。台静农给父亲写的横幅是:"满眼西风忆故庐,亲朋音问久相疏。年年江上无情雁,只带秋来不带书。"这是宋代黄庚的《见雁有怀》,台静农先生录这首诗赠给父亲非常有深意!人们说"鸿雁传书",它是相互挂念的朋友情感纽带,可是多少年,朋友间音信全无,江上原本的有情雁成了眼中的无情雁,它只带来秋的伤感,而带不来热切盼望的信件。对于父亲和台先生一直不得联系的惆怅心情,这首诗非常贴切。父亲收到这条幅,感慨的心情可想而知,他把条幅当作珍宝收藏着。1989年3月26日又写了一首《寄静农台北》:"闻道金篦刮眼开(注:蔚卿来书云君剥白内障),飞车何日跨云回?孝陵千树梅花雪,犹待同挥潋滟杯。"可是,台静农先生于1990年去世。自1946年别后,父亲和台先生始终未能见面,未能"同挥潋滟杯",非常遗憾!

廖蔚青(卿)是爸爸在白沙女子师范学院的学生,1946 年后也到了台湾,1981 年她和父亲联系上了。爸爸非常高兴! 1981 年父亲写《点绛唇·蔚青辗转来书,寄答》表达他的喜悦:"天外云蓝,晶盘承得神飞动。花光屏缝。过雨胭脂重。　窈窕驴溪,依旧桐阴翁。熏风送。淡香匀梦。长逗梳翎凤。"之后有机会他们就通信,1988 年 12 月 24 日爸爸很开心,他日记中写:"得蔚卿书,示我地址,可直通函,乐甚。"1989 年元月 3 日,父亲"作书寄蔚卿,附函呈静农先生,并追思白苍山诗",《寄蔚卿谈白苍山旧事》全诗如下:

寒山修道院,久雨望新晴。油盏土墙影,钉靴石磴声。
茅篷朝受训,竹几夜谈瀛。往日云艰苦,追思无限情。

台湾《中央日报》于 1988 年 11 月 20 日登载《隔海忆友　小诗传情》小文,言:"八十三岁南京大学老教授吴白匋,想念旧日老友国画大师黄君璧,最近托人带了他的一幅诗词书法作品来到台湾,字里行间寄语情怀,黄的学生无意间获悉之后,决定尽速传达给黄君璧。"文中还说明了这件事的由来,原来由台湾"中华国画联谊会"会长汪浩主办的"名家画展",当时在台中市立文化中心文英馆举行,里面展出的三十多件作品是汪浩趁返大陆探亲之便,接洽来台展出的,有父亲一幅。该诗附在文中,题目为《牛首山忆黄君璧老画师》,全诗如下:"笔底清光隔海妍,牛头遥见翠凌天。斜阳对语怜双塔,一别鬓残四十年。"这是隔海传递情愫的一段佳话。

在爸爸的《无隐室剧论选》里,有一篇《杨正吾剧作选序》。文章开头写道:"五十年代到六十年代初,我认识了差不多所有的本省戏剧编剧同志,有几位使我衷心敬佩,杨正吾同志便是其中之一。记得第一次和他相识是在1952 年底苏南区一次文化工作会议上,当时他是苏州专区文工团团长,我从他笑貌谈吐里,隐隐约约地发现,他除了正气、秀气之外,还有某些'书卷气',这是和一般行政干部略有不同的。我开始注意他。"随后爸爸找来了杨正吾的作品,如油印本《王小老汉》,马上被深深吸引,用"未见其人,先闻其声"评价这出戏的开场,并在文章中说:"写得这样准确,这样生动,难怪老区广大群众欢迎他。这正是长期坐书斋、上课堂的我所缺少的,我应该向他学习啊!"在举出具体剧作例子后,父亲用"一、乡土气息浓厚""二、广泛采用民间语汇""三、很有江苏特色"三大段总结杨正吾先生剧作成功的原因,总结杨先生经验是"真正通过编剧实践来体现毛泽东文艺思想的","……还在于他是在继承戏曲遗产的基础上进行创造……"在这篇序言里,父亲不但对杨正吾先生创作经验进行总结,而且还大大赞扬杨先生的人品,他写道:"写戏和作画、写字一样,作品的好坏与人品有关。正吾同志为人忠厚老实,和蔼可亲,待人诚恳,始终保持着朴素纯真的农民气质。这是大家有目共睹的。"在序言的最后父亲说:"我和正吾同志结交快到四十个年头了,彼此心心相印,没有任何隔阂。出版社要为他出剧本选,问他要何人写序,他连连说:'知我者,吴老也。'出版社把这句话转达给我,使我昏花老眼潸然泪下。我努力振起精神写出这篇拉拉杂杂的前言,聊以报答知己。江苏现在有不少后起之秀,希望能以正吾同志的德才为榜样,多写出几部好剧本,使江苏的戏剧事业焕发异彩。"

我之所以选择以上几段父亲写的内容,正是因为父亲的最后这一段话,是动了感情的,这在1989年爸爸几则日记中有所印证。爸爸在1989年5月3日的日记里记下了这样一段:"晚,省扬剧团演员李玲来,云杨正吾病危,见我的信,模糊说'知我者,吴老也'。他急于求我为剧本选写序,因嘱李明日将入选的剧本送来。"5月4日爸爸日记记下:"李玲送来全部将付印的剧本稿,约定下星期一下午取序。"5月5日写:"抓紧时间,读正吾剧本。"5月7日爸爸写下"为杨正吾老友写其剧本选集前言,直到晚11时,才写了三千多字。从我对他的感情和共同工作的情况讲,写万字都可以。无奈书店只要短的,而且时间不允许我这样写,只好尽量压缩。"5月8日又记下:"晨六时起床,继续写杨集序,又写了千把字,中午才完稿。午后抄一遍,还未抄完,李玲即来要,碰巧路彤来,请他看看,更正几个字,路彤主动要到杨面前读给他听,稿抄好,即付他们。"这几段日记,记载了爸爸那段时间倾其所有精力,看剧本,忆往事,打腹稿,撰序文,他在与时间赛跑。时间到了 1989 年的 5 月 26 日,爸爸在日记中沉痛地写道:"午后路彤来,云正吾老友于 21 号 13 时逝世,将于 29 日 15 时举行遗体告别仪式。我决定于 28 日写好挽章或挽联,托路彤代送去。"

爸爸和杨正吾老友的交往结束了。一对挚友,他们的相遇、相交、相知的友谊,披心沥胆,感人至深!

附父亲的挽诗:

挽杨正吾

感君以我为知己,拜读遗篇内愧深。

不识字人听得乐,元贤蒜酪见而今。

形忘神在是虚言,泪眼涔涔瞬即干。

若使精魂真化鹤,高飞不忍过长安。

这二首情真意切的挽诗收录在《吴白匋诗词集》第 161 页。

父亲有很多师长,很多同道朋友,在他诗词定稿里,我们可以看到他为很多师长、同事和朋友写的诗词。有的写师长们对他的教诲,有的写他们愉快的交往,还有则是对师长和朋友、同事的沉痛悼念。在诗词定稿里,我看到一位很熟悉的名字,那就是许莘农先生。许莘农先生是父亲的扬州同乡,说话一口扬州腔,听了分外亲切。他小爸爸 5 岁,许先生早年毕业于无锡国学专修学校,上个世纪五十年代起调入南京博物院从事书画鉴定工作,晚年受聘于南京艺术学院。许先生喜爱古书籍、古书画收藏,颇有见地。爸爸和许莘农先生的交往久矣,我从小就认识他,喊他"许伯伯"。他是一位衣着朴素、满脸带笑、说话和气的瘦弱之人。他来家里，总是带着一个或大或小的布包，爸爸看到他带的东西就喜不自胜，经常是让我握住画轴的一头，他俩小心地把字画展开。然后，爸爸探下身去，仔细地看，有时还要拿下眼镜，而许伯伯总是眯笑着，点这点那，当意见统一时，他俩畅快地大笑，毫不介意别人的存在。那动人的赏画场景深深嵌在我脑海里，我非常乐意做拉开画轴的事。许伯伯是父亲几十年甚好的朋友，是我家的常客，爸爸几十年的日记里经常提到许伯伯。像1965年8月23日那天爸爸在日记中写道："澐秋来，云十日前莘农被自行车撞倒，失去知觉两小时，醒后头甚痛，有脑血管破裂现象，为之大惊！即与澐秋同赴军区医院探视，见其神志清楚，已能起坐谈话，额唇破裂处已缝合结痂，近两日头已不疼，盖十日来医生负责治疗之功。嘱其多作静养而别。"多少年了，许伯伯凡是得到好东西，不论书籍、字画都要带来和父亲一起鉴赏，共享欢乐。父亲在诗词定稿里有几首是直接写给许伯伯的，如《丁巳清明前一日同莘农莫愁湖看海棠》四首：

去年寒食似残秋，谁忆湖名尚莫愁。
百草千花重解放，朗吟同上胜棋楼。

绿鬓高楼近海棠，愁生锦浪正茫茫。（注：回忆抗战时期成都看海棠。）
临流已是盈头雪，却对繁红喜欲狂。

郁金堂外恰轻阴，潋滟光摇玛瑙林。
蜂蝶不来苔地净，双翁随分话春深。

坐久惊看蝙蝠飞，柔波十顷荡霞衣。
何须更买清明醉，花气如醪放饮归。

那是"文革"刚刚结束的 1977 年的春天啊,诗中父亲和好友的好心情一览无遗。父亲还有两首题目都是"赠莘农"的诗,一是写于 1981 年 7 月,一是写于 1990 年 4 月,两首诗都表达了爸爸对许莘农伯伯的情意,如第一首《赠莘农》:"门前天目路,何处见琅玕。特健药闲置,(注:君精鉴别而早退休。)长安居大难。梦随披画远,书为惜人残。白首追三影,多君意不寒。"最后句爸爸特意注:"君近刻意填词,张子埜享年八十九,谨以预祝。"第二首《赠莘农》写道:"明时添好语,'八十不稀奇'。扬播扬州怪,高吟高密诗。(注"君新著书,赏析'扬州八怪',又追摹高密李怀民《中晚唐诗主客图》,皆与余同好。)池边宿鸟影,壁上媚虬枝。面捏蟠桃实,餐来喜上眉。"这些均可看到父亲与许莘农先生不凡的交往。1992 年 8 月 26 日,父亲去世的第二天上午,许伯伯来家,他并不知道爸爸前一天去世,我开门一看是他,立刻像见了亲人一样难过地哭了,而他,父亲几十年的老友听到消息一下子老泪纵横,伤心极了,连说:"我来迟了,我来迟了!"父亲的追悼会上,他,一位 81 岁的老人早早到追悼会场,挂上写的挽联,句句泣血:

> 两次扣门未遇　足疾误迷阳　恨我来迟　一恸冥鸿悲永诀
>
> 三秋隔世难寻　心伤瞻插架　幸君有后　独怜雏凤极哀思

爸爸和普通人交往不摆架子,谦和醇厚。1989 年到 1991 年,爸爸居住地大钟新村门口有一个食品店,店里的一位营业员成了爸爸的忘年交。爸爸在 1989 年 4 月 13 日日记中写:"出了大钟新村门,经一小巷即是中央路,巷口有北极食品店。店员赵小萍是老三届高中生,插队,于 75 年考大学未取而分配做营业员,其人颇好。今日特来访我,谈了不少历史上与当前政局问题。"4 月 16 日再写:"午后赵小萍以其在高中所读之国文课本,提出若干问题问我,好学精神可嘉。"5 月 26 日记载:"午后赵小萍来谈她对时局的看法,头脑颇清晰。"在 1991 年 10 月里爸爸的日记里还有赵小萍写诗来请教的记载,10 月

6 日爸爸在日记中说："门口食品店女店员赵小萍看《周恩来》极受感动,试作《七绝三首》送给我看,诗当然很幼稚,但其情可嘉。她是老三届学生,曾在高淳插队数年。"直到这年的 12 月 26 日,爸爸记下了："大钟亭现扩展为小公园,附近的店房民居均要拆除,赵小萍来,云将转为他处营业员,向我辞行。"而赵小萍在 2004 年 10 月 15 日的《南京日报》上发表了《与吴白匋的忘年交》一文,文章不长,但感情真挚。一位普通的后辈献上了一瓣心香!

三

我父母感情深厚,这在爸爸的诗词中多有体现,如直接抒发对妻子眷眷深情的有词《水调歌头·久不得肃愔书,却寄。用东山体》《生查子·得肃愔书》,诗《哭肃愔》《三月初一夜闻雷》,至于间接涉及对老妻感情的诗词则更多,如诗《芜园》,词《南乡子·还家》等,这些诗或词让我从中看到了父亲的情感世界。最拨动我心弦的是 1991 年 4 月父亲所作的《三月初一夜闻雷》。我的母亲于 1961 年 8 月初离世,到 1991 年已是三十个年头了,4 月 15 日是农历三月初一,恰逢是我母亲的诞辰,"三月初一"夜,父亲想老妻了。

1991 年 4 月 15 日父亲在日记中郑重地写下："愔殁整三十年矣,际兹诞辰,作感怀二首。稿见后记。"4 月 21 日爸爸在周记中录下诗的初稿,他写道："三月一日作二首,录在此页:'重叠楼台挡却春,梦华无复蝶来亲。多情只剩清明雨,万缕千丝捣麝尘。　　明灭银光四字书,卅年珍此宝奁馀。当时曾入红酥手,妆罢殷勤剔木梳'。"就在这天,父亲在录下两首初稿诗后,又写道："日来反复审视,觉仍未善,拟改如下:'凤子迷离觅旧春,暴雷惊走不来亲。孱翁唯听清明雨,滴滴声声捣麝尘。　　一片乌银四字书,卅年护此宝奁馀。纤纤玉手曾拈取,妆罢殷勤剔木梳'。"想必父亲对这二首感怀诗一直萦萦于怀,到 4 月 28 日他终于为这两首诗定稿,他写道："三月初一诗又改一次,定稿为:'角枕迷离蝶影亲,怒雷惊破片时春。晓来几阵琼珍雨,犹为孱翁捣麝尘。　　　二寸乌银四字书,宝奁经劫未全虚。拈来犹记纤红指,妆罢低眉细剔梳。'"后来父亲在诗的末句注明:"悎亡卅年,遗剔梳银片一,上镌'百年好合'四字。"

这两首悼亡诗父亲再三斟酌,反复思量,多么专注,多么认真! 它寄托了父亲为盼和我母亲在梦中重逢,哪怕是"片时"也好的殷殷深情,"剔梳银片"上的四个字更让父亲睹物思人,回忆起我母亲梳妆后低头仔细剔梳的温馨场面,直如苏轼《江城子·乙卯正月二十日夜记梦》的"小轩窗,正梳妆",令人不胜唏嘘! 这一年的 12 月 23 日父亲把几首诗寄与老友舒芜(本名方管,字重禹),日记中写:"函舒芜,寄《过秦岭》诗与四绝句。"12 月 30 日收到老友回信,看后得到莫大安慰,他在此日日记中写:"重禹来书,赞《过秦岭》诗不失杜韩巨范,《三月初一夜闻雷》诗与放翁《沈园》诗有异曲同工之妙,真知己之言。"是啊,"拈来犹记纤红指,妆罢低眉细剔梳"与《沈园》中"伤心桥下春波绿,曾是惊鸿照影来"意境何等相似。从年初到年末,父亲怀念我母亲的绝唱终于问世了……

1989 年 5 月 2 日父亲被一张照片触动,写下了《题浩浩吻母小影》绝句,收录在诗词集里:"六十年前小巷家,今看片纸梦交加。依稀儿面红苹果,暖贴娘腮玉李花。""小影"上是一位两岁左右的男孩正亲热地亲吻年轻的母亲,这张照片拍出了母子同心的温馨画面。照片上的孩子叫"浩浩",他亲吻的年轻母亲不是别人,而是我的侄女,我父亲的孙女。不久前我二哥(小名"才儿")寄来了这张照片,让爸爸看看可爱的外曾孙,以博父亲一笑! 可这"片纸"却触动了父亲心底的柔软之处。眼前照片呈现的画面让父亲蓦地忆起老妻,不由得"梦交加",他"依稀"回到了"六十年前"的"小巷家",小儿子的"儿面"如"红苹果"一样,正暖暖地贴在娘腮上,年轻的妈妈美得像一朵粉妆玉琢的李花……当年的幸福情景恍如隔世,仿佛就在眼前。这里,我还要介绍另一首未曾收入爸爸诗词集的词,1963 年 11 月 20 日,我母亲去世两年多,爸爸外出办事,"……归途经汉口路,见三十年前旧舍,门巷依然。悎当日抱才儿迎我,仿佛如目前事,不觉吟梦窗词句:'春梦人间须断,但怪得当时梦缘能短。'因口占《生查子》一阕:'轻风玉李花,初日红苹果。回首卅年前,小屋秾春裏。深巷客重来,短梦儿啼破。霜鬓仁斜阳,酸泪心头堕'。"(摘自父亲当日日记)这两首诗词对照着读,不由得我心头一热! 联想到爸爸在多首诗词中一再深情赞誉洁白的李花,这是为什么呢? 因为我母亲她姓"李"啊!

在《吴白匋诗词集》里有《过秦岭》一首诗,看爸爸 1991 年 5 月 3 日日记,知道了它的写作经过。日记中写:"85 年 10 月赴成都,过秦岭时于火车中拟作五古,初稿未完,至荷女家后即忘记。今日翻旧日记忆起,乃尽一日之力修改成篇,未尽善也。"5 月 8 日又记:"将《过秦岭》诗推敲增改一次。"最后《过秦岭》定稿为:

八十笑入川,那管俗谚警。埋身骊龙腹,电掣盘秦岭。

钻洞雷响沉,度桥日色炳。桥桥复洞洞,幽明变俄顷。

由来天不仁,设此南北梗。下民敢凿通,帝力失威猛。

安车布软席,游旅坐闲静。缓呷毛尖茶,细嚼胡麻饼。

谪仙有名篇,意味无人省。越隘转开豁,言入凤州境。

蔚蓝满括囊,尖峰争脱颖。下视阴森壑,线水粉青冷。

铁壁点疏红,艳色胜桃杏。成都大平原,天末抹微影。

早置文君酒,万绿泛一皿。久视眼倦疲,惝恍梦飞骋。

忽来瘦村翁,温语抚我顶。孺子可教也,今古同汲绠。

好做骥奔泉,毋为蛙坐井。生面自然开,实为眼前景。

《过秦岭》诗初稿写于 1985 年,那年的 10 月,爸爸带上简单行李,乘上入川的火车。当时进入四川颇不容易,北上火车是津浦线,在徐州转陇海线,再在宝鸡转宝成线,经历两夜一昼才到四川省省会成都。抗战时期,爸爸随学校避难入川,备尝艰辛,一待就是八年半,直到 1946 年春天才离开。此行是爸爸暌别巴蜀四十年后再次赴川。这次在四川,他住了三个月,度过了 80 岁寿辰,磅礴气势的《过秦岭》诞生在爸爸赴川途中。

四川,祖国西部一片神奇的土地,父亲和我的四位兄姐都和它有着不解之缘。抗日战争期间父亲在那里教书,解放后四位兄姐在那里生活,两位哥哥和大姐是 1949 年无锡解放后随刘邓大军开赴祖国大西南的。他们转业后就留在了四川,后来二姐也去了。在四川他们四人成家立业,养儿育女,我有了四川籍的嫂子和姐夫。

1949 年春天,我父母送刚迈进青春门槛的三个儿女参军的举动,当时传为美谈。抗日战争中,父亲远在四川,兄姐跟随母亲在敌占区家乡艰难度日,而且危机四伏。父亲在 1937 年曾填《青玉案·闻三弟道姑苏沦陷时事感赋》:

> 筏边小雁归来暮,说怕过,横塘路。兵气连天迷处所。血痕碧化,劫灰红起,星殒纷如雨。　苏州自古词人住,顷刻繁华水流去。借问千秋肠断句。斜阳烟柳,天涯芳草,能写此情否?

以及《百字令·闻首都沦陷前后事,挥泪奋笔书愤》二阕:

> 山围故国,甚于今,还说龙蟠虎踞。十万横磨成一阕,谁信仓皇似此。塞道抛戈,争车折轴,盈掬舟中指。弥天炬火,连宵光幂江水。
> 可怜十二年间,白门新柳,历尽荣枯事。楼阁庄严如涌出,霎眼红隳翠圮。乌啄肠飞,燕投林宿,净土知无地。东来细雨,湿衣都是清泪。

> 腥膻扑地,恸五云城阙,竟沦骄虏。醉曳红襦侵病媪,马足模糊血土。刳孕占胎,斫头赌注,槊上婴儿舞。秦淮月上,沉沉万井如墓。
> 不信天眼难开,天心难问。啖食终由汝。从古哀师能克敌,三户亡秦必楚。挥日长戈,射潮连弩,雪耻扬神武。虞渊咫尺,炎炎欲返无路。

这里饱含父亲对贫弱中国遭受日本侵略,受尽凌辱悲愤的心情和祈盼胜利的愿望。抗日战争胜利,父亲于1946年历经艰难,辗转回到江苏。在父亲的《凤褐老人自定年谱》中有刚回扬州见到我祖母的沉痛记述:"母亲饱经忧患,老态大增,八年来维恃变卖度日,使非日寇投降,几沦于饿殍矣。"1947年至1949年,全家靠父亲一人兼职几处教书勉强维持生计。大姐曾说起,父亲经常是一个学校课刚上完,回家喝口水,又奔向另一个学校。在《凤褐老人自定年谱》中父亲说:"因通货膨胀,物价腾踊,工资收入不敷开支。"续又写道:"法币已一钱不值……一日数变,经济崩溃之势已成。""官方报纸对战局多方掩饰,余于《字林西报》或友人所收听的共产党广播中,得到真相……蒋介石所恃之美式装备新军至是损失殆尽,大势已去,余久恨国民党腐败,唯冀其早日垮台也。"好在1949年,"4月21日解放军横渡长江,22日因江阴要塞迎降,无锡无战事而解放,夜间有解放军一班人至,声称护校,余等皆安寝,天翻地覆大变乃于极平静中度过矣"。"24日军代表宋云旃同志来校,得亲见之,一望可知其朴素正直,此后常与晤谈,益加钦敬。月底苏南行署副主任刘季平同志召集各校教师开会,宣布政策,态度和蔼而原则性强,颇受感动。余尽量购置当时解放区所印发的毛主席著作及各种书籍,勤加学习,顿觉前途无限光明,因而工作态度积极。"从这些文字中,可以清楚地看到父亲从痛恨国民党反动统治到衷心拥护新政权的心路历程。

父亲在四川生活八个年头,深深爱上那片土地以及那里朴实、坚韧的百姓,他以自身经历鼓励儿女投身到祖国的大西南,尽管大片的西南地区还未解放,生活艰苦,还要剿匪。当年,他确确实实是被即将到来的新政权所感动,确确实实是以一腔热忱送三个孩子参加革命。在《凤褐老人自定年谱》中父亲说:"解放军将进军大西南,由南京军政大学、无锡苏南公学短期训练学员,成立西南服务团,随军西上。长子凯南、长女泽壶、次子仲嶂皆参加,得余夫妇赞许,陆续西上。"

在中华人民共和国成立前夜,哥哥姐姐们意气风发地出发了,生活为他们展开了崭新的一页。到了西南,他们都落脚于四川省。在父母的鼓励下,他们很快适应各自的工作岗位,任劳任怨,勤勤恳恳,奉献了自己的力量,去争取美好前程。然而,社会前进的强劲大潮使他们的命运小船不由自主地颠簸,航程不尽相同,有的甚至意想不到。

大哥转业在四川省百货公司秘书科工作,28 岁时,就在他成婚前夕,被错划为右派,由省城发配到大凉山深处的会东县,在荒凉渺无人烟的大扁菁农场劳改 22 年,时代的错误,把他的青春葬送在这里。当时的会东是没有出川通道的,离州府西昌 246 公里,要坐上一天的车,到省府成都的路就更难走了。在非常恶劣的环境里背负罪名苟且偷生,过着没有自由的劳改生活。可是大哥一根筋,年复一年地申诉,他的申诉材料说:"我的申诉变成了翻案,造成了既不能甄别又不能摘帽,我的心情太痛苦了。""我请求你们作为历史研究来探讨一下,当初我究竟有没有反党反社会主义,好不好?"大哥从被错划右派到"摘帽"整整熬了二十二年,蝼蚁般地活着,也心存一点希望地活着,心理素质足够强大!大哥被错划右派时,家里是不知道的。我母亲去世的电报竟没有人送到大哥手中,很多年后,他给家里的信里还称呼"亲爱的姆妈",令人心酸!幸而党的十一届三中全会召开后拨乱反正,大哥的错划得到改正。1979 年初夏,大哥初获自由之身,三十年来第一次回江苏探亲。当年的青年才俊、翩翩佳公子成了右手残疾、满面风霜、形单影只的半百老人。"大郎回来了!"四十年过去了,我还清楚记得父亲看到大哥时,脸上那无以言状的表情。值得宽慰的是:大哥后来的人生结局还是好的。

大姐晚年经常向我回忆她的一生经历。入川后,原是江南闺秀的她很快改变气质,跋山涉水,走村串户,做基层工作,"脚杆都走烂喽",她用四川话说。从基层到公司,从自贡到成都,"此心安处是故乡",工作、丈夫、孩子在哪里,哪里就是她的故乡。"认认真真做事,清清白白做人"是她的人生信条。在漫长的 67 年里她一共回江苏探亲十次。上个世纪从四川回一趟故乡可不容易,那时请假非常难。大姐要么是享受生孩子 56 天产假,要么就是利用只有 12 天的探亲假,而路途遥远,又需转车几次才能到达目的地,12 天假期除掉路上的行程,到家时间不到一星期,这种紧迫是现在的人想象不到的。她风尘仆仆心情急切,旅途颠簸真的很辛苦! 1956 年 8 月她利用产假回南京生第一个孩子,母亲带着我到车站接她,她和母亲见面时相拥流泪。大姐参军离开江苏时我还不到两岁,几年中只在寄来的照片里认识大姐,记得当时看到鲜活的大姐时,我很羞涩。她晚年经常向我说她如何从一个失学青年成长为党的干部的过程,流露出她对党对国家的感恩和自豪。她还不止一次和我提到南宋爱国将领岳飞《满江红》的"三十功名尘与土,八千里路云和月",豪迈的词句里有她的情怀。1990 年 10 月大姐和二哥结伴回江苏参加西南服务团的纪念活动,途经南京和父亲见面,临分别时大姐泪水涟涟,她哪能想到这是和父亲的最后一次见面! 下一次见面已是天人永隔。2006 年 10 月,大姐和姐夫来南京,我们一起为父亲做百岁冥寿纪念,那时大姐已 75 岁,爬楼很吃力了。她在仪式上说:"爸爸,妈妈,我想你们呀!"言辞中透出无限伤感之情。

我的二哥生活之路也是跌宕起伏。1949 年参军时,他才十六岁,"文革"前他在自贡市多个市委机关工作过,可谓顺风顺水,组织上培养他的用意很明显。可是"文革"一来,命运陡转,他在学习班里长时间熬夜写检查,加上无休止的被盘问,思想承受很大压力,致使视网膜萎缩,后在成都、丹东、上海、酒泉、南京和昆明等地治疗均无济于事,35 岁起眼睛视力只有 0.02,几乎失明。"文革"后他克服视力不好的困难继续在工商局、税务局坚持工作,创办了在全国税务系统有影响的自贡市税务报,克服重重困难给年轻的税务干部讲课。1993 底,二哥离休,从此投入大量的精力和时间,整理老家吴道台宅第材料,整理吴氏家谱,自费编写《风云北河下》等各种家史资料,从不放弃,从不懈怠,做了外人无法做到的事情。从 2001 年起,十余年间,二哥偕同敬持堂叔为吴道台宅第的恢复、修缮,并最终成为国家级的文保单位几乎贡献了全部精力。一位近乎失明的人,一位已年迈的人,离休后不是悠游林下,安闲度日,而是孜孜不倦地为家族,为乡梓,也是为国家搜集、整理了大量文史资料,难能可贵,令人钦佩。

　　我二姐1964年离开江苏到四川自贡市生活,对待生活她向来持积极态度,不抱怨,不苟且。50多岁时遭遇脑梗,救回来后人已半瘫,她坚持每天到公园里锻炼,努力恢复。2014年10月,我遵循江苏的习俗,到四川祝贺她虚龄八十寿辰。姐妹相见,四手相握,一时间不知从何说起。她家门口有一很大的广告牌,上面写着"发展体育运动,增强人民体质"十二个大字,她指着说:"这是毛主席说的呀,我就是坚持了二十多年的锻炼。"是的,为了让曾经偏瘫卧床的自己能够扶杖行走,她用了二十多年的时间。她就是一棵坚韧的小草,虽然柔弱,但仍不屈不挠地活着,展示着她的生命力。相聚的时间总是短暂,纵然我舍不得她,可还是要告别,分别时我抱着她不忍撒手啊!回南京后一个月,传来二姐又一次脑梗的噩耗,这回她被彻底击倒了!得此消息,仰天长叹,苍天有眼,让我见了她最后一面。

　　翻开爸爸的日记,多处看到他和四川儿女通信的记录,在那没有网络,不能视频的年代里,通信是减轻思念的最好途径。如果能和常年在外地的儿女见面,爸爸该是多么高兴啊!1990年10月,爸爸在日记里记下了大姐和二哥回江苏参加西南服务团纪念活动的全过程。10月16日爸爸写道:"荷女、才儿夫妇趁西南服务团在镇江开会之便,自川归来,为我祝寿,今晨到家,见面乐甚。"10月20日记下:"全家与天伟、育义在南大留学生食堂设宴祝寿,肴馔不亚于江苏酒家,尽欢而归。"10月21日爸爸日记写了较多文字,他写道:"昨晚酣宴后,睡得很恬熟。今晨醒后,回忆到我出世之日,在先曾祖母八十四岁诞辰前三天,老人家非常欢喜,赐给我一个乳名'同寿',先伯祖定谱名为'征铸'也含寿字。今年我实满八十四岁,曾祖母的期望落实了!午后,荷女、才儿及琼媳赴镇江开会,云十天后返宁,下月初回川。"11月4日爸爸又记下:"晚八时,荷女、才儿夫妇归。在镇江、无锡开会后,曾游扬州、苏州,今日才自常州八弟家归。"11月6日爸爸和兄姐分别,他在日记中强调"荷女别我时，泪眼盈盈……"对匆匆离别的儿女他老人家内心十分的不舍。这一次非常难得的团聚，爸爸得到了最大的安慰！

"人有悲欢离合，月有阴晴圆缺，此事古难全。"

如今四位兄姐都长眠于四川土地上，我想到了歌剧《江姐》的一句歌词"青山到处埋忠骨，天涯何处无芳草……"

遥望天际，啊！天上的哪一朵云是母亲呢？哪一朵是父亲呢？哪一朵又是我的兄长和姐姐？

四

父亲创作锡剧《红楼梦》时，我才七八岁光景。那时我痴迷小人书，经常放学后不回家，一头扎在家门口的小人书书店里看连环画，还特别喜欢古典文学，天黑了才回家。爸爸见我喜欢这些，他就试着拿了《红楼梦》文本让我囫囵吞枣去看，我可不管这本书的思想内涵，只觉得爸爸能给我看这么大部头的书，真是心花怒放！何况《红楼梦》的人物连环画我已在书店里看了不少，喜欢书中的那些少男少女。我对人物的名字特别敏感，读不出音的就查字典。爸爸知道我不会理解书中的种种，但觉得应该设法让我保持阅读兴趣。于是他为我规定作业，要我排出书中人物的关系，还要将众多丫鬟归类。于是我带着任务兴致勃勃看书，把我的发现记下来，或记在脑子里。一段时间后爸爸考我，我胸有成竹，和爸爸对答如流，爸爸非常高兴。我也在他的指导下，自制了一张尽可能全的从贾家"代"字辈到"草"字辈的红楼人物表。我对书里面的人物关系，对"元（原）""迎（应）""探（叹）""惜（息）"等姐妹之间的关系已了如指掌，还对她们各自的丫鬟，如"抱琴""司棋""侍书""入画"的名字大感兴趣，也把所有人身边的众多丫鬟归类，可以说从各人的名字里我发现不少秘密，学了不少东西。我这样看着、学着，很开心。父亲在写锡剧《红楼梦》剧本时压根儿没有想到，他的小女儿在他循循善诱的指导下，用这种方式"啃"起了长篇小说。

父亲的启蒙让我受益匪浅。后来的岁月,我凡读感兴趣的中外名著,对书中繁杂的人物关系都不惧怕,别人害怕记人物名字和彼此关系,尤其是外国名著,那些看起来古怪的名字常常让人挠头,但我一般能在较短时间里理出人物关系表,从而兴趣盎然地阅读。儿时在父亲诱导、督促下读《红楼梦》的影响超乎寻常,我日后当上中学语文老师,指导学生读长篇小说时,用上先整理人物关系的方法启发和提升学生的阅读能力,效果蛮好。多年后,有学生还记忆犹新,对我的教学手段大加称赞。这时我真是感谢老父亲啊!

我的母亲于1961年8月离世,那时我还不满14岁,从小母亲就教我"不要在大街上吃东西""做客时不要坐在主人家的床上""女孩子坐在任何地方都要双腿并拢"等基本素养。而14岁,这是一个尴尬的年纪,初一的中学生,前途未卜,不能掌控自己的命运,失去了母亲,我就是一棵无根的浮萍。后来"文革"动荡,我更是在社会大潮中随波逐流。这时父亲的思想情操、人生态度和处事标准就给了我重大的影响。讲一件小事:1969年春,父亲在镇江四摆渡蚕种场劳改,我有机会去探望他,临走时,一位干校成员找到我,让我带一封信到南京去寄,可是我回南京后却把这件事忘了,过了两天才寄出。后来这位同志不高兴,向父亲埋怨。这件事父亲很生气,给我来信,信上重重地责怪我——既然答应了别人,就要挂在心上!事虽小,但不及时办,说明你不能托付。以后我们父女见面时,他又旧事重提,告诫我做事要负责任。父亲的责备从此我牢牢记住!在漫长的人生中,被人相托的事会碰到很多次,能不能妥善处理,是值不值得信任的试金石。

我的老爸在1987年退休了。1987年春季的一天,爸爸捧着一束鲜花从学校回家。他告诉我:今天学校开会,宣布他退休了。退休后的父亲仍然事情很多,就像在《丁卯春退休》里写的"会海文山里,身休笔未休"。暮春的一天,他对我说:明天你把工作安排一下,带你到夫子庙我住过的地方去。听了这话,我知道他怀旧了,想看看他早年的家。他要带小女儿重游故地,让她知道那个地方。于是,第二天我把学校工作抓紧做完,和父亲相约在四牌楼3路公交车站等他。那天,风和日丽,我先到一步,在车站翘首相望。车来了,我看到了车上走下一位神采奕奕的老人。紧接着我们换乘了去夫子庙的公交车,一路上爸爸很兴奋。到了目的地,爸爸这边看看,那边望望,仿佛要把眼前的一切吸进眼睛里,然后和近六十年前的景象对照。他时而说,这里还有些当年的模样;时而又说,变化太大,没有什么了。我看着父亲,仿佛眼前已不是正襟危坐看书、做学问的大学教授,而是一位慈祥的爱唠叨的老人。可惜我当时懵懂,未能很好地体会父亲的苦心,也没有设法带个相机,留下他在老街里的身影,真是遗憾! 可他那对往事的眷念之情已印在我脑海里了……

日后爸爸又写下了《寻新廊旧居不见》:"剩听儿童说旧坊,粉堆蚁垤已成行。啁啾瓦雀栖无地,海燕何堪觅玳梁。"并在最后注明:新廊已改名长乐路,唯小学尚用旧名,沿街老屋均改建六层楼,似有不胜今昔之叹。后来又写成条幅给我。我当时不明白爸爸此行、此诗的深刻含义,直至近年,读到爸爸自撰的《凤褐老人自定年谱》,才知道1928年爸爸和妈妈新婚后,就是"在新廊街欢度蜜月"。同时又想到爸爸曾用唐人诗句"海燕双栖玳瑁梁"祝贺人家新婚,于是一切都清楚了,垂暮之年的爸爸是在执着地寻觅当年的印迹,追怀和妈妈新婚燕尔的甜蜜和温馨!

父亲还被许多人封为"美食家"。他对菜肴有独特的研究,比如维扬菜"大煮干丝",金陵菜"炖菜核"等,五十年代我家经常自己做,很讲究味道。爸爸喜欢吃面食,他说小麦有它特有的香气,是白米饭所不及的,所以我在十二岁左右就被母亲训练得会做像模像样的好吃的葱油饼。前些年我拜访昆曲名家张继青、姚继琨夫妇,姚老师忽然笑着肯定地说,吴老喜欢吃葱油饼。听他的话我们相视莞尔一笑——姚老师记得真准! 爸爸写过的有关烹饪文章,如《谈"鲜"》《三十年代的南京菜馆》《我所知道的富春茶社》《扬州人品成都味》等都是名篇。他还为南京传统风味菜肴"炖生敲"咏诗道:"若论香酥醇厚味,金陵独擅炖生敲。"但是在日常生活中,他不是奢靡之人,他讲究食物的价廉物美，晚年更耐受着清汤寡水的饮食。他经常是两片面包抹点果酱，或是买两块"火烧"（一种廉价的烘烤面食），或是下碗阳春面就是一顿饭，而且从不浪费一点点，总是细细的咀嚼、品尝，仿佛这些都是天大的美味。偶尔他也和朋友们下馆子，那必定谈笑风生，高兴无比。"在吃喝方面苛刻些好"，这是爸爸育儿的理念，因此父亲很少带我出入他的朋友聚会和餐馆。我从小就不是个娇生惯养的孩子，因此我长大后能较快适应外部环境，在 1968 年 9 月下乡后能禁得起贫苦，能够吃苦耐劳，随遇而安，安然度过那艰苦的岁月。高兴的是 1977 年恢复高考后，我在第二年得以考回南京重新读书。不让女儿学会推杯换盏，是父亲有先见之明，这一点我非常感谢老父亲！

晚年的父亲越发看重亲情了，在 1991 年 4 月 7 号的日记里，他写下了"题外曾孙刘新甲、张昊（浩浩）、杜爽小影一首"文字，并写下五律诗的初稿。最终爸爸这首诗以《示新甲、浩浩、爽爽》为题，全诗如下："二十一世纪，中华隆盛时。太翁难看到，尔辈好为之。学步先求稳，登高必自卑。油油芳草路，万里接青眉。"短短八句诗表达了父亲对中华必定崛起的信心，以及对后代的殷切希望。

2009 年 5 月我的外孙女童童十周岁时，我曾写下一首纪念小诗《切切情》："我家小女初长成，玉立亭亭笑靥深。留句太公如昨日，亲情切切付重孙。"我在小序里附录了太公公《示新甲、浩浩、爽爽》诗，并告诉她诗的来历，希望她这个外曾孙记住我老父亲的朴实心声，走好人生之路。

五

时光无声地流逝，不觉间到了 1992 年，老爸已是 86 岁的老人了。几十年来他对事业和工作倾心付出，对老师和长辈恭敬有礼，对知己和朋友惺惺相惜，对小辈和学生热情提携，对生命中的反常安之若素，对生活中的艰难甘之如饴。他在 1987 年《丁卯春退休二首》诗中写了他的感慨：

会海文山里,身休笔未休。抛图厌猫蝶,得句蒇蜂猴。(注:俗话以猫蝶喻耄耋,蜂猴喻封侯。)混沌凿何必? 葫芦提最优。(注:上联出庄子,下联出元曲。)笑看推老屋,林立起高楼。

肥硕如黄桷,不材逃斧斤。(注:四川多黄桷树,榕属,阴覆甚广,而不中绳墨,焚之且有奇臭。)壮埋巴峡雾,老曝大江春。浴德方歌德(注:诗多颂今,人云是"歌德派"。),沾尘岂拜尘? (注:友人讥我有官气,我岂趋炎附势者?)犹堪滴红泪,烧短亦欣欣。

这是老爸的心声。

1992 年 8 月 25 日,这是我们父女诀别的日子。

6 月底,老爸患感冒,得了肺部感染,这是老年人最忌讳的病。我们赶快送他到省人民医院干部病房住院医治。一星期后,爸爸病情稳定下来。在接受治疗的同时,爸爸在病区里看巴塞罗那奥运会的电视转播,兴趣颇高。7 月 26 日日记中他记下:"奥运会于昨日开幕,医院中幸有电视,可睹其盛。"8 月 3 日他写道:"奥运会递传佳音,我国已取得金牌 13,位列第四,所可惜者田径好手少,成绩不佳,恐难以保持。"8 月 5 日他记:"奥运会进入田径赛程,我国无希望,成为旁观者。"8 月 6 日他再记:"中国女篮以 109∶70 扳倒古巴队,得与独联体争夺锦标,为意想不到之事。此次比赛,女排与羽毛球皆全军覆没,最出意外。"8 月 8 日,一个星期六,爸爸关心的奥运会即将结束,他欣然在日记中写道:"我国奥运代表已大部分凯旋,共得金牌 16 枚,打破两项世界纪录,总得奖牌数占世界第 9 位,落后于独联体与英、德,但胜利空前。" 在医院期间,爸爸还阅读了巴金的《随想录》,7 月 10 日他开始阅读,7 月 27 日他在日记中写下:"将巴金《随想录》读完,俟尚宪来还之。"当时,他抛开了一切烦恼,心情很好。在医院里,他接待了多位来探视的客人,浏览了很多信件,总体来说,这次住院四十余日,爸爸恢复得较快。8月中旬,经医生同意,老爸出院回到家中。可是到8月下旬,老爸再次发烧,虽然吃了药,但人很虚弱。24日夜里他在睡梦中惊醒,呼我到床头,我握着他的手直到天明。25日上午我赶到省人民医院再次申请住院,中午爸爸吃了一碗八宝粥,下午一时许,我们送老爸去医院。爸爸提出要在去医院的路上看街景,我同意,叫来三轮车扶他坐上去,我左臂揽住他,他靠在我身上。当三轮车驰到随家仓,距离省人民医院不远时,老爸说了声"不好!"顿时呼吸急促起来,我发现他握拐杖的手松开了,手面迅速呈现紫色,两三分钟时间,老爸倒在女儿的臂弯里,我呼天喊地,大声喊出:"姆妈呀,帮帮我啊!"三轮车师傅一阵猛蹬,飞快冲到了医院急诊室。我发疯似地敲开给爸爸看病的汪主任的门,主任飞奔进急诊室,可是已经没有回天之力了。主任叹息地大声说:"吴老啊,你走好!"呜呼!我的老爸驾鹤西去了!

爸爸离开家时,我为他穿鞋,发现他的脚有点肿,我心里一悸,有些害怕。爸爸定定地望着我,对我说,希望像心梗逝世的人一样,像他的老朋友郑山尊伯伯那样,在很短的时间里终结生命。他说得云淡风轻,语气和表情似有几分向往。我听后内心翻江倒海,又不好表现出来,只能故作轻松地安慰他说,爸爸你不要多想,你一定像上次住院一样很快能好起来。我还说,出院后爸爸你坐着,不要操心,我来整理书籍。虽然我当时有点慌乱,但是我祈祷爸爸有强大的生命力!可是,偏偏不是这样的,爸爸倏忽之间溘然而逝,让人猝不及防。"生生死死随人愿",人去再难相逢!其后很多日子里,父亲三分钟内遽然辞世的那一幕总让我心痛不已,慢慢地,慢慢地我才释怀。我想明白了,这样谢幕是他老人家的愿望,实现了自己最后的愿望,他何其满足也!我的父亲没有被病痛无休止折磨,爸爸是有福之人!日后,很多人都以崇敬的口吻说,吴老这样离世,痛苦极少,这是他修来的福气!

临行时,爸爸将刚修改好的为夫子庙李香君纪念馆写的楹联稿端端正正地放在书桌上:

南朝重问名姝　　剩清空桃叶渡头莫愁湖上
北里能张正气　　爱壮烈香君骂贼葛嫩捐躯

　　当晚,我拖着沉重的双腿迈进家门,看到书桌上醒目的楹联手稿,不禁嚎啕大哭!南京清凉山崇正书院、夫子庙大成殿以及瞻园里有爸爸撰并书的三块碑,南京大学行政楼和逸夫馆的廊柱上有爸爸的两副楹联。爸爸晚年生活清贫,但他坚持自己的操守,从不为店家写匾,不管别人怎么请求,他总是拒绝。这次是6月25日南京大学吴新雷教授带着李香君纪念馆馆长董兰兰来家请爸爸写楹联,爸爸在当天日记中写道:"新雷带来李香君纪念馆馆长董兰兰,云馆已扩充,需楹联,示我十多副,皆平常,求余作,辞以头脑不清,难下笔。"可在6月28日爸爸却在日记中写下"拟好楹联稿,即寄李香君故居陈列所董兰兰",第二天信件交于我寄出。寄出稿件后爸爸意犹未尽,又斟酌再三,住进医院后还在继续推敲,最终在辞世之前写下了定稿。以前楹联定稿后,一定是爸爸自己书写,而现在他老人家写不了了!这第二次进医院,爸爸有了不好的预感,临出家门,他留下了在人间的最后创作手稿。刚刚经历了与老爸阴阳两隔的我睹物生情,心如刀绞,大放悲声……

　　在离开家时,爸爸望着我最后说的话是——你能自立了,我没有什么牵挂了,放心了——哦,父爱如山!原来爸爸几十年来都在担心我的生计问题,他怕我过不好,经济拮据,现在他感到女儿能够自立了,欣慰不已。而我的思想境界也是他担忧操心的,他总是想给我周全。爸爸在83岁时给我留下一幅字,他写下了我们共同喜欢的北宋苏轼的《定风波》词:"莫听穿林打叶声,何妨吟啸且徐行。竹杖芒鞋轻胜马,谁怕,一蓑烟雨任平生。　料峭春风吹酒醒,微冷,山头斜照却相迎。回首向来萧瑟处,归去,也无风雨也无晴。"除了录下这首词,爸爸还在旁边写下几行小字:"右东坡《定风波》词,原小序曰:三月三日沙湖道中遇雨,雨具先去,同行皆狼狈,余独不觉,已而遂晴,故作。

此意境之妙,且过《念奴娇》《水调歌头》也。戊辰清明书付晶女赏之。凤褐老人记于金陵,时年八十又三。"苏轼在词里表现出的旷达胸怀,世人仰之,爸爸有之,他也希望我能有,让我"赏之",学之。父女诀别时,爸爸说"你能自立了,我没有牵挂了!"这句话是比什么都珍贵的遗言,这是一种肯定,也是一种期望!如今,这幅字挂在我的床头,我时时瞻仰,想到爸爸说这话的表情和语气,想到爸爸对我的点点滴滴良苦用心,爸爸的遗言勉励我更好地生活下去!是的,春夏秋冬,冷暖自知;悲欢离合,甘苦备尝。"知命不惧,日日自新"!无论怎样,我都不能辜负老爸,我要用好的状态去生活,告慰老父亲!

爸爸离开我们三十年了。如今,中国的老百姓不再为买空调筹钱伤脑筋,不再为有了空调却因电容量不够不能使用而叹息,也不再为得到一个煤气罐而四处奔走,天然气管道已直通家中。老爸晚年生活中极为困窘的许多事如今都不是事了。爸爸走后这三十年,正是祖国大发展的时期,我经常感慨:老爸要再多活几年,他看到中国的发展该多么高兴!是的,确如爸爸所说:"二十一世纪,中华隆盛时。"相信天上的父亲能够看到祖国的强盛,看到中华山河"原来姹紫嫣红开遍"!

往事如风,吹拂在心。

感谢父母给了我宝贵的生命,让我在大自然里成长、成熟,感悟着生命中的各种机缘巧合。

感谢父母对我的抚爱和教育,使我长大成人,处事知道分寸。

感谢父亲对我的宽容和理解,让我在生活的道路上不受到来自他的压力。

最感谢的是父亲具有的"达观"的生活态度,这是我一生的追求。

山高水长,地老天荒。父爱绵绵,父恩难忘。我怀念老父亲!

作者简介:吴泽晶,南京市梅园中学退休高级教师,吴白匋先生小女儿。

吴 娃

伯父教我学书法

我书房里有一幅大伯伯吴白匋教授 84 岁时作的梅花图。他自题:"聚景官梅是病梅,画中古貌出盆栽。拳枝曲干蟠龙势,辛苦园丁捆绑来。"图精工至极,揉和了诗书画的趣味,体现出一种文人的笔墨风韵,我总被那线条的艺术质感深深吸引。

听大伯伯说,他四十岁时才开始有时间喜欢画画,书法则是受业于他的老师胡小石,因此书体很像老师。我特别喜欢那种书体,有时也模仿写,始终没写到那味儿。他们的书体很有特点,结构非常严谨,线条遒劲丰满,作品是以均衡美为基础,章法布局适当,行的疏密关系处理得相当美妙。后来我慢慢悟到,只有博识儒雅之人,才能写到这水准。大伯伯到了晚年,他的腕力、眼力、思维都很好,还能写一到二厘米的小字,八十岁以后的作品仍然是那么清新、秀逸。

我从小就羡慕写得一手好字的人,看到姐姐钢笔字写得漂亮,就拿来照着写。学校的宣传窗里,展出学生的写字作业,我常常上榜,可是在那个时代,写毛笔字的人很少。我印象很深的是,上小学时,父亲带我去南京大伯伯家里,一进门就看到挂在墙上的立轴,父亲告诉我,这就是你大伯伯写的毛笔字,里面内容是你大伯伯作的诗。我当时简直佩服极了,看着戴着黑边眼镜和蔼可亲的大伯伯坐在写字桌旁一张藤椅上,我激动地说:"大伯伯您写的字真好! 我很想学。"大伯伯哈哈笑着,随手从桌上拿了一本发黄的线装书,翻开给我看,只见里面密密麻麻的字,有红色写的,有黑色写的,他告诉我,这是一本《宋词三百首》,是给学生上课时用的,里面的字,是自己用毛笔写的,这叫蝇头小楷。我完全不可思议大伯伯是怎样写的,只是呆在那儿看了许久,许久。第二天,大伯伯又翻箱倒柜找了当年曾祖父参加科举考试的殿试卷给我看,并和我说:"这是你曾祖父在三十三岁时写的字,你如果勤学苦练,到了他这个年纪,争取能写到这水平。"大伯伯的鼓励,使我信心大增,那次回家,真正喜欢上了书法。时间到了 1967 年,学校里经常不上课,我就找了本柳公权的字帖练了起来。父亲见我写字很用心,对我说:"你好好练一段时间后,我带给你大伯伯看看,让他给你指导指导。"从此,不论炎热的夏天,还是寒冷的冬天,我每天都想写,从不间断,还特别爱写小楷。1971 年,大伯伯从"五七"干校回南京了,这时我坚持练习写字也有几年了。父亲想拿两张我写的字寄给大伯伯看看,我自己觉得,还写得稚嫩,大伯伯看到也许无法指导,再练二年吧! 到了 1973 年,我就挑选了二幅最觉得满意的字和父亲一起去了南京。大伯伯家那时住在红庙 30 号,一见到他,我赶紧拿出给他看。现在时隔多年,许多往事渐渐淡忘,但大伯伯对我说的一席话,铭记至今。他说:"你能在艰苦的环境下练字这很好,写字要有毅力,坚持练写的同时要多读书,字外功夫很重要。你热爱它,以后就要追求其中,沉浸其中。一个人一辈子能做自己喜欢的事,有自己的爱好,这是很好的,你会乐在其中的。"这次大伯伯还送我一方砚台和几本字帖,其中有一本《董美人墓志铭》,他叮嘱我,你喜欢写小楷,应先从这本帖入手,要下功夫练上几年,会有长进的,然后再写《灵飞经》，写文徵明小楷。他叮嘱我临写《董美人墓志铭》时，要抓住字态特点，大巧若拙，点画古雅朴茂。还要注意多读帖，不要拿来就抄写几遍，临写之前，应对字逐个"相面"，注意每个字点画起笔、运笔、收笔的过程，临帖和读帖是一个相辅相成的过程，任何一个环节都不能缺失，小楷要写到疏朗停匀，宽绰有余那才好。大伯伯的指点，使我在学习书法的路上少走了弯路。

时间在不知不觉中流过，很快到了1988年，大伯伯住在鼓楼南大宿舍里。他已经八十多岁了，身体硬朗，我去南京，有时有书画展出，我俩坐辆三轮车，他还能陪我去。这时我也是市、省书协会员，写的立轴、横幅、扇面参加市、省、全国和国际展览，当他知道我有了成绩非常高兴。那时，我一有空就往南京跑，成了大伯伯家常客。有时他午睡起来后有精神，就拿张宣纸铺在桌上，写字画画示范给我看。有时家里来了朋友，带着一卷书画让他鉴别，这时他一定要我在他身边，听他分析，听他辨伪，告诉我作品要怎样去欣赏。有时喜欢坐在那张发了黄的藤椅上，谈古论今，说了许多人和事。给我说最多的还是书法能降浮去躁，能让人腹有诗书，告诉我写书法就是在写自己。思想、品位、情操，当自己境界高了书法水平才能提高。要想写一手好字，首先要提高自己人生处世觉悟等等。并告诫我，做人要人品为先，无人品什么也没有，人不能图虚名，默默地做个好人就行。有一天他很认真和我说，我看你擅长写小楷，我有个建议，你用蝇头小楷书写《红楼梦》比较有意义，《红楼梦》原著真是太优秀了，但各种版本比较多，我可以找个好版本给你，你能做这事吗？如果能做，我还有要求，你要去除杂念，挡住诱惑，专心书写，同时边写边学习边研究这样才行。后来我用了五年时间完成了《红楼梦》的书写。遗憾的是，大伯伯没有看到我1993年去南京大学图书馆将之装订成册的那一天。1992年8月25日，大伯伯带着我们亲人的思念和深情寿终正寝。如今时隔三十年，大伯伯的音容身影，仍历历在目。

　　大伯伯在我心里,是位诲人不倦的良师,尤其对我这位小辈谆谆教诲,从不厌烦。书法成了我的终身爱好,我越来越觉得,他的教导是那么的厚重,慢慢地在我走过的路上形成了真实脚印,犹如写楷书一样,笔笔到位,笔笔痕迹清晰,笔笔有交代。

　　作者简介:吴娃,著名书法家,吴白匋先生亲侄女、书法传人。

李 晓

严慈并著 恩泽永怀
——深切怀念吴白匋师

吴白匋师逝去已三年,记得在 1992 年 9 月 2 日,我乘舟在扬子江上飘洒白匋师的骨灰,泪水和着菊花送先生的魂魄回归故里,望着天水一隔,江水远去,先生和菊花一起去了。我的心情怅怅然,但一段师生情永远不会流失。

自 1980 年我跟随先生治学,已有十五年了。虽说 1983 年春我离开先生案前,但仍常去请教,书信往来不断,先生称我贤弟,我待先生若父,先生倾箧传授,我得到了很多很多。直到四年前,先生还教授了如何借助文字学治学的方法。我还有许多问题要问,可是先生已去。去得那么快,那么突然,是我从未想到的。因为我知道先生足不便,偶有感冒,而身体是很健康的,每次体检,我得到的总是好消息。当噩耗传来时,我惊呆了,我简直不能相信。但先生是去了,《无隐室剧论》墨香未尽,师生还未共论书趣,我再也听不到先生豁达的言谈和爽朗的笑声了。

先生待人宽厚,但对我们学生严字第一,当我们在学业上使先生满意时,他才给我们慈父一般的爱。我的体会最深,因为我是上海人。从业之初,我正读了关于曲学和戏曲史方面的许多书,谈话之间,不免多说几句"这个我知道",先生就不放心我,怕我浅尝辄止,不愿再下苦功夫。因此,对我特别严格。事实上,我并不是那样的人,我考到南京来,就准备刻苦用功,专门找出疑难题目,求老师释疑解惑,我怎肯放弃老师的指点呢?白匋先生学识渊博,治《说文解字》,治明史,治书画,治词曲,元明清戏曲和昆曲不过是余兴而致,已深得其奥,令吾辈后生仰止,幸忝列先生门下,岂肯懈怠?我不讳言,先生喜欢上海学生领悟快,但极不满意上海学生走捷径,做古学问是要死功夫的。后来,先生知道了我的刻苦用功,少睡多读,星期天访求学问,什么事情都要问个究竟。于是,先生自责冤屈了我,就对我特别地关心与爱护,调整了培养计划,专攻曲学与昆曲。从此以后,先生与我就十分地亲近了。

先生的教学特点可以归结为三条:(1)温故知新。(2)讲究方法。(3)重视实践。这三条使我们学到了实在的知识,锻炼了能力,也就成了吴门弟子一生奉行的学问之道。

温故知新。"故"即最基础的功课,要我们再通读一遍学术原著和作品。读《中国古典戏曲论著集成》,再读《曲苑》《新曲苑》,补充《集成》未收之篇。读论著要找出问题发问,我们要主动跟先生讨论,先生也会发难。因此,我们不敢不细读,挑剔出问题来。还要读《元曲选》《元曲选外编》及南戏、传奇百种及《金元散曲简编》。读作品要注重于曲律、作法的研究,从古人作家的作品着手,学到的知识就是具体而实际的,与论著互补互证,就可以防止片面性和理论脱离实践而导致的抽象与空洞。古人用曲学是活用,我们学曲学也要活学,因此我们不用死背,书读多了,一遇曲学问题,就能如数家珍。读这样的书是枯燥的,但一想到老师严肃的会课,就硬是读了满床的书。"知新"就在会课之中,与先生的问答解决了许多难点,有了新的收获。先生说,学问就是学学问问,学术才能进步。

先生不仅释难,还传授了治学的方法。先生说,在这两三年内,培养成专门人才,是不容易的,除了帮助你们巩固基础之外,重要的是学会治学的方法，以后才可能发展。先生教剧本写作不相信"教程"之类的书，而是叫我们读先生的剧本，然后教我们先生是如何写作的；又选定了《西厢记》《窦娥冤》《雷峰塔》《昭君出塞》等四类系统的古、近、现代的剧本，作比较性的研究，锻炼我们选材、处理题材、结构与技巧、语言艺术以及塑造形象的编剧能力。这样的具体而细致的教学，我们获益匪浅。治学有赖工具书和古籍的运用，又专门教授书本知识，如何利用古籍、曲谱、方志、笔记去解决一般不易解决的问题。先生还介绍了南大古籍部和南图古籍部的老先生，专门指导我们"寻书"，我们如鱼得水，常常能在古籍部如愿以归，而且学会了"寻书"的门径，一生受用不尽。学曲律有巧法，也有笨法，先生教我们要巧拙结合。笨拙的方法是基本功，排比审律；巧法是调熟平仄上去阴阳之法，严起调毕曲，巧也就在笨拙之中，好比学书法一样，是不能偷巧的。先生治画、治史、治文字学，平时不少讲诗词、史书、文字的知识，还专门叫我们去考古专业旁听先生讲授的中国绘画史，如有博物馆先生上门请教先生鉴别古画，就让我们在旁静听。妙的是，待博物馆先生已走，先生就补述其中的道理，还强调说学戏曲一定要懂得画论、画理。至今回想起来，确是如此，戏曲美学的原理不是很多与画理相通的吗？先生曾答应过我，待我毕业之后，一定再专门传授识古画的技术。但我毕业后就离开了南京，失去了再学的机会，成了我一种遗憾。先生最推崇的是胡小石先生，对胡师情感很深，耄耋之年为先师著述的出版往返于宁沪之间，令我后辈深受感动。先生亦以先师讲授之法教我们，循循善诱，步入法门。先生还讲起在白沙和台静农先生的友情，因此，在我的印象中对胡小石、台静农先生最深切，后来在沪一遇白先勇先生就有一见如故的亲切的感觉。在学术上，先生对王国维、吴梅、王季烈、王季思、任二北、赵景深、钱南扬等大师是钦佩的，教导我们要读完大师的书，才能知道曲学研究的最高水平，也才能清楚自己的发展方向和前途，要发于清苦，不为名利所诱，才有出息。在读书期间，先生不准我们发表文章，也是这个道理。我们照先生的话做了，一生要勤苦，但愿先生在天之灵能有安慰。

　　先生一再说,南京大学的学风,著述重证据,不说多余的话,行文要流畅美读,学诗词的会写诗词,学散文的会写古文,学书画的会书画,学文学史的会长编,学戏曲的必须会写曲、唱曲、编剧本。道理也简单,学一行会一行自然就懂一行。第一年就写曲、唱曲,一周三支散曲,严格按照格律,还要有韵味,在我的手稿上留下了先生精心修改的笔迹,成为我的珍藏品。我们能写曲、编曲就是这样炼出来的,如果缺少这一门课,我们如何能有文字的功夫。唱昆曲也是必修课,一周一次,请了昆剧院老师来教,从工尺谱教起,板板眼眼也顶真得很。怪我们这些学生不是唱曲的料,没有唱好。但会读着工尺唱了,生旦净末丑的曲子全学,在先生面前一开喉,总要惹得先生笑起来。想起来,唱曲是先生开心的事,我们一错,先生就会唱起来。于是,唱给先生听,常常要变成先生唱给我们听,我们也就乐了。先生支持我们到南京乐社去,我只能跟着唱,不敢独唱;先生还带我们去剧场,去排练场,看省昆排戏、演戏,我们在实践中学到许多东西。会课的时候,先生总要问,看了什么戏,有什么感想,因此我们看戏,晚上总要做笔记,说不出道理来,先生要不高兴的。说到编剧,先生对我倾注了很多心血,我一辈子也不会忘记。那是第二年的事。先生说,当年欧阳予倩先生要先生改编《长生殿》,二老交流了构思,但先生未开笔,一拖二十余年,先生未少用心。现在把这事压在我身上,我很惶恐,怕编不好。先生很自信,说一定能编好。于是,我就改编了,一稿二稿三稿,也是三易其稿,其中大半是先生教着编的,最后的唱词由先生审定。打印本出来,又请陈白尘、程千帆、郑三尊、胡忌先生提意见,再作修改,直到先生满意为止。想起来,我一开始就编最难的剧本,没有先生的指导和帮助,是不可能的事。后来,我毕业之后,在上海昆剧团的热情的支持和合作下,1987 年昆剧《长生殿》在上海舞台演出了。上昆演出本更适应于舞台演出。这其中,又有俞振飞和李紫贵二位先生的指导,吴白匋和赵景深二位老师又把我叫去,亲聆教诲,又有唐葆祥、蔡正仁、华文漪的密切合作,郑传鉴老先生躬身排练场,贡献都很大。在高水平的排练指导下,《长生殿》又三易其稿,在上海、北京、天津、南京,台北,及在日本的东京、横滨、小山、高崎、大阪、福冈、京都、野洲等地共演出了 39 场,赢得了赞誉。《长生殿》的成功,有许多人的心血,但从我来说,这是先生给了最早的基础,我是幸运的。想起先生在南京看了《长生殿》的演出以后,给我的又是批评和改进意见。我重读此信,不禁热泪盈眶,我失去了一位严格而爱我的老师,我的心情是难以言表的。

先生对我是严格的,引起他人的非言,先生的胸襟是坦荡的,我也知道先生的苦心,他希望我做一个有出息的人。我的毕业论文苦写了半年时间,成文 8 万字,可是先生不放过我成功的机会,一句话要我重写。当时,我顿时懵住,极度难受地答应重写。没想到,我连续苦熬了两个月写出新的论文 10 万字,竟然使先生兴奋起来,笑声不绝,还请我吃酒,玩起对子酒令来,一声"陶然亭",接一声"张之洞",开怀大笑。后来,我的论文真的成功了,先生亲自为我作了序,编入《无隐室剧论选》中。先生就是这样的忠厚长者,我与先生的往事诉不尽诉。当我燕尔新婚之际,先生满怀深情地赠我家藏影写宋淳熙钞本《花间集》一函,开卷"小山重叠金明灭",伴我案头枕间,师恩绵绵,常引我遐想不已。先生淡泊名利,洞察世情,烦恼事毫不介意,一身布衣而去。我默默地伫立先生身旁,望着先生一丝微笑的遗容,虽是那么地安详,无所遗憾,但我深知先生的内心,在他的情感世界里是带走了什么的。先生走得太快,当你深爱着的学生未能在你走之前,聆得肺腑之言,你的学生将会终身遗憾。我知道,先生是有话要对我说的。先生启口说吧,就是在梦中,我仍然会照你说的去做。

(原载江苏《剧影月报》1995 年第 10 期)

作者简介:李晓,吴白匋教授硕士研究生,原上海艺术研究所常务副所长、研究员,上海戏曲学会原副会长。

邹世毅

博识儒雅　风范照人

——怀念先师吴白匋教授

而立之年,有幸追随吴白匋教授,攻习中国戏曲史论研究生课程。三年间,得先师耳提面命,醍醐灌顶,开智拓识,终生受用。毕业后返湘从事戏剧文化事业,仍不时得先师书示,恳切诲教,为我对舞台艺术的研究熟谙门径,深入阃奥,提供了盏盏明灯。先师学识广博,人格耿介,谆谆师道,风范儒雅,光鉴照人,在我辈心中刻下了永不磨灭的印记。

先师自幼熏沐丰厚家学,八岁即能吟诗度曲。受业后,先后师事于诗学前辈陈含光、国学大师胡小石、曲学大师吴瞿安、昆剧名老生谢绂江,不惟诗作造述颇得风骚真昧,"摆落凡近"(程千帆:《吴白匋先生诗词集序》),大具卓异神思,更有声律、小学、书画诸多精进,为时推挹。青壮时肆力于词,以稼轩、白石、梦窗为本,融老杜、昌谷、玉溪之风,时序更替之思、愤世感时之情奔涌于笔端,冷艳、绵渺、沉郁、顿挫之风韵融铸于一炉,成"辛、吴之胜,别开生面"(程千帆:《吴白匋先生诗词集序》)的词格。先师学曲、学戏,擅长于将戏曲理论研究与创作实践密切结合,论戏、写戏、改革戏齐头并进,相得相长;将戏曲艺术的继承革新与学校的艺术教育结合起来,让戏曲艺术后继有人,蹈厉发扬。鼎革前,先师曾执教于金陵大学和国立女师等高等学府,传授诸艺,得其裨益的后进,著名于世者良多。鼎革后,先师供职于江苏省文化局,领导和亲力于全省的戏曲改革及创作,主持、组织、指导、执笔整理、改编或创作了《双推磨》《庵堂相会》《红楼梦》《袁樵摆渡》《百岁挂帅》《金山寺》《义民册》《活捉罗根元》《革命家谱》《耕耘初记》等三十余个剧目,为江苏省的戏曲改革和创作走向新的发展阶段,为昆剧的保护、继承、革新,为锡剧、扬剧等剧种的成熟、发展和产生影响,为现代戏的戏曲化及其兴盛进行了有益的探索,做出了有口皆碑的贡献。

　　龙汉劫余,先师移砚于南京大学历史系、中文系,讲授历史学、考古学、戏曲史学,指导戏曲史学的硕士研究生。桑榆晚晴,犹孜孜如往,谆谆以诲,将博识渊学毫无保留地倾注在授业解惑中。先师教学,不拘成规,敢走新路。尤其在指导硕士研究生上,注重高水平学位课程设置的系列化,将科研建设与实践能力培养结合起来,强调对研究生多方面综合知识的传授、整体素质的培养、独立进行科研能力的锻炼。先师指导的戏曲学硕士研究生,走了一条十分新颖的培养路子:在戏曲史、戏曲理论的专业课程外,别具一格地设置了声律、度曲、写曲、创作剧本等实践性很强的课程。研究生们在第一、二两个学年中,每周要向他交两次散曲写作的作业,他则一丝不苟地逐字逐句修改、讲评;每周在昆剧院专业教师的指导下习唱昆曲两小时,毕业时能唱八至十个有名的唱段;毕业答辩时不仅有专业论文,还得有一个新创作的戏曲剧本。先生的意愿是:从事戏曲史论研究的人员,相应地需具有戏曲文学的创作能力,懂得舞台,否则,研究就难着其要点、难入骨髓、难探精微,难免流于不切实际的皮毛之谈,而纸上谈兵于戏剧事业无补。为了让研究生们尽快地掌握多方面的综合知识,先师更要求在必修课外,强调选择知识面广的选修课,举凡文学、音乐、绘画、书法、舞蹈、史学、美学、心理学、天文学、地理学等,都需旁及,不求精通,但求知晓。先生的理念是:戏曲艺术毕竟是多种艺术形式有机统一的综合体,蕴含着多学科的知识,创作它、研究它的人员就必须具有多方面的综合知识。因此,我们在校期间,先后选修了元史、中国画史、考古学、天文学、文艺美学、审美心理学、书法讲座、戏剧评论、书画鉴定、《资治通鉴》选讲等上十种课程,先师抽查了我们的听课笔记和作业。更为有趣的是,先师进行书画鉴定时,遇上我们在,当面即毫无保留地对被鉴定物的真伪作出判定,说明原因,详谈物件的时代、文化、材质、艺术诸方面的特征和特点及其异同,于我等多有裨益。

先师博学强识,然学而不辍,不囿门户,不守畛域,以能者为师,不分先学后进。1987 年他 81 岁高龄,正式退休,自认从此"政教两界,均属闲人"。在寄我书示中,有诗云:"会海文山里,身休笔未休。抛图厌猫蝶,得句蒐蜂猴。混沌凿何必,葫芦提最优。笑看推老屋,林立起高楼。"字里行间,思路灵动;生命不息,笔耕不止;是非不计,名利两忘;笑迎新事物,学习新知识,迈进新时代,勇于除旧布新的思想,油然沛然,令人起敬。记得我的硕士学位论文是写有关戏曲美学的,先师阅后说:戏曲美学以往少有人研究,你选此题,让我可以向你学美学了。老人家那一本正经的态度,是学而不厌、不耻下问情态的自然表现。1986 年,先师在给我的一封来信中谈到如何做好文化艺术部门领导工作时说:"首先是态度作风问题,要谦虚谨慎,时刻抱着学习的态度来待人接物,处理问题。1952 年我被调到文化部门时候,已有七年的教授资历,可我从来不炫耀自己,处处抱着从头学起的态度来搞工作。"老人家现身说法,教诲我要学会耐冷耐闲,"因闲散而能读书,坏事就转化为好事",叮嘱我记住毛主席的提倡,读几遍《资治通鉴》。做行政工作,记住唐人"勤谨和缓"的四字诀:"'缓'不是拖拉、推诿的官僚主义,而是学会听取意见,周密考虑,再作决定,不要忙中出错。"

先师教学,备课时一丝不苟,广搜远索,充分利用新出的学科研究成果,比较求证,在注意课程连贯性的基础上,选择前人没有涉及、今人也少研讨的课题,于旁征博引中阐发出他自己的真知灼见,并引导我们这些学生对他所述观点展开辩论、征考,以求得更深入的研究和见解的完善。老人家为了备好课,在年近耄耋、病足不便行动的情况下,仍坚持在家人或学生的陪同下,跑图书馆、去博物馆,借阅图书、翻找资料,一些不能亲躬的全国性学术研讨会议,也指令学生去参加,要求做好笔记,汇集研讨文章,供他老人家阅读,然后归纳概括,产生新见,用以教诲学生,或与学生争鸣。真正实现了教学相长。

先师风范儒雅,性情耿介,待人和善,乐于助人,奖掖学子,提携后进,在文化界堪为楷模,在教育界口碑咸善。龙汉劫启,先师因肆力于传统剧目的整理改编和创作,自然首当其冲,属于打倒之列。一些曾聆听过他的讲课和曾出演过他剧本的年轻艺术工作者,对他采取过一些很不理智的斗争方式。龙汉劫消,先师恢复工作后,这些年轻人惴惴然、惶惶然不敢接触他,深恐老人家会给他们小鞋穿。先师知道后,派人把他们找来,推心置腹地谈自己对触及灵魂改造世界观的认识,不仅原谅了年轻人的行为,还对他们黾勉有加,并在以后的时日里,言信行果,对他们在艺术上多有提携奖掖,这些年轻人竟与先师成了忘年交。

先师曾对我说:知识分子大多有点狷,我自己就有点狷。初时,并不理解老人家所说的意思。直到先师十分意外而平静地鹤归道山,我才明了。先师所说的狷,是狷介,是狷洁,是他心底坦荡、正直无私、忠诚不移、洁身自好的自我评价。先师一生,既为知名教授,又曾做高级干部,可年事隆高时,住的是狭窄平房,出差外出,很少提出要车。一次去参加学术会议,临上火车的时间已经很紧了,可单位派的车还未到,迫于情势,我叫了一辆出租车,他坚持车费由自己出,言称不能破坏单位的制度。老人家的子女大多不在身边,外出常由我们这些学生陪伴。晚年病足,行走较为不便,从不要求搀扶;偶尔给他洗洗衣服,也要道谢再三。在他心中,学者的风度就应该是落落大方,乐于助人而不麻烦别人。这种不给组织和他人添烦叨扰、耿介无私的品行和风度贯穿老人家的终生。1992 年 8 月 25 日,先师还如以往那样,在单位调不出车去接送的情况下,坐上一辆人力三轮车去医院看病。当时,他老人家心里想的可能还是他的不坏规矩、不烦他人的做人原则,他的耿介狷洁的品性让他连一口痰也不要吐在三轮车上或三轮车行走的大街上,他甚至连跟坐在身边的亲生女儿也没说一声,带着人们不解的谜,载着五车富学,飞鹤般地飘入了天国。先师耿介狷洁的品性留给我们不尽的痛憾和思索:如果先师吐出那口……如果先师有辆车……如果中国知识分子不是"穷且益坚,不坠青云之志"……

今年,先师鹤归道山已 13 载,可先师的风范永辉,精神长在!

今值先师一百周年诞辰,我们对先师至诚的怀念定将化作五彩缤纷的长虹,把过去跟现在贯通起来,永远向着美好的将来!

（原载《江苏九三》2006 年第 4 期,2020 年 11 月修改）

作者简介:邹世毅,吴白匋教授硕士研究生,湖南省戏剧家协会原副主席,湖南省艺术研究所原所长,一级编剧。

李　晓

文史学者　才子作家

——缅怀吴白匋先生

先师吴白匋教授,1906 年 10 月生,1926 年入金陵大学,先后受业于胡翔冬、黄侃先生,为一代宗师胡小石先生的入室弟子。1931 年毕业留校执教,后任副教授。执教期间,曾师事吴梅先生,得曲学大师多方指授。吴白匋先生长期致力于古典诗词的研究、写作与教学,先后在四川白沙女子师范、苏南文化学院、无锡国专、江南大学等校任教授。1952 年因工作需要调文化部门,主持江苏省文化局的戏曲编审工作,1956 年起任副局长。1973 年重返教坛,先后任南京大学历史系、中文系教授。1992 年 8 月谢世。

我从 1980 年起师事吴白匋先生,那时吴先生已是 74 岁高龄的老教授了,在我的印象中,他是一位学识渊博的忠厚长者。我在此后做学问的过程中,不断地得到先生的关爱和指点,所获良多。先生虽已逝去 12 年了,但我案头上依旧放着先生赠我的仿宋版的《花间集》,壁上依旧挂着先生手书的墨迹,常使我回忆与先生相处的往事,感悟着先生治学的精神与方法。

吴白匋先生是一位功底深厚的文史学者。先生好古博物,涉猎颇多,尤对明史、书画、诗词等均有一定深度的研究。先生授业讲课滔滔不绝,如数家珍,记忆力特好,而且能把文史学问融会贯通,以提高学生的领悟力。先生自言把做学问看成修身养性,述而不作。吾辈非亲聆其教诲,即不知其深浅。先生具有一种传统的文人学士的风度。南京为明朝故都,处处留有明代文史遗迹,重修清凉山、李香君故居等地,先生总被请为顾问,参与意见。清凉山为明清文人聚会讲读之所,清幽宁静,留有很多故事,清凉山上的《重修古崇正书院记》刻石,字字端楷,笔笔精神,即为先生所撰并书。先生书写时极为恭敬,一丝不苟。李香君为南明奇女子,其传奇性的故事与秦淮河、南明史联系在一起,先生为我们分析《桃花扇》的本事始末和创作法的时候,几乎为我们上了一堂纷繁复杂的南明史,在此基础上学习作者取舍组合材料的原旨与作法。《桃花扇》是历史剧,必须知其历史,方能知其剧。先生对历史剧的态度是非常严肃的。他认为,对于古代的戏剧作品仅此而已,而对于现代的戏剧作品概念十分混乱,所谓的讨论不知所云,为此先生操笔在《江海学刊》上发表《谈历史剧正名问题》,其文影响深远。我对南明史的看法,与先生不同,但我对历史剧的看法,继承了先生的观点,因为先生是正确的。先生的祖父、父亲辈好藏书,更好收藏名人书画,所以先生所览极多,宋元明清的名家名画名墨,从纸、墨、笔、颜料到画法、运笔、画迹、墨迹均有研究,在长期的揣摩中,养成了鉴别古书画的眼力,在秦淮河畔传有名气。先生在历史系考古专业执教,就是教授书画文物的有关知识。我选读先生的《中国绘画简史》课,先生讲史提纲挈领,要言不烦,思路清晰,讲画则细致有加,惟恐疏漏,从材料、画法到师承、风格,娓娓道来,很能吸引学生。他对考古专业的学生要求能"识别",而对于学戏剧的我要求能"领会",还要补读画学理论。因为先生认为,画理与戏理相通。我认真学了,确实对我帮助很大。先生好读东坡、稼轩、白石、梦窗等名家词作,尤对梦窗词独有研究。先生对于人谓"七宝楼台,眩人眼目,碎拆下来,不成片段"的评论持有不同的看法,认为梦窗之丽字藉音律而生动,梦窗之丽句藉情语而柔婉,打碎七宝楼台而落英缤纷,用字质直,用意蕴藉,当为独树一帜的词派。

吴白匋先生是一位文采斐然的才子作家。先生15岁即开始诗词写作,初成《灵琐集》,继之以《西征集》《投沙集》,合之为《凤褐盒词》,又有《凤褐盒诗剩稿》,建国以后所作的诗、词、散曲编为《热云韵语》。先生故世后,由弟子郑尚宪君编集为《吴白匋诗词集》,冠以程千帆先生序,在程千帆先生和中文系领导朱家维先生关心下,由南京大学出版社出版。程先生序曰:"凡所造述,莫不神思卓异,摆落凡近,非下士所敢望。"先生的词作,文采斐然,幽思深邃,为先贤奖挹,同辈推崇,在近现代词人中可占一席。先生34岁时以词作被金陵大学聘为副教授,成为学界的一段佳话。词作佳,亦得力于词学的功力。我随先生学,获益最多的却是书画与词曲,文情所依,性情之学,本我所爱。我在中学时代开蒙老师是陈左高先生,陈先生在无锡国专求学时也是吴白匋的学生,后来我有幸师事先生,也是一种缘分。但我是先生的戏剧研究生,正课是曲学与戏剧写作。1952年至1973年先生在文化系统工作,曾主持、指导或执笔整理、改编、创作剧本30余种,其中著名的有锡剧《双推磨》《庵堂相会》《红楼梦》,扬剧《袁樵摆渡》《百岁挂帅》《金山寺》《义民册》,昆剧《活捉罗根元》等,1973年后的力作是昆剧《吕后篡国》。我协助编集了先生谈戏剧创作的《无隐室剧论选》,由江苏文艺出版社出版。1954年的《红楼梦》和1959年的《百岁挂帅》演出后轰动全国,取得了极大的成就。而后的越剧《红楼梦》和京剧《杨门女将》就是在先生剧作的基础上改编成功的。人们知道从《百岁挂帅》到《杨门女将》的过程,但稀有人知道从先生的《红楼梦》到徐进的《红楼梦》的过程,我为此协助先生详细总结了先生的《红楼梦》的创作经验,洋洋巨著编为剧本的情节结构和人物的塑造,是先生的功绩,但先生说这是因为曹雪芹的原著太优秀。徐进为了改成越剧曾到南京请教先生,先生也为此畅谈了指导性的意见,可以说先生的剧本为1957年越剧改编的成功提供了不容忽视的基础。先生的《吕后篡国》的成功则是陈白尘先生的话剧巨作《大风歌》提供了扎实的基础,并得到陈先生的有益的建设性意见。先生留于我《乌台诗案》的剧稿,望我做一番通俗化与戏剧化的修改,我作为弟子理当慎重而为,我希望先生在九泉能看到我不负师望。因为我的昆剧《长生殿》的成功,也是先由先生给了我基本构思的。

回想12年前,在燕子矶外扬子江送先生魂归故里,天水一隔,江水悠悠。这不是江水,是绵绵不绝的流不尽的先生的寄托与情思。

（原载《薪火九秩——南京大学中文系九十周年系庆纪念文集》,南京大学出版社2004年版）

作者介绍:李晓,吴白匋教授硕士研究生,原上海艺术研究所常务副所长、研究员,上海戏曲学会原副会长。

吴白匋 撰　郑尚宪 整理

吴白匋自撰年谱

说明:先师曾于 1990 年撰成《吴白匋大事年表》一种,交付南京大学档案馆,嗣后着手撰写《凤祸老人自定年谱》,惜未及完稿就溘然长逝。二者跨度不一,详略不同,颇多可参照和互补之处。今将两本合并,以《吴白匋大事年表》为纲,将《凤祸老人自定年谱》各项内容系于相应年份之下(以《年谱》标识),冀成全璧。为有别于《凤祸老人自定年谱》和《吴白匋大事年表》,兹以《吴白匋自撰年谱》为名。先师撰稿时年事已高,且全凭记忆,记事偶有出入,现尽量参照有关人事和背景予以订正,个别笔误之处,亦迳行校正。不当之处,概由整理者负责。2021 年 7 月,门人郑尚宪谨识。

吴白匋:祖籍扬州仪征县,谱名征铸,字伯陶,后改白匋,以字行。

1906 年　10 月 20 日(清光绪三十二年夏历丙午九月初三日)生于济南,一岁。

《年谱》:清光绪三十二年农历九月初三日(阳历十月二十日)生于山东省

济南府历城县(今济南市区)。先祖竹楼公时为知府,迎养曾祖母周太夫人于衙内。曾祖母八十四岁寿诞前三日,余生,因特被宠爱,锡乳名"同寿"。先伯祖福茨公定谱名为"征铸",字伯陶,亦取寿意。时先君佑人公年廿三,读书于济南客籍学堂。从兄征钰,字谱初,后以字行,长余三岁;征铎,字振声,长二岁。

先妣刘太夫人年廿二岁。外祖父讳启彤,字丹庭,以举人为清第一代驻法公使馆参赞,惜归国后即逝世,余未得见。

1907 年　二岁　随先祖移家天津。

《年谱》:先祖升任直隶永定河道,移家天津。行"抓周"礼,余抓笔一支,而不抓红顶子。

1908 年　三岁　在天津。

《年谱》:春,先伯祖福茨公卸署理新疆巡抚职,乞假返天津省亲。

夏历八月,先曾祖母弃养于天津僦舍,时年八十六岁。先伯祖、先祖亲视含殓,辞官在家守制,护送灵柩返南,安葬于宝应县汜水镇先曾祖墓侧。余以年幼未随行。

1909 年　四岁　在天津。

《年谱》:三月(夏历),堂妹征璞(字襄奇)生。

五月,二弟征鉴(字若水)生。(郑谨按:先师亲兄弟六人,堂兄弟众多,原稿按家族大排行称诸弟,外人不易分清,为免读者误会,现改为按亲兄弟排行。)

1910 年　五岁　在天津。先母教识字。

《年谱》:以僦舍近下天仙戏馆,上辈时往观戏,必携余往,遂成小戏迷,每日闹要看日戏。祖母溺爱余,乃命男仆李大背往。李有烟瘾,每趁机先往烟馆,畏余叫嚷,乃买糖炒栗贿余不说。因吃多不消化,一日忽晕绝,不知人事九小时,幸得同仁堂"保赤万应散"灌救复活。祖母斥李大去,另易一男仆,而余每日必看戏如故。

先母每日早晨,以方块教余识字,已识数百,因病辍学。

1911 年　六岁　春,随先祖至荆州;夏,随先祖母至北京;冬,全家迁上海。三弟征钜生。

《年谱》:先祖服阕,授湖北省荆宜兵备道,在天津度过春节后,举家赴任。时津浦、沪宁两铁路已通车,而镇江、扬州亦驶小轮船,交通方便。遂于二月初全家先至扬州。时伯祖亦授浙江布政使,尚未赴任。老弟兄聚会于北河下大宅,适胡氏之二姑母亦全家住宅内,极天伦之乐,为大宅落成后最昌盛时期。

是年三月,抵荆州。

五月,三弟征钜(字乐公)生。祖母挈余与二弟同赴北京,照料先母产后,兼以避暑。寓回子营牛录胡同。

八月,革命军起义于武昌,荆州消息隔绝。

十月,先祖自上海来信,云已弃官携家移居上海。

十一月,先祖母亦命先君辞官,举家乘火车先赴天津,改乘海轮船至沪,重得团聚。寓法租界。

岁末,四堂弟征铖(字丹若)生。

1912 年　七岁　在上海。

《年谱》:父往北京,就农商部主事职。

祖父建新居于法租界军官路,与傅、沈、刘三家合住一衖,称"四合里"。

随上辈观若干谭鑫培的戏,其在沪最后演出的《珠帘寨》,余对之印象最深。当时上海有文明戏(话剧前身)演出,余亦看了不少次。得观欧阳予倩、陆子美(皆男旦)与顾无为(言论老生)等表演。

1913年　八岁　在上海。四弟征铠生。

《年谱》:母亲教我识字,由每日八字进至每日十二字。虽因夏六月四弟征铠(字秋门)生,曾辍学两月,但总计一年中识字千五百左右。

先祖因大局已定,复出为官,由江西省秘书长被简放为浔阳道尹。先母赴北京。

七叔娶婶母丁氏,次年生二堂妹征珏。

1914年　九岁　在上海。初从淮安黄吉甫先生(名庆业)在家塾读书,二弟同读。

《年谱》:春节过后,祖父延淮安黄吉甫(讳庆业)先生至家授余与二弟课,初背诵《四书》,一年而毕。黄先生为老廪生,坎坷不遇,但教学有方,恂恂善诱,以我好看戏,乃命读史,每日圈点袁了凡、王凤洲《纲鉴》一二页不等。课外,许阅《三国志演义》《东周列国志》等小说。余能强记,读经与古文二、三遍即能背诵,故为黄师所喜,从不加扑责。秋末,梅兰芳第二次来上海,余得观其不少剧,印象最深的是《黛玉葬花》。

冬,先祖母挈余与二弟同赴九江道尹衙门。黄师同往。

1915年　十岁　此后每年皆随先祖母来往于九江、上海。

《年谱》:此后三年中,先祖母每在九江度春节,初夏返上海,冬再赴九江。余与二弟随之往来,黄师亦然,故除旅途外,从未辍学。

无论在上海、九江,都时常观剧,当时名角刘鸿声、汪笑侬、冯子和。

1916 年　十一岁。五弟征镒生。

《年谱》:是岁读完《诗》《书》《左传》《礼记》等经,未读《易》。兼能背诵《古文观止》《唐诗三百首》。袁、王《纲鉴》点完一遍,改点《通鉴》。可作二百字左右文言短文。隔日作文一次,题目有史论、四书义两种。

夏,五弟征镒(字百兼)生。

因五婶母何氏卒,先母不得不自北京回上海,主持家务。

1917 年　十二岁。读完《四书》《诗》《礼记》《左传》与《唐诗三百首》,以及古文多篇,皆能背诵。冬,先祖逝世,全家迁回扬州。

《年谱》:在九江、上海。

是年家难重重。初秋先祖母患恶性疟疾,几死。五叔父继因冶游致疾,缠绵床笫数月。

仲冬,七婶母丁氏生七堂弟征鎏,三日后染产褥热卒。

季冬,先祖猝以脑溢血薨,年五十七,身旁只有庶祖母陈氏与四弟送终。先祖母、先君与七叔父星夜自沪奔丧,三日后抵九江,亲视含殓。

1918 年　十三岁　在扬州。

《年谱》:自上海归扬州。春节在凄凉中度过。人日赴先伯祖家拜年,蒙接谈半日。先伯祖出身寒微,经历富贵而自奉甚俭,和蔼可亲,问余学业,勖勉有加,谓老仆王保曰:“此儿沉静,能读书。”余生平聆其教诲,只此一次。

正月十日,接九江来电,知先祖灵柩东下。先母命老仆程升送余至镇江迎接。当日薄暮,轮船到,登之,抚棺大哭。十一日,雇大帆船运棺及家属,自瓜州入大运河。行一日至扬州城下。十二日,停灵于重宁寺,全家借住寺内两月。

为还债和节用,先祖母决定售上海房屋,迁家还扬。以先伯祖当时尚在,忌讳孝服,不能居北河下,乃租东关街刘氏屋居之。

四月,先君返北京复职。

初识钟士豪(名惟贤)与李宝森(名天玉)。余总角交唯此二人。

1919 年　十四岁　在扬州。 能写通畅的文言文,开始自学诗词,受到扬州老辈周毂人(名树年)、张赓庭(名官夔)等的指点教导。六弟征鉴(后改征莹)生。

《年谱》:春,安葬先祖于江都西山,距城十三里之仙人掌。

夏,迁居弥陀巷芮氏宅。

冬十一月,六弟征鉴(后改征莹)生。此后无胞弟,先五、七叔先后添丁,一半幼殇。存活者四人,为燕弧、与安、敬持、载瞻,皆以字行。其名与生年、行序记不清楚。

1920 年　十五岁　在扬州。 初写旧诗词。

《年谱》:夏,先伯祖弃养,年七十一。

冬,全家移居北河下大宅。时三、四、五弟皆入家塾,黄先生移力施教,以余小成,不再督促。余好诗词,为黄师所不喜,目为"玩物伤志",从不指点。余乃自学之,问业于士豪之师张赓庭(讳官夔)先生。张为扬州名士,名列"冶春后社",诗学白陆,导余吟咏。经其绍介,得识社中诸老吴召封(名恩棠)、孔小山(名庆镕)等,时作诗钟、灯谜消遣。余好胜,见填词者不多,乃学之。是秋初成【苏幕遮】一调,未存稿,仅忆两句"憔悴韶光谁是主,赚得西风卷起溪潮怒"。

先伯祖少孤贫,得书甚难,贵显后,唯好购书,而不讲究版本,二十年间,共收八千余种,二十余万卷。于大宅东隅,建"测海楼"藏之。宣统庚戌,刻书目十二卷成,其自序曰:"不拘一格,凡元明刊本,旧家善本,寻常坊本,殿刻局刊各本,随时购觅,意在取其适用,为异日子姪能读书而憾无书者备焉。"楼七楹,建制全仿范氏天一阁。楼下敞厅,称"有福读书堂",老仆曹喜掌管之。余是年初嘱曹取书下楼阅读,每次借三四种,皆属集部诗词,读后即还曹送归原箱,再借。

1921 年　十六岁　在扬州。与二弟从镇江茅润之先生（名乃德）补习英文、算术,准备投考学校。

《年谱》:先母明敏,见家中食指浩繁,入不敷出,虑坐吃山空,乃决定培植余辈为有用之才。与七叔父商定,延茅润之先生（名乃德）至家,教余与二弟英文、数学,以便投考学校。茅师教学有方,非常严格,余将大部精力投入英、算。

时谱初大哥肄业于圣约翰大学,暑假中来扬,晤谈甚欢,乃约以英文通信,借此练习英文作文。

1922 年　十七岁　春加入扬州"冶春后社"诗社,秋九月与二弟同考进美国圣公会所办之美汉中学读书。

《年谱》:夏历七月,七叔父送余与二弟报考扬州美汉中学。校为美教会圣公会所立,属于上海圣约翰大学。学制独特,分正、预两科:正科四年,相当于公立旧制中学;预科三年,相当于小学。中英文分教:上午学中文,下午学英文、数、理。余考取中文正科二年级,英文一年级。二弟考取中、英文预科二年级。校长美人韩忭明（B.L. Ancell）博士,副校长鹿威廉（W.S. Green）。其夫人与另一美人傅师德（E.H. Forster）皆为教师,包办大部分课程。办校宗旨在于传教与培植专为西人服务之人才,特重英文,完全用美国中学教科书（包括史地）,而数学只教到几何而止,有物理课,无化学,用心叵测可知。每日早餐后要做早祷,下午专授英文课与《圣经》,督教甚严。上午授中文课、史、地等课,兼及体育,较松。只收住读生,学、食与买原版西文书,费颇昂,当时非素封之家子弟不能供给,故有"少爷学校"之称。只星期六放半天假,每周一次。

七月十六日,与二弟同入校。首次离家,未免不惯。半月后即病,请假回家治疗。先祖母欲余辍学,余不愿。病愈返校。

上中文课,初为程善之先生弟子。先生名庆馀,歙人,曾入南社,并参加过孙中山幕府,壬子革命失败后,返扬州隐居。虽擅长古文,能填词,而思想较新,时介绍"五四"以来新思潮。余受其影响,始读当时流行的小说,写白话文。

初与同学陈忠寰(字宇平,后改名康)、张嘉禾(字子重)订深交。

由钟士豪之师张赓庭介绍,入扬州"冶春后社"。

1923 年　十八岁　在扬州美汉中学肄业,假日仍从扬州诸老游。经同学陈忠寰(后改名康)引见,从扬州有名学者陈含光先生(名延韡)受教。读《说文解字》,抄录部首一册。

《年谱》:肄业美汉中学。中文教师改从蒋太华先生(名贞金)。先生为两江师范首届毕业生,因得闻清道人(李梅庵,讳瑞清)之名。

暑假中,至忠寰家,拜谒其父含光先生(名延韡),师事之。先生仪征人,精"选学",诗词书画皆甚清正,远超扬州时流。余以诗词呈正,得其教益不少。自此专致力于二李(长吉、义山)一温(庭筠)诗与南宋白石、梦窗二家词。亦从其教,欲继承仪征学派,开始读《说文解字》,抄录部首一册。

当时扬州旧家多藏书画,常求陈先生鉴别题跋,余因亦爱好书画。初识朱荔孙兄,渠家多明清名家真迹,故鉴别能力高。

1924 年　十九岁　在扬州美汉中学肄业。先君辞北京官返里。

《年谱》:北洋军阀混战,政府经济窘困,常欠薪数月,先君乃弃官返家。先君长期在北京,熟习京戏,曾与友人组织一小型票房,登台串演。返扬州后,仍每日拉胡琴消遣,并教儿辈京戏,余学老生,二、三弟学青衣。余对京戏有丰富知识,得之庭训。

是年夏,谱初大哥毕业于圣约翰大学,自费赴美留学。陈忠寰毕业,考入东南大学,专学哲学。

1925 年　二十岁　"五卅惨案"起,美汉中学产生学潮,解散。秋九月与二弟同考入南京金陵大学预科肄业。自此每年大部分时间在南京,寒暑假返扬州。初听胡小石先生(名光炜)讲课。

《年谱》:上海发生"五卅"惨案,圣约翰大学因圣公会主教不准悬挂国旗,开会游行,掀起大潮。美汉学生久不满奴化教育,闻风罢课,自组学生会,推吴士伟为主席,余亦被选为委员。韩忤明犹欲镇压,学生一哄而散。夏七月,余代表同学十余人至南京东南大学附属中学申请转学,竟遭拒绝。

四舅父刘钟璐(字佩宜)为金陵大学 1919 年毕业生,时居南京,乃劝余以相当程度投考金大预科,八月与二弟皆被录取。九月一日入学,因学校宿舍无空位,暂寓黄泥岗"鼓楼学舍"。余生平大半在宁,自此始。

胡小石师以中文系主任,授预科一年级课。余始聆其教诲,心悦诚服。束天民兄(名世澂)为其助教,主改作文,亦定交于是时。

王伯武兄绳祖得其伯父蕴之先生(名鸿藻,高邮人,曾与先君换帖)函嘱,特来存问。渠长余一岁,班高两级,道学校情况甚详。金陵虽亦为教会所办大学,宗教气氛不似圣约翰之浓。两籍教师中,颇有真才实学者。校长包文(A.J. Bower)、图书馆长克乃文(Clevens)、历史系主任贝德士(M.S. Bates),皆一望可接其书卷气。同学读书风气甚浓,每晚图书阅览室中座无虚席。余本欲读一年后转学,见此佳境,始愿久留。

伯武介绍其同班佘磊霞(名贤勋,安徽无为人)与余相识,从此结为亲密诗友。

预科有《国学概论》一课,主讲人是冯沅君先生(友兰之妹),曾以"淦女士"笔名,写短篇小说集《卷葹》。余上其课一学期。学期终了,伊辞职去。

1926 年　二十一岁　在南京、扬州,九月升入金陵大学本科文学院,选历史系为主系,中国文学为辅系。

《年谱》:在南京读书,寒暑假返扬。

春三月,舅母万氏为余议婚李氏,为明代开国元勋李文忠之后。文忠为明太祖姊子,年十九即统兵定浙东,封曹国公,生三子,长房世袭侯爵,迁北京,明亡,籍入清军旗。次房世守明光(初属盱眙县,今改属嘉山)祖茔,为望族。夏六月,正式定婚。岳父讳大鹏,字云程;岳母万氏,未婚妻名淑英,号毓琴,其独女也。岳父开明,允往来其家,惜未得见毓琴。

九月,升入金大本科一年级,与二弟迁住校舍。余肄业文科,二弟理科。

目击军阀当道,民不聊生,初倾向革命。冬十二月,经同班唐文槐(镇江人,1928 年逝世)介绍,参加国民党地下组织。

故五姊母幼弟晋彝,字骈熹(因左手骈拇),号昉孙。其祖栻,字悔馀,号廉昉;父彦昇,号秋葊;异母兄震彝,字臼威,皆擅四六、诗词。昉孙能继家学,而不通世故,是年因析产诉讼。扬州官吏、律师上下其手,乃丧家资大半,不得已寄居余家。暑假中朝夕晤谈文艺,唱和甚乐。

1927 年　二十二岁　年初参加国民党地下组织。北伐大军逼近南京,三月,金大宣布停课放假,先祖母命仆接余弟兄返扬州。不久北伐大军克南京,军阀孙传芳退守江北,与学校消息隔绝。五月孙军北遁,交通恢复。闻金大复课,重到南京,始详悉蒋介石背叛革命事,因未赴市党部登记,从此与国民党脱离关系。赋七律一首书感,诗始存稿。九月,初从和州胡翔冬先生俊学诗,遵命学李贺。

《年谱》:春季开学不久,学生会改选,当选为委员,职司文书。时国民革命军已克武汉,进军沪、杭。校内国民党组织活动频繁,余亦参加而未至校外活动。军阀孙传芳杀害东南大学学生成律、吴光田二烈士。金大学生亦有被捕者,经包文校长保释未死。三月初,金大当局惧祸,宣布停课放假。父辈闻之,乃遣老仆召余兄弟返扬。余未违命,遂成革命逃兵,可耻!

　　归家不久,国民革命军即光复南京,孙传芳退守江北。自此,余与学校消息隔绝,对蒋介石叛变革命,成立国府,四月十二日屠杀共产党人等事毫无所知。五月蒋军至扬,孙逆北遁。有同学自宁来者,详告时局变化后,低声问余:"汝亦共产党员乎?"余答以非是。渠云:"南京卫戍司令温建纲,曾在金大公布共党嫌疑份子,其中有汝。"余闻之,并不畏惧,糊涂胆大,自信可以说清楚。因以金大开学为理由,赴宁探问。到校后,觅素识之地下国民党员,绝大多数都逃走,只寻得同班生戴邦彦,渠告我前事已过去,可至市党部重新登记,如不去,即开除党籍。余见校内党部主持人皆过去的"落后"分子,新投机入党者,不愿与若辈为伍。又感政治变化无常,情况复杂,非余所能应付,遂决定从此埋头读书,不问政治。始终未赴市党部登记,脱离国民党。就当时感触所及,赋七律《丁卯夏重到金陵》一首,开始存诗稿。

　　九月,胡翔冬师初至金大授韩诗,余选读之。师索作业,余以仿长吉体《醉呈磊霞》长短句诗呈正。师为改易数字,奖勉有加,并肯定余学长吉。从两位胡先生学,为我毕生大事,前此受"五四"潮流影响,以为写旧诗无出路,欲从事新文艺。及受教于两师,乃感大有可为,立志毕生钻研、习作。翔冬师寓南门外窑湾,时与磊霞同往,出新作求改正,师对之极审慎,往往沉吟良久,始改写一字,并细析为何而改。我等咸心悦诚服。郦衡叔兄(字承铨)当时亦从翔师学诗,因相识订交。衡叔曾从萧屋泉(名俊贤)先生学画,颇谈得投机。卢冀野兄时已毕业于东南大学,因束天民介绍而订交焉。

1928 年　二十三岁　在南京、扬州。春,父辈鬻测海楼藏书。夏历九月十五日随翔冬师与中央大学宗白华、闻一多等名教授同游牛首山,存稿五古二首。十月与明光李淑英结婚。

《年谱》:自北伐军至扬州,时有军官或所谓"政治部"来借住余家,一般住轿厅、厅后爱日轩等两花厅,住时不长,亦无骚扰。去冬忽有自称"某军政治部"者来,云"这几处不够住,非住厅后藏书楼下不可"。家人不能却,勉强许之。住入后,每日必有数大军用箱抬出,家人疑而不敢问。约一月调走。曹喜急检点书楼,登楼梯门虽锁钥如故,而楼中间活动楼板(原以吊运书箱的)大开。点查楼上书箱,则已缺少书籍数百册,其中最重要者为殿版原本二十四史全套。曹急函告上海大伯父、六叔父,断为军人与书估合谋窃去(因活动楼板,扬州书估知之)。伯父等惧其再来,乃托人谋售书。今年初北京书估王富晋闻之,出价三万元,用辽宁文华图书馆名义全部购之去。于是"有福读书堂"乃成"无福"矣。余无力阻之,愤作《鬻书》五律一首。

金大二年级生,初分主辅系。余受伯武引导,选历史为主系(实际以西史为主),规定读三十学分;以中文为辅系,规定十五学分。此外功课可以任意选修。时历史系主任为美人贝德士先生,曾毕业于英牛津(Oxford)大学,学识渊博,课教极严,渠在课堂上只讲其个人心得,讲后指定学生读各种参考书,须写笔记呈阅,花时间甚多,故选历史为主系者皆好学深思之士。与余同班者有江文汉、陈铁民、黄席群,后各有所成就。

夏季,伯武、磊霞皆毕业,为中学教师,一年后又皆被聘返校授课。

初秋,先祖母病重,几死,经名医杨秉白(名鸿麾)挽救复安,欲亲见孙媳,遂于夏历十月命余结婚。淑英于归后,以妍丽活泼颇得先祖母欢,满月后许至南京归宁。余得在新廊街(岳父僦舍所在地)欢度蜜月。寒假开始,共返扬州老家。次年二月,二弟婚镇江李氏,宝森姊也。

夏历九月十五日,中央大学教授闻一多、宗白华、陈登恪诸先生,天民、冀野兄等,由翔冬师邀约,游牛首山。余闻而随往,聚饮于普觉寺方丈室,月夜同登东峰赏月,宿寺内,次晨始归。此次文酒之会,生平罕遇。一多先生仅此一面,白华先生得常往来,谊在师友之间。

忠寰在中大毕业,自费赴德国,专攻哲学。

是年阳历九月底,金大呈请教育部立案,照准。为教会大学第一个立案者,陈裕光就任校长。

1929 年　二十四岁　在南京、扬州。春，初从美人贝德士学西史。九月初入黄季刚师门下，以《梦芙蓉》词呈正，蒙其嘉许，遂始留词稿。九月先祖母薨。十一月长子泽亶生。

《年谱》：黄季刚(侃)先生来金大兼课，开《音韵学》《词选》两门，余悉修之，自此兼为黄门弟子。先生音韵学为海内宗师，创古韵二十八部之说，为章太炎太夫子所未发，新旧学者皆承认之。愧余对音韵学无根底，不能理解其所以然。《词选》课则受益甚大。以当时所作《梦芙蓉·次梦窗韵》一阕呈正，师颇奖许，嘱以后常到"量守庐"谈词。余惊喜极，盖以前倚声，无师自学，正式拜师当自黄先生始，遂以《梦芙蓉》为词集存稿之首。

九月，先祖母弃养，未及送终，归跪灵床前痛哭。时淑英已孕七月，先君函请岳父允其赴宁生育。

夏历十一月，长子泽亶生，岳母照料周到。此后余所生一子二女，皆在岳家(僦舍已迁至评事街泥马巷)。

谱初大哥于去年学成归国，供职铁道部，娶嫂杨氏丽芬为襄阳望族，建小家庭于南京，余与二弟常往晤谈，嫂氏待余辈亲若同胞焉。

初识高石斋(文)于翔冬师所。石斋上元县人，小余一岁，低一班，诗学选体，用功至勤，师教之如磊霞与余。又泰州高柳桥兄(炳春)，为政治系毕业，偶作五律诗，亦问道于师。

1930 年　二十五岁　在南京、扬州。因多请假，扣学分，推迟一学期毕业。秋至中华女子中学为教师。四弟征铠考入金大理学院。

《年谱》：按金大学历，应于是年夏季毕业，因数年来时常请假，扣去学分不少，校教务处告我，推迟毕业，名列一九三一年春季班。二弟亦然。

春二月，葬先祖母于仙人掌，与先祖同穴。

子重在上海学法律，与美汉同学冒孝鲁(名景璠，如皋冒辟疆后裔，冒广生子)常寄诗来唱和。余因从翔冬师学五律。

秋九月,初游栖霞山,归填《念奴娇》记之。

贝德士先生介绍余至基督会所办之中华女子中学,教初二年级中文与各班历史课。校长童润之(名德富)为金大1922年毕业生,虽亦教徒,而为人诚笃,甚易相处。

自是年起,每年大半居南京。暑假畏热,始回扬州度过。三、四弟在省立扬州中学高中毕业。三弟考入上海交通大学机械工程系。四弟因体检不及格未取,改考入金大理学院化学系。

1931 年　二十六岁　在南京。七月正式毕业金大,授文学士位,并选入斐大斐荣誉学会。长女泽壸生。九月胡小石师命返金大,任中文系助教,授《学术文选》《词选》两课。"九一八"事变起,填《烛影摇红》一阕志感。

《年谱》:春暮,游杭州西湖七日,畅游六桥三竺诸胜,归后填《琵琶仙》《蝶恋花》各一,五古一首。

夏六月,长女泽壸生,因生于俗传荷花生日,小名阿荷。

阳历七月,正式毕业金大,授文学士位。当时各教会大学(包括燕京、圣约翰、沪江、东吴、岭南、华西等校)共设斐大斐(希腊文 Phy Ta Phy)荣誉学会,选优秀毕业生加入,余得与焉。二弟得理学士位,但未得此荣誉。该会又授各校一年级第一名学生奖章,四弟得之。

总结在金大五年半,幸列四位名师门墙。中人三人:翔冬师授《诗选》(汉魏至唐宋)、《韩诗》《杜诗》《中晚五律唐诗》;小石师授《文学史》《楚辞》《甲骨文》《金文》《文艺批评》;季刚师授《词选》《文选学》《音韵学》《说文》。西人一人:贝德士师授《世界通史》、英、俄、日、印史与《历史方法论》(用弗林的《历史方法论》作课本)。其他课程,虽各有教授,余未尝视为师也。

阳历九月,中华女中开学,被续聘,已上课。月底小石师与磊霞来告,金大中文系缺一助教,决定聘余。经与润之商量,此学期仍留作兼任教师,下学期离任。

金大制度，不同于国立大学，助教同样授课。命余授《学术论文选》，五学分，每星期五小时；另五小时开《词选》与《词学通论及词史》。余以是项曩由季刚师讲，恐其不悦，亲去禀告。时"九·一八"事变已起，余填《烛影摇红》词寄慨，先呈此词，然后谈开课，心惴惴然。不意师闻而莞尔曰："汝能为此，足够开课。如恐资望不足，我赋诗为汝张目。"即写一绝句云：

> 雏诵新篇喜不胜，君家君特有传灯。
>
> 论词突过王僧保，始信清才在广陵。

余感动之极，谢其深恩。师继乃庄颜曰："观汝乃可上可下之中资，此后应刻苦自励，庶几有成，毋学汝乡方地山辈斗方名士也。"余敬谢曰"遵命"，欣然返校。

翔冬师闻余返金大授课，亦甚喜，告余以教学方法曰："无他，唯多作备课耳。初教学术论文，以上课即讲长篇巨制为宜。"余得此指导，决定先讲《庄子·天下篇》，因过去对子部用功较少，乃广阅有关注疏，旁及《道藏举要》中几种《南华真经》注解，下至近人胡适、钱基博等论著，择其有利于讲者，写作笔记，多备而不全用。授课近一月，始毕此篇。继讲《说文解字序》，以过去听过季刚师说，有详细笔记，用功稍省。初诸生知余才在本科毕业，未免轻视，及见余能讲如此宏文，始改成见，堂上秩序良好。讲词则以知识较多，临时不需多备。此一年为一生中用功最勤之年，奠定以后讲学基础。惜当时笔记在抗战期间全部遗失。

淑英与子女均住母家，余以不便读书备课，仍住金大小陶园单人教师宿舍，星期六返家团聚，星期一晨仍回宿舍。

周穀人先生树年，先曾祖母内侄孙也（其妹又为余大伯母），以老亲关系常来往。周为清末拔贡而不求仕，民初为扬州商会会长，又为盐商总代表。

好作诗,走平易冲淡一路,见余能词,亦学焉。是年起,常与余论词。

秋,士豪以肠出血死,遗孤焕文拜余为义父。

1932 年　二十七岁　在南京。夏历辛未除夕,填《鹧鸪天》一阕,纪日寇
进犯上海,国府迁避洛阳之痛。暑假返扬州,初从谢莼江先生学昆曲。始用
"灵琐"题词集,取《离骚》"欲少留此灵琐兮,日忽忽其将暮"意。

《年谱》:以前纪年月,以夏历为主,自此年起,改用阳历。

辛未岁暮,日寇进攻上海闸北,十九路军起而抗战。国府主席林森走洛
阳。除夕,作《鹧鸪天》一阕。

壬申三月,作《祝英台近》一阕。

九月,重游栖霞,作《霜花腴》一阕。其他诗词未存稿。

沪战停火,南京暂得苟安。日寇欲亡我国之心毕露,而蒋介石主张先安
内后攘外,以大军围剿共产党。南京畸形繁荣如故。余始用《离骚》"欲少留
此灵琐兮,日忽忽其将暮"意,名词稿为"灵琐"。

暑假返扬,先君方延谢莼江先生(庆溥)至家教昆曲。谢先生能兼唱生、
旦、净、丑,多至四百余折,吹阔口笛尤佳,为"广陵曲社"中坚。随先君学得
《弹词》《三挡》等老生戏数折。三弟方随之学旦曲,余在旁哼会《游园惊梦》
《折柳阳关》等折。曲社常在余家作"同期",因得识谢先生长子福慈(字也
实)、次子真茀。

1933 年　二十八岁　在南京。春作《杨柳枝》八首,皆感时局。秋吴瞿
安先生(梅)来金大讲曲,为其旁听生,以师礼事之。次子泽叠生。

《年谱》:春节上元,填《御街行》一阕。

春三月,作《杨柳枝》八首,呈翔冬师阅,师云:须似竹枝之朴方善。小石
师则认为可入词集。

金大春季开学,吴瞿安先生梅(号霜厓)来校兼南北曲课。自此中央大学

中文系名师,舍王伯沆先生(瀣)外,皆来金大。余久闻吴师名,自庆又遇良师,乃作旁听生。吴师和易近人,来不久,即赐新刻《霜厓三剧》红印本,署款竟称余"先生"。余惊而陈情,愿列门墙为弟子,师未首肯,而改称余"宗兄"。余始终以师礼事之,常至其家谈曲,出新词呈正,得其改笔,取法与二胡师异,只可择善而从。

六月,次子生,先君命名泽叠,余定其字为仲嶂,长大后以字行。

秋季开始,中文系添设研究生班,由黄、二胡、吴师与刘衡如、刘继宣两先生任教,命余照料杂务。来学者十余人。中大著名才女曾昭燏(字子雍)、沈祖棻(字子苾)皆与焉。他校来者三人,唯章荑荪学养高。后皆与订交,常在小石师家晤谈。

孙望(原名自强)、程会昌(号千帆)是年皆入金大肄业,上过余"高级文选"班。以其学养高,余视若先后同学,从不以师自居。

谱初大哥原为九江南浔铁路工程师,是年解职返沪。暑假中,余赴沪探望之十日。李宝森时已在东吴法学院毕业,为律师,大伯父延之为析产公证人。余与之同游舞场,归填《醉太平》小令,题"舞榭夜阑曲"。

是冬,岳父母迁回明光故里,肃愔(余以淑英名太熟,改作)未随往,携二子返扬州。荷女仍由岳母照顾。余兄弟六人无姊妹,故爱女过于子,而老家重男轻女之习未除,故今作如是安排。

初仿朱彊村先生为《梦窗词小笺》例,拟作白石《小笺》,四出搜访材料,渐有眉目。凡见于《绝妙好辞笺》《白石道人词笺》等习见之书者均不抄录。

初识唐圭璋兄,东南大学毕业生,为小石、瞿安师高弟,家贫妻病,而努力自编《词话丛编》与《全宋词》,数年后成书,极可钦佩。

三弟毕业于交大,派任沪宁铁路工务员。

四弟在金大毕业,留作化学系助教。

五弟在扬中毕业,考取清华大学生物系。

1934 年　二十九岁　在南京。春写成《白石道人词小笺》，夏与夏瞿禅（承焘）通信，研讨白石词。初购藏书画。九月升职讲师，兼教《近百年史》课。

《年谱》：春，《白石道人词小笺》初稿成，共得七十余条，呈黄、胡、吴师求改正，均以为可。未及发表，永嘉夏瞿禅先生（名承焘）寄赠《白石道人歌曲疏证》，综采繁富，推阐精审，突过诸家，遂以所知而不见于夏书者若干条寄去。蒙其复书，接受余所补充者。

余喜书画，老家无收藏。是夏有人持扬州厉氏所藏宋元明集册八开求售，每开有清末扬州名画家陈若木鉴定题签。索价昂，余不能全得。同学张龙炎（号子纤）见之，持请小石师鉴定。师定其中无款三开为宋画，一开有钱选款严子陵像人物为真迹，张因出款购藏。而分一开无款纸本墨笔山水，陈若木定为王蒙，小石师定为明末人仿王蒙者，作价四十元归余。余收买书画自此件始。

初秋，租得汉口路平房三间，与肃憕母子建立小家庭，生活恬适。

暑假后，升职讲师。时历史系陈恭禄先生就聘武大，遗课《近百年史》，贝师命余继教，自此，始兼教文史两门。

伯武之四叔陶民先生（甄）来宁开个人画展，往作招待。先生画学瞎尊者、懊道人，书学云林，笔墨坚卓苍劲，不同凡近。小石师亟称其画燕，为作题跋。惜孤高不为世赏（抗战后贫病殁，仅享年四十五）。

1935 年　三十岁　在南京。三月由吴瞿安先生吸引，入"如社"词社。六月游泰山、曲阜，归作《水龙吟》词。九月次女泽凰生。秋至年底为英国杰克逊（I. Jackson）女士讲词。

《年谱》：子重有香烛店在宁，岁尾年头，营业甚忙，必亲来料理。是年来，为余介绍其弟慧剑相识。慧剑方主编《朝报》副刊，文笔简练生动，余极赏之，遂赠七绝一首，从此订深交。

正月，肃憕患吞酸甚剧，岳母来，延医诊断为孕，服药数帖痊可。乃携之返明光,小家庭遂散。

三月,吴兴林铁尊先生(鸥翔)建议立"如社"词社于南京,瞿安师介绍余参加之。列名于社者二十四人,半数居外地。惠阳廖凤舒先生(恩焘)年过古稀最长,余年最少。月底,在宁社员初次集会,商定每月一集,选牌以孤调、冷调为主,依四声,但不命题。第一集所选为柳永《倾杯·散水调》体。余好胜,不畏老辈珠玉在前,归后竭力填之,往往穷于一字,费数日始能妥帖,不顾也。经此锻炼,工力大进,再填习见易调,竟得舒卷自如之乐。同社前辈中,最服膺江宁陈匪石先生世宜(号倦鹤)与华阳乔大壮先生(曾劬),时往请教。

四月,仙霓昆班来宁演出,余日夕观摩两场,恨其上座太差,未一月而去。

夏六月,参加津浦铁路局所办旅行团,游山东灵岩山、泰山、曲阜孔林与安徽滁州琅琊山。旅程一星期,未免仓促。归作《水龙吟·登泰山》词。

七月,肃愔在明光,突发子痫,几死,岳父电召余往,幸服偏方牛胎,转危为安。九月,生次女泽凰。

十月,观仙霓社昆剧。

夏历重九后二日季刚师因饮酒太多,胃溃,吐血盈盆而薨,享年五十岁。

十一月,《白石道人词小笺》刊登于《金陵学报》五卷二期。

秋至年底,英国杰克逊女士经曾昭燏介绍,来宁从小石师学文学史,余为翻译,伊继又求余讲词,为讲三月,并同游采石太白楼。年终伊去武汉。

1936 年　三十一岁　在南京。吴瞿安先生介绍入公余联欢社昆曲组,得识溥侗、甘贡三先生。夏游北平一月,曾谒陈散原老人,归填词《夜半乐》等数阕。"如社"印行《词钞》,中有余作七阕。

《年谱》:春,瞿安师率余至公馀联欢社参加昆曲"同期",因识红豆馆主溥侗与甘贡三。

五月,圭璋将"如社"十二集同人所作词共 226 阕,印成《如社词钞》发行,其中存余词七,后只存其五:《倾杯》《绮寮怨》《惜红衣》《水调歌头·东山体》《高阳台》。如社以后尚有八集,余只于十四集(十二月)填《解连环》一调,存稿。

七月,于杭州画估所开展览会中,购得李梅庵太夫子为陈仁先画法相寺樟亭图方册一开,有款无印,小石师为题七绝一首,并作长跋,翔冬师继作五律二首而未题。

八月伯武考取庚款留英官费生,入牛津大学学历史。四弟同时考入剑桥大学,学物理化学。

暑间,因日寇已在北京附近成立伪组织,北京岌岌可危,恐沦陷后不容游览,遂筹款两百元,往游两星期。除长城和西山八大处外,皆得践足,归后填《夜半乐·游颐和园》等词。此行最大收获为晋谒当代大诗人陈散原先生于京邸,执再传弟子礼。先生闻知为翔冬师门人,竟自谦曰:"翔冬,我忘年交,非弟子也。"余以仿长吉体诗呈正,先生曰:"汝能熟悉使用长吉语,然学诗之道在于学古人,师其意而不袭其迹。"一语如金针度人,终身不敢忘。越一日,晋谒张孟劬先生(尔田),以词呈正,先生颔首而未有所指点。以先生为史学名家,曾修《清史稿·后妃传》,世人多议其为慈禧讳,乃转而请教史学。先生甚敏感,不数语即曰:"凡修史无不有讳笔,倘世人皆知其讳,即真矣。"此语却颇得辩证法,亦谨识之。

初,1931年秋,二弟毕业于金大生物系,曾留为助教一年,不知何故未被续聘,得其挚友章德麟介绍,至卫生研究院工作,自此毕生从事于研究寄生虫学,重点放在疟蚊、黑热病传播者白蛉子、血吸虫病宿主钉螺上,成为专家。前年,赴淮阴分院主持工作。今年返宁开会,与余同至章德麟家,得识其兄承望(亦作诚忘,原名德勇)。章父清末在沪经商,爱好书画,与任伯年友善,因藏任画精品不少。

"双十二"事变起,因共产党顾全大局,使蒋介石被释回,同意抗日。余从上海英文报纸上,得知其真相,因对共产党初有认识。

第一次看《雷雨》，引起很大兴趣，钦佩曹禺的才华与组织能力，颇思仿效之，写话剧剧本。

**1937年　三十二岁　**在南京。"七七"事变起，作《燕山亭》词，冠《西征集》首。十一月十九日，因日寇犯南京，定随金大西迁，返扬州别父母妻子，次日只身回宁。廿一日趁二弟撤退车别南京，经芜湖、屯溪、南昌而抵长沙。十二月中旬至汉口与三弟聚会。闻南京沦陷实况，作《百字令》两阕书恸。

《年谱》：春，曹禺《日出》在宁首演，连看两次，觉其写当时社会上各种人物，绘影绘声，超过《雷雨》，但结构方法是从德国《大饭店》脱胎。

春，教育部举行第二届全国美术展览会，除近人书画外，复将故宫所藏真迹最精品与征集所借之私家珍藏品同时展出。为期一月，余得暇辄往，得亲接宋荆、关、董、巨、元黄、王、倪、吴，明沈、文、唐、仇，清四王真面目，默而读之，鉴别能力大进。（郑附识：此项原置于1936年，查民国年间"第二届全国美术展览会"时间为1937年4月1日至4月23日，稿本显系错简，今移录于此。）

"七七"事变起，平津不久沦陷，认为狂寇入侵，国亡无日，乃补作《燕山亭》一阕，写去夏过丰台时感受。如社集会，在六月（十八集）停止。

"八·一三"淞沪大战起，二弟为卫生部前线工作队副队长，三弟为沪宁路修车队成员，均在前线服务。

八月，南京遭敌机大轰炸。

九月，金大仍照常开学。中大已决定迁川，金大当局举棋不定。

十一月中旬，日寇自浏河与金山卫登陆夹攻，我军全线崩溃。南京金大当局临时决定先迁武汉，与英国太古轮船公司商妥分四次撤运师生员工与重要图书仪器。宁校成立留守处，贝德士师主持之。

十一月十九日，返扬州与家人辞别。当时普遍看法，倘南京陷，国府必屈服投降，抗战不会长久。先君、先母决定守家待变，命余随校西上，肃愔与二弟媳携子同往高邮王蕴之家暂避。当晚与肃愔对泣无眠。

次晨即雇人力车(时汽车已停驶)离家,行二小时至六圩江滨,适轮渡刚到,镇江人逃江北者数百人,而趁之南渡者寥寥。抵南岸后,在人丛中穿过,费二小时,始抵火车站。站上混乱不堪,幸有一列难民车尚停未走,车上人已挤得水泄不通。见有一节载流散军官者尚有隙地,余出金大证明书向一窗口内军官请求搭乘,得其允许,并命二士兵抬余自窗纳入。晚七时车开,遇站辄停,抵下关站时已深夜。寻得一旅舍坐待天明。

二十一日清晨,雇人力车行。抵宿舍,见二弟卧余床上,始知前日苏州遭轰炸,弟未能赶上撤退之卫生队汽车,乃与一同事步行一夜至无锡,昨日始寻得该汽车,开至南京,借宿余处。

二十二日早晨赴金大问讯。得知太古船未到,不知何时始能离宁,乃嘱二弟向卫生队长姚科长请求搭车同行。晚餐后二弟回,云得姚允许,汽车将在晚七时离宁,急赴校唤堂弟征鎏(时肄业金大一年级)同走。卫生队来汽车一大一小,小者姚与二弟同乘,大者载队员三人与余及征鎏,按时开,九时余抵芜湖,宿旅舍。(郑谨按:堂弟征鎏原按大排行作七弟,今为避免与亲弟混淆,改之。)

二十三日黎明,开车南行,经宣城,至宁国午餐,午后经绩溪、徽州,停宿屯溪。自过宣城后,沿途安谧,屯溪市面繁荣,不见兵燹状态。

二十四日西行,经休宁、祁门至景德镇宿。沿新安江行,秋色烂漫,风景绝佳,竟忘离乱之苦。

二十五日午后微雨,过乐平县,车忽停,驾驶员云:公路上停车甚多,在余等车前有二百余辆。因须渡乐安河,河甚阔,仅有小轮船二,拖木驳船载汽车渡,每次仅渡二辆。乃在车上露宿。

二十六日,一夜仅渡过汽车八十辆,估计至早非明日不能渡过。姚君、二弟与余等乃乘渡轮先至对岸村民家休息。村不大而多大树,民家似富户,借其灶做两餐饭。晚间仍返宿汽车。

二十七日黎明,汽车始得渡河,遵江西公路行甚速,午后四时抵南昌,宿大旅舍。南昌更是一片太平景象,趁机游览百花洲公园与闹市。

二十八日晨,开车过赣江大桥,经万载、浏阳,抵长沙。卫生队撤退终点于此,二弟返卫生研究院报到。余与堂弟征鎏暂宿旅社。

二十九日至岳麓山后,访得五弟,时已毕业于清华大学植物系,留校为助教。清华为备战故,早立分校于长沙,五弟因得随迁至此,告余曰:胡大表姊(忘其名)因其夫徐明植(交大毕业)供职株洲铁道机厂,家住长沙。忆乙亥年徐在浦口工作,家住宁城内时,时有来往,因与五弟和征鎏堂弟同往访之。徐夫妇对余等态度亲密,留住其家。征鎏旋报考空军无线电训练班,即被录取。该班待遇优厚,供应食宿,征鎏从此为国民党空军人员。

余至徐家,即函告汉口金大办事处,问何时复课。三日后得复函云:金大定迁成都,将陆续分批西上,嘱余暂留长沙,待正式通知。

离宁时,铺盖卷外,只带一小藤箱,捡必要书籍《韵海大全》《历代诗选》《杜诗镜诠》《花间集》《绝妙好词笺》《清真词》《梦窗词》《双白词》《宋词三百首》《清名家词》第十册,共十种,随身携带备用。在徐家安身后,填《瑞鹤仙·风雨渡江》《浣溪沙》纪行词四阕,存其三。

时长沙来不少流人,得遇陈匪石丈,与同游爱晚亭,归作《霜叶飞》一阕。更欣幸者,遇沈子苾,时已与程千帆结婚,程老家住长沙,故来此。与谈词两次。

十二月十六日,喜得三弟汉口来书,云月初同沪宁路局人员撤退至汉口,铁道部发钱解散,渠至江汉关帮办于育春家借住,向金大办事处探得余在长沙住所,因函求赴汉聚首。余向徐家告别,感谢款待之厚(此后不久,闻徐调职至广州,移家去。广州沦陷后,逃至香港,下落不明)。

十七日乘火车赴武汉,当晚到于家,周念仪(榖人表伯第五女,嫁于育春)与三弟见余至,执手欢庆,约在其家度元旦。

至金大办事处,遇刘衡如、周克英,得知金大有计划有组织分批送师生入川,沿途在各教会学校设站。翔冬师全家、磊霞、柳桥、石斋已先行赴宜昌。

川江水枯,轮船须先停万县,再换船至重庆。

三弟告余所亲见苏州沦陷时事,与南京危急、混乱情况。渠绕道徐州、郑州而至汉口。被遣散后失业,将与余一路同行。

又从金大办事处得闻首都沦陷,日寇屠杀军民数十万人(金大划在难民区内,以贝德士师为首之留守人员幸均无恙),悲愤之极,填《念奴娇》两阕纪之,无意学稼轩而自然似稼轩。

与衡如同听秦淮旧人董莲枝梨花大鼓,填《浣溪沙》志感。

从周念仪所得家书,知日寇已入扬州,人数不多,未屠城,停军邵伯,未再北上。余虽尚未得家书,意肃愔母子在高邮可无虑,心稍宽。

1938 年   三十三岁   流亡至成都。度元旦后离汉口,船经宜昌、万县小停,于丁丑除夕抵重庆,作《卜算子》八阕纪峡江行。堂兄谱初在永川朱杨溪成渝铁路工段,与三弟同至其家聚首数日。   三月初至成都,与胡翔冬师及友好数人租屋同住。金大复课,游青城山,作《西平乐慢》一阕。夏游峨眉,作词数阕。

《年谱》:度阳历元旦后数日,与三弟同随衡如先生趁轮船行三日,抵宜昌,寓一教会小学内。翔冬师、磊霞、石斋已先在候船,相见甚欢。但不久船到启程,约好在成都赁屋同住。余在宜昌多留十日,曾至三游洞一游。

夏历丁丑腊月二十三日,始登民生公司轮船入峡。余少时少见山,乃大开眼界,终日在船头览望西陵、巫峡奇景。午后五时,停泊巫山县,上岸入城,见市廛萧条,民多菜色,甚至有人低问:"要吸烟否?"不敢久留,返船宿。夜半醒,皓月满峡,凝望思乡,成《拜新月慢》初稿。天微明,船开,入瞿塘峡,景更雄伟奇险。出峡为夔州,中午经云阳,午后抵万县。县为商埠,繁荣过宜昌。宿某中学。

二十四日游西山公园与名胜太白岩。

万县候船去重庆者甚众,以民生公司经理为金大同学,乃拨登记号码许金大同人先行。二十六日登舟,二十七日启碇,当日停忠州,上岸访鸣玉溪秦良玉祠。二十八停涪陵,二十九抵重庆,寓曾家岩求精中学。适逢丁丑除夕,买醉市楼度之,抽暇填《卜算子》八首纪峡江经历。时中央大学已先迁至沙坪坝松林坡开学,小石师举家寓市内。余趋谒之,以"七七"以后词稿呈政,蒙大嘉许云:"弟词乱后大进步,佳在能鲜。"师又告我,散原老人在北平沦陷后,愤而绝食薨。作《八声甘州》挽之。

闻谱初大哥为成渝铁路第二工段副段长,方在永川县朱杨溪。乃于正月初二日与三弟同往拜谒。乘小江轮二日方至。哥于去年春间即举家来,未经战乱之苦。团聚数日后返渝。

闻金大在成都借南门外华西大学隙地,营建临时校舍开学。教师散住城内,师生已陆续前去,乃与三弟、胡令晖(小石师长女)、李英如(金大女生)等结伴同乘成渝公路汽车离渝。当晚停宿内江,次日下午抵成都。校总务处租得鼓楼白丝街一处房屋,独院小楼两层,坐西朝东,翔冬师夫妇寓楼下南间,中为饭厅,北间住胡令晖、李英如,再北为厨房下房。楼上三间,磊霞、石斋与朱锦江住南间,柳桥与余兄弟住北间。中为大间,六人各置一书桌。颠沛三月,自此始得定居,复得师生晤对谈诗之乐。

时成都与扬州间,尚可通航空信(绕道香港、上海),一星期可收到。余因禀双亲告平安。三月,接来谕。再越半月,得肃愔书与岳父谕,两家均无恙,喜可知矣。

时衡叔亦应金大聘,移家来蓉,往往扶醉来谈。石斋与余从之学画山水。不久商锡永亦来,三弟从之学篆刻,进步甚速。

三月,随诸子同往灌县,观都江堰开堰后,游青城山,宿天师洞一晚。归后,磊霞、石斋、柳桥皆赋诗,余感北宋姚平仲抗金失败,逃青城山修道成仙事,填《西平乐慢》一阕。翔冬师未游,见余辈诗词,亦赋七绝三,极高妙而悲凉。

居停主人为军阀田颂尧之兄问渔,曾为县长而无官气,极好客。时至,与余等谈江南风景（因曾游过）。四月，约同游北郊名刹昭觉寺。见两奇迹，其一大殿正梁，大书"平西王吴三桂建"；另一为某殿悬门匾，有"朱德"名。初疑为另一人，问寺僧，云即红军司令，民初为滇军军官，因讨袁世凯而来此。

经衡叔介绍，识成都名流林山腴先生与其弟子庞石帚（时执教华西大学）、彭芸生（时为某中学校长）等。谈得最投机、往来最多者为廖季平弟子蒙文通，其治经史颇有怪论，待人接物却和蔼诙谐。

夏七月，磊霞、石斋、柳桥、衡叔与余兄弟同游峨眉，历揽伏虎寺、双飞桥、洪椿坪、九老洞、洗象池、金顶、华严顶、大乘寺诸胜，先后十日，返蓉。填慢词二，小令四阕纪游。

是年抗战形势由好变坏，三月闻台儿庄大捷，曾填《琴调·相思引》庆之。未几河决花园口，悲愤作五律一首。武汉、广州相继沦陷，欲作长调志哀，未完稿而子苾寄《临江仙》八阕来，见其中"汉皋遗玉佩，南海失明珠"句，觉无以超过之，遂辍笔。

八月，小石师为中大中文系主任，聘段熙仲与余为讲师，教授汪某煽动系内助教数人起哄，拒余等就位，迫小石师愤而辞去主任。余仍留金大，熙仲暂时失业，不得已为教育部秘书，因留下历史污点（解放后受累不浅）。

冬，得岳父书云：已回明光。不久后，得肃愔自明光来书，云夏自高邮返扬，因岳母逝世，奔丧送葬毕，即迎岳父迁扬州，同住北河下。此后每月均通家信，知五、七叔先后逝世，老家经济拮据，但有旧什物甚多可以变卖，生活尚不甚苦。

自武汉、广州沦陷后，认为抗战前途无望，以亡国词人自居，多有哀思。

常观川剧，此剧种合高腔、昆剧、皮黄、弹戏（梆子腔）与灯戏而成。一般流人不喜其帮腔嘈杂，锣鼓喧闹。余独赏其表演艺术丰富，为昆剧之近支，能正能俗，渐成川剧迷，遍观当时名角萧楷成、周慕莲、贾培之等代表作。

1939 年　三十四岁　在成都。三弟至西南公路局工作。四弟在英学成归国，就浙江大学教职。五弟在西南联大工作。暑假中，避日寇轰炸，曾往江津石门镇谱初大哥家住一月。九月游简州长松山，作《洞仙歌》一阕。

《年谱》：春节初过，三弟得交大同学介绍，至四川公路局泸州分局供职，上元日饯别，作《夜飞鹊》词一阕。

三月底，闻瞿安师在云南大姚逝世，作《水龙吟》挽词。

暮春，游新都杨升庵故宅（今为桂湖公园）与宝光寺。寺有楠木林甚异，口占七绝一首。

夏，王伯武自英牛津大学学成归国，仍执教金大。四弟同时自英剑桥大学学成归国，受湖南大学聘。

以日寇初次轰炸成都，白丝街寓所近市中心，危险较大。翔冬师移居城外，白丝街解体。余移居刘衡如馀屋，在南城墙边中莲池。

衡叔就浙江大学聘，移家贵州遵义。

因畏敌机骚扰，暑假中乘木船先到嘉定，转乘轮船至泸州，与三弟聚首两日，复登轮船至江津石门镇。镇江滨有大佛寺，为宋代张商英建。谱初大哥时为成渝铁路第二工段段长，即在寺内办公，家住寺旁小矶上。留余度假，八月返蓉。

九月，田问渔邀游简阳长松山，宿田颂尧别墅一晚，归作《洞仙歌》词。问渔求书之，刻石于山。

第二次世界大战起，日寇攻入香港，航空邮政中断，家书往往经月始能收到。

冬，二弟携眷在滇缅边界小镇芒市工作；三弟去泸州，至曲江中国运输公司工作。

寒假中，四弟转至遵义浙江大学任教授，余介绍之于衡叔，此后两家同住一堂，为莫逆交。

1940年　三十五岁　在成都。　作《李白〈菩萨蛮〉、〈忆秦娥〉词考》等论文三篇,发表于《斯文》半月刊。夏,仍至石门度假。秋季开学后,升副教授。　**翔冬师逝世,为文纪其遗事,又作《金缕曲》两阕痛悼。冬,先君弃养,未能返扬州奔丧。**

《年谱》:金大文学院出《斯文》半月刊,余先后发表《李白〈菩萨蛮〉〈忆秦娥〉考》《论词的句法》《评〈人间词话〉》三篇文章,词若干阕。

夏四月,沈子苾来蓉割治腹瘤,得晤谈多次。七月,复至石门大哥家度暑假。时大伯父在沪逝世,得知先君曾赴沪吊唁,肃愔亦同去。

秋,金大开学不久,翔冬师以食道癌逝世,《斯文》出纪念专刊,余作《翔冬先生遗事》与《金缕曲》两阕志哀。

秋,得三弟书,云六月六弟由上海经浙江、江西至曲江,巧遇于衡阳。六弟即随三弟在曲江工作一年。

秋,迁居文庙后街,与王伯武、陈恭禄同住。

因讲宋史,拟仿《金史》交聘表例,写《补辽史交聘表》,广泛收罗资料,写成第一部分"五代时期"。

秋季学期开始,金大提升我为副教授,磊霞升任中文系主任。

征鎏堂弟毕业于无线电训练班,派至成都,为空军地勤人员。假日每与余同出游,但不久调往桂林。

冬,得噩耗,先君佑人公以肺疾弃养,无法奔丧,望东痛哭。

1941年　三十六岁　春在成都。　夏,遵小石师函召,应国立女子师范学院聘。至江津白沙镇,为该校中文系副教授。初与台静农先生订深交。离成都以后词,皆入《投沙集》。写《晚清史词》一文,发表于《斯文》。

《年谱》:春在成都,暑假后在江津白沙镇。

春暮,经田问渔绍介,与川剧名小生萧楷成晤。其人健谈,而有书卷气。始知同光时,川督吴棠曾延请苏州昆剧艺人来川,组"舒愿班"演出。吴去后,班中人有留搭川戏班者,影响川戏不小。萧擅长《彩楼记》,演吕蒙正。《评雪·辨踪》即昆剧《拾柴泼粥》。

教育部去秋新设国立女子师范学院于江津白沙镇,院长谢循初为小石师旧友,特请师任国文系主任。师畏日机轰炸,遂移家白沙就职。夏命余往,当然应命。

八月初,金陵诸老友饯行于望江楼,作《意难忘》一阕话别。中旬,乘木船至嘉定,候轮船数日,因得访千帆、子苾于武汉大学,并谒词学前辈刘弘度先生(永济)。下旬抵白沙,谒小石师于镇东向阳庄后,赴女师院报到。院建于镇三里外之白苍山,随山坡高低筑土墙瓦屋十排作课堂、宿舍。最低层有大茅蓬,兼作礼堂、食堂,下临驴子溪。晚间点豆油灯,行路用纸灯笼,雨时须穿钉鞋,一派农村景象。

迁白沙之国家文化机构有国立编译馆与中央图书馆。学校有大学先修班,班主任曹漱逸(刍),扬州人,为余旧识。章荑荪兄为班内教师,举家在此。其妹濮之珍就学女师院中文系。南京流人家白沙者尚有杨白桦、卢冀野等。

不久,识院教务长罗季林,系同事缪镇藩、宛敏灏与音乐系主任杨仲子(小石师内兄),教师李滨荪、罗宪君夫妇,数学系主任管瘦桐等。

开学前抽三日至石门谱初大哥家,哥云:成渝铁路停工,将移家至重庆南温泉。

开学后,授两班普通国文课。

初识台静农兄,时为国立编译馆编译。余久知其为鲁迅大弟子,谈得很投机。

得刘衡如书,惊闻磊霞以癌症逝世,石垒继为主任。

作《晚清史词》,发表于《斯文》。

重庆、白沙间通江轮,上水需时一天,下水半天。秋冬重庆上空雾重,寇机不来轰炸,可苟安至春末。余每趁此时往,访旧师友宗白华丈、陈匪石丈、乔大壮翁、圭璋兄、慧剑兄与忠宸兄等晤谈。

十二月二十七日，日寇偷袭珍珠港，太平洋大战起。日寇初甚锋利，竟进至缅甸。但终局必败，在有识者预测中。余东归有望，甘守清贫，坐以待之。

**1942年　三十七岁　**在白沙。初夏作"白苍山居"词《浣溪沙》六阕。暑假中赴恩施湖北师范学院讲学一月，旅途经历风景均纪以词。归由巴东登舟，再入巫峡，感怀作《莺啼序》一阕。　尝试导演话剧，并写一剧本《笼鸟》，未上演。

《年谱》：春节，赴南温泉大哥家欢度。哥改经商，此后个人行踪无定，而家始终留南温泉。

开学后，国立编译馆迁合川，静农受女师院聘，移家白苍山，自此朝夕晤对四年半。

白沙山水胜而不名。距女师东二十里有黑石山，山顶为聚奎书院。院东见肥而短之瀑布，下注成溪，即驴子溪。沿溪西行，有谷满种李花，花时晴雪蔽天，极美。再前，沿岸丘陵多植油桐。溪口为大江。江滨王氏园，有红豆树三。以上诸景，余常观赏，各纪以词。

镇街两条，上下分层，店铺与民居相间，南京流人设饭店，厨师扬州人二，一朱一王，善制肴馔，乃流人聚会之所。小石师、冀野与余为其常客。师寓街东小邱上环形院落，名向阳庄（杨白桦亦居其内），余常往谒。

初夏，作"白苍山居"《浣溪沙》六阕。

暑假开始（旧历五月），应湖北省教育厅张伯谨之请，随罗季林、谢澄平（女师院历史系主任）同往讲学。自重庆南岸，上湖北农学院长管泽良等来迎接之客车启程，第一晚宿白马，第二晚宿彭水，第三晚宿黔江。公路盘山越水，沿途景色险丽，作词三首。第四天始抵恩施，湖北省政府与师院临时驻地。讲学一月，中间泛舟清江河，上溯其源龙洞。洞二层，上层干，可容坐卧，听伏流声，水从下洞出，悬为长瀑注河，为赋《卜算子》两调。

七月七日，乘汽车越高岭，下抵巴东县，登碇泊之民本轮，次晨复入三峡，三日抵重庆。返校后,填《莺啼序》,纪入川后情怀与前途期望。第三叠用杜《北征》法,颇自是。

新生入学,发现廖蔚卿、朱绰裕、李华琼三人可造。

小石师聘魏建功兄来,教音韵学。渠与台静农为北大同班,为钱玄同高足。

吴伯超继杨仲子为音乐系主任。

日寇攻至缅甸北部,进窥滇边。二弟携眷撤退昆明,中途不幸伤足,在昆明疗养数月。

女师院二周年纪念,诸生演话剧《雷雨》,余与李滨荪并为导演。越数月,为募捐救济豫灾,又导演《少奶奶的扇子》。余从事话剧活动,自此始。

1943 年   三十八岁   在白沙。   一度赴重庆,与二、六两弟聚首。

《年谱》:夏历元旦,作《鹧鸪天》一阕。

春间,二弟至重庆,任职于内迁至歌乐山之卫生研究院,余往团聚二日。开始试写三幕四场话剧《笼鸟》,写南京歌女生活,至南京撤退时止。三月完初稿。

暑假中,吴伯超调任国立音乐院长,邀余往教作歌词,余推荐杨白桦代。

秋季开学后,小石师去昆明任云南大学文学院长,辞去女师院中文系主任。谢循初聘黄淬伯继任。黄清华毕业,王静安高足,接谈颇合。

琵琶高手杨大钧继为音乐系主任,延郑沙梅兄为教授。郑四川广安人,毕业于上海音乐学院,著书述西方乐理甚详,而为川戏迷,与余一见如故,朝夕谈川戏,成莫逆。假日同赴重庆,介绍《笼鸟》与中国万岁剧团,未获采用。同访名丑傅三乾先生,时已过古稀,自云曾学过昆曲,为余歌《扫花》甚准。观其演《做文章》及其高足李文颉演《议剑》,皆合昆付路子。

六弟自贵阳调重庆工作,聚首甚欢。三弟时任职贵阳西南公路局,升迁甚快。

1944 年　三十九岁　在白沙。　三月，作《一丛花》一阕题"西谷看李花"。肃悄于四月寄书来，八月始收到，为作《生查子》小词寄慨。得知扬州北河下老屋已卖去，家境日见困难，幸先母健在，子女皆入学。

《年谱》：三月游李花谷，成《一丛花》词。秋季开学，淬伯、沙梅皆辞职去，建功任教务长，静农继任系主任。桐城方重禹兄（管）来任教，余见其《拜康回室诗》稿，赏其清劲，赠以五律，渐成良友。渠又擅新文学，为胡风派，时用"舒芜"笔名发表理论文章，余不知也。

辅仁大学教授柴青峰兄（德赓）历险入川，建功、静农延来白沙教史学，即与订交。君出示其师陈援庵先生（垣）论文数篇，细读两遍，为其体兼三长所感动，恨无缘入其门墙。

自越南、缅甸相继被日寇蹂躏，邮路难通，肃悄四月寄书，八月我才收到，因填《生查子》词寄慨。来书云：北河下大屋为伪军官以贱价强迫买去，母亲大人先迁居丁家湾，后再迁至琼花观街，家境日益窘迫。岳父携琪女（泽凰）返明光，曾儿、才儿、荷女留扬州读书。

是年秋日，以常患临文思路不集，尝试吸烟以刺激之，初试颇有效，竟至成瘾。

1945 年　四十岁　在白沙。　八月十五日，日寇投降，八年抗战结束。但因无关系抢购船票，未能东归。秋季升任正教授，得教育部批准。

《年谱》：5 月 2 日苏军攻克柏林，纳粹德国投降。8 月 8 日苏对日宣战，我国亦全面反攻，9 月 2 日日本无条件投降，抗战胜利结束。

女师院开学后，升余为正教授，并得教育部批准。五弟同学陶光（号重华）来校，知其擅长昆曲，为溥侗弟子，交谊发展甚速。同至重庆南开大学附中内"南社"曲社，遇金大老同事孟志孙，因大局已定，唱曲甚欢，作《满庭芳》记之。

邮路畅通,十月得肃愔书,促余东下。远别八年,理应即返。但因归人拥挤,船票难买,余找不到关系,难以成行,又闻女师院将迁下江,可以随校同走,遂复书慰肃愔云明年定可相见。

之珍暑假毕业,黄苏受聘中央党校,移家南温泉。

建功奉命接收台湾大学,托静农授意,来日仍可共事。

1946 年　四十一岁　杨公庶汇刊《雍园词钞》,收余词四十三阕。因教育部不准女子师院东迁,不得已自费于四月初离白沙返里,旅程困顿不堪,四月底才得与母、妻、子女重逢。夏,得台湾大学聘书,以家人反对未应聘。八月,应江苏教育学院聘,移家至无锡。二、六弟迎先母至南京,从此扬州无家。十月,游太湖鼋头诸,作《百字令》词。为学生讲《戏剧概论》课,学校演话剧,遂为导演。　因课不繁,暇时学画山水,自写词境册八开。

《年谱》:寒假赴重庆访诸亲友。谱初大哥早已随陈伯庄飞往上海接收沪宁路。于育春夫妇将随海关复员。小石师、白华丈与中大同仁归期已望。乔壮翁丧偶,悲痛异常,每日纵酒求速死。

杨度(皙子)之子公庶与夫人乐彦雍皆爱填词,编总集《雍园词钞》,收集沈尹默、陈匪石、汪东、乔大壮、叶麐、沈祖棻、唐圭璋及余八人之词印行。诸公皆印全集,余自选部分词,以《灵琐词》题名付印。圭兄只送印其小令,题《南云小稿》,更少于余。

开学后,风云突变,教育部改命女师院迁重庆,师生大哗,罢课请愿。教育部撤谢循初院长职,派伍叔傥来镇压,遭拒绝后,下令解散。教师或解职或另发聘书,学生则须至重庆登记。余未应聘,四月初,自费离校返家。先一日,静农、蔚卿、绰裕、华琼饯别于桐花下,后作《石州慢》纪之。留白沙五年,以学校草创,藏书甚少,难写研究文章,致《补辽史交聘表》半途而废。专力诗词,亦以境遇少变,存稿不多。唯甚得朋友之欢——静农、黄苏、沙梅、重禹、青峰、重华等先后成莫逆交,与教育英才之乐——之珍、蔚卿、绰裕、华琼等收为高弟。此一段生活之清苦,毕生难忘。

至重庆后,即访育春夫妇,渠家已整装待发,托其用海关名义,购得至宜昌船票。次日与縠人长孙世德及一女仆,结伴东行。二日抵宜昌,借宿中央银行临时招待所,候赴汉口船,十日犹未到。见公路局有卡车赴汉,即搭乘之,坐行李上,不蔽风雨。原称二日可到,因公路桥梁破损,遇必下车,甚至搬下行李,空车而过,然后再上。晚抵小站,亦必携行李,投宿旅店,次日清晨起,再装车行。如是者四日,经当阳、云梦、应城而达汉口,旅途之苦,过于抗战初入川时。在汉宿周世德表兄于君家,候下水船五日。中间至旧日租界,观遣散日侨集中营,亲见一日军官出门未向我门警行礼,被捆面响甚。天道好还,信然。

四月底船到,至江滨,世德排队买票。余忽遇衡叔夫人甘氏,身边有少妇携子女,甘为余言,始知为四弟妇杨澼,因以前未尝见过面也。衡叔与四弟排队买船票返,执手狂喜。盖两家结伴先至贵阳,由三弟派车送至长沙,再转铁路来汉,仓促无法与余通信也。当晚登江新轮,女眷皆住房舱,衡叔、四弟同打铺于货舱铁板上,联枕叙契阔后,大谈历代名画甚乐。不觉度过四十余小时,经九江、芜湖而抵南京。四弟未下船,将由镇江直接返扬。余以肃憻在明光,乃随衡叔入城,寓其家。日寇陷南京后,始终未扰门西,郦家得保无恙。次晨趁津浦车,午后抵明光岳父家。

与肃憻分别八年半,才得重聚,相对无言,千言万语不知从何说起,作《南乡子》词纪之。惊定拭泪,欢叙通宵。余戏曰:"古人衣锦还乡,而余落拓如丐,幸旧衣犹在,可以更换耳。"肃憻曰:"君好看戏,今日幸未效薛平贵试我。"在岳家盘桓数日,同返扬州,曾儿、才儿、荷女均至汽车站接我,初睹面竟难辨认,盖均已长大矣。

母亲饱经忧患,老态大增,八年来唯恃变卖度日,使非日寇投降,几沦为饿殍矣。四弟先归,未几二弟、六弟继返,五弟最后至,三弟则因公留贵阳。大家商定,轮流迎养。老宅售去,扬州无可留恋。弟等均在复员之列,各俟机关迁定后返职。余独尚无着落。七月，台湾大学寄聘书与旅费来，为之一喜。然肃愔不愿远离岳父，婉言泥余，母亲与诸弟亦谓不应再孤身远行，使余徘徊，不能函复应聘。徐州师范学院中文系主任为黄淬伯，亦寄聘书来，肃愔以为可往，而余不愿。八月，伯武来书云童润之恢复江苏教育学院于无锡，欲余前往臂助。母亲、诸弟与肃愔均以为可。即亲赴锡面见润之，一探究竟。该校虽无中文系，然润之与教务长高柳桥皆老友，易于相处。又校舍宽敞，余可住四大间，家具亦由校供应，条件较他处优厚，遂应聘焉。

返扬后，即料理行装，尽卖房中家具，只留衣服书籍。周毅人表伯年过八十尚健在，方拟印《无悔诗词》，以初稿示余斟酌去取。陈含光丈亦健，赠我一诗。子重为律师，收入丰裕。其他扬州旧友均无恙，死于日寇者，唯王叔涵一人。

欢聚两月，八月底与肃愔携荷女、才儿与老女仆申妈妈同至无锡，曾儿仍留扬州中学读书。余去不久，二、六弟迎母亲至南京，五弟返清华大学。扬州自此无家。

十月，游太湖鼋头渚，成《念奴娇》一阕，向小石师呈稿，颇得其称许。

初为诸生讲"戏剧概论"课，除授传统戏曲知识，兼讲话剧理论。院每学期学生皆演话剧，请余导演，先后导《野玫瑰》《雷雨》《原野》《日出》《少年游》五本。

陈雪尘教授，萧县人，与余对门而居，朝夕相见，遂结新交。其人虽老国民党员，在院任训导长，实际为失意人物，对蒋帮不满，多谴责之词。对学生运动，不加阻挠，且能亲自参加反美游行。因此与余有共同语言，余曾作五律一首题其《江南杂咏》。

就在这年，开始不用"征铸"谱名，改以"白匋"字行。同时采杜诗"天吴及紫凤，颠倒在短褐"，用"凤褐"作盒名。

1947年　四十二岁　在无锡。　秋,至国学专修学校为兼任教授。十月,三女泽晶生。　校中政治斗争日见激烈,余站革命学生一边。

《年谱》:自蒋介石去年十一月撕毁"双十协定",大举进攻解放区,深感国家前途渺茫。然当时对共产党认识不足,以为内战必将长期拖延,江南犹可苟安一时,且享家庭之乐。课务不繁,得暇习画,写白沙词境,共得册页八开,寄于衡叔(时执教杭州浙江大学),得其题跋,许为似钱叔美。

暑期中,送肃愔归明光岳父家。余先返,经南京,贺小石师六十寿。时之珍、绰裕皆为中学教师,并得欢聚。未几,绰裕与周瑞璋,之珍与蒋孔阳结婚,皆寄照片来,并称佳偶。

六月,沪宁大学生举行反饥饿游行示威,遭反动军警毒打。校内学生闻讯绝食一日,将省下之钱慰问受伤者,又出墙报表态,并征求老师题词。余题曰:"伸张正气,愿和大家一起,抱头痛哭。"

七月初,肃愔乘火车返锡,抵站时,忽头晕跌下,自月台滚入铁轨旁,幸未受伤,经站上人员掖起,送至附近之私人医院救治。时已怀孕七月,竟未坠胎,住院三日后,抬回学校,延中医调理。十月生幼女泽晶,大小平安,实不幸中大幸。

因通货膨胀,物价腾踊,工资收入不敷开支,九月,经衡叔介绍,至无锡国学专修学校为兼任教授。初识院长冯振心、教务主任蒋庭曜、教授冯励青等。此院为唐文治先生创办,为全国唯一的专修国学之校,多年来颇有名,亦培养出不少人才。新交诸友均学有根底,谈得投机。

学生中革命与反动斗争日见剧烈。针对通货膨胀,革命学生欲演《万元大钞》活报剧,反动学生进行阻挠,撕毁民主墙报,引起普遍愤慨。不少教师表态支持革命学生,余亦与焉。此剧终于演出,闻反动学生将寻机会起哄殴打,幸革命学生将较有刺激性台词自行删改,无隙可乘,得以顺利终场。(此事在解放后,余始知之。)

1948 年　四十三岁　在无锡。秋，为私立江南大学兼任教授，整理删定诗词稿为《凤褐盦诗词集》。

《年谱》：春间，因宝森来函邀约，与肃愔赴沪小游数日。六弟亦于是时在宁和李俊杰结婚，前往祝贺。

去年人民解放军即已从战略防御转入战略进攻，今年攻势日甚一日。岳父因明光随时可成战场，迁家至南京，改名为周图南。

重禹与我女弟子陈沅芷在桐城结婚，作画题诗贺之，闻有兵乱未寄。逾月得其从南宁师范学院来书，加题一诗寄去。

法币已一钱不值，国民政府改发金圆券限制物价，不一月又膨胀如初。上海商店皆藏货不卖，无锡亦然。政府被迫听物价浮动，一日数变，经济崩溃之势已成。余身兼教院、国专两个专任，教院月发大米一石，勉强生活。暑假后又谋得荣德生所办江南大学兼课，该校待遇比较优厚，但领得工资，必须立即赶寻黑市，兑成黄金、银元，方可保值。

官方报纸，对战局多方掩饰。余于《字林西报》中，或友人所收听的共产党广播中，得明真相：九月中旬至十一月初，有辽沈战役，解放军先攻克锦州，断蒋军后路。继在打虎山围歼国民党西逃军队四十七万余人，东北因以全部解放。十一月初，淮海战役开始，蒋军黄伯韬部先被围歼于徐州东，杜聿明率全军西撤，至永城而被围，前来增援之黄维部队亦中途被歼。杜军数十万人已成待毙之困兽，估计不久将被消灭。蒋介石所恃之美式装备新军至是损失殆尽，大势已去。余久恨国民党腐败，唯冀其早日垮台也。

抽暇整理诗词稿，存诗一卷，词三卷。

魏建功返，静农、蔚卿均留台北。

1949 年　四十四岁　在无锡。四月廿二日无锡解放，精神振奋。暑期参加第一次学习会，决定从事戏剧工作为人民服务。苏南成立文协筹备委员会，当选为副主任。　八月，江苏教育学院与苏州国立社会教育学院合并为苏南文化教育学院,被指定为筹备委员之一。　长子、长女、次子均参加西南服务团,随军入大西南。十二月,参加无锡市各界人民代表会议,当选为协商委员兼副秘书长。

《年谱》:中华人民共和国成立后,改用公历(农历己丑)。

一月,淮海战役结束,被围蒋军全军消灭。同时平津战役亦告结束。天津克复,北平和平解放。蒋介石宣布退位,由副总统李宗仁执政。三月下旬,派张治中、邵力子等五人为代表赴北平举行和谈。四月二十日,李拒绝解放军渡江要求,和谈破裂。

四月二十一日,解放军横渡长江。二十二日,因江阴要塞迎降,无锡无战事而解放。夜间,有解放军一班人至,声称护校,余等皆安寝。天翻地覆大变乃于极平静中度过矣。次日午后,余入城参加各界人士集会,欢迎解放军。候管文蔚同志未至,传语军务繁忙,无须欢迎,会即散。

四月二十四日,军代表宋云彬同志来校,得亲见之。一望可知其朴素正直,此后常与晤谈,益加钦敬。月底,苏南行署副主任刘季平同志召集无锡各校教师开会,宣布政策,态度和蔼而原则性强,颇受感动。余尽量购置当时解放区所印发的毛主席著作及各种书籍,勤加学习,顿觉前途无限光明,因而工作态度积极。

国专不久即申请与教育学院合并,经行署批准,立即成为事实。

四月二十三日南京解放。五月,杭州、南昌、上海、武汉继之,大局底定。

暑假开始,苏南举办教育座谈会,实际上是第一次学习班。由刘季平主持,陶白副之,与会者,大中小学教师共约二百余人,系经过批准参加者,分配教院十人,余得与其列。开会两月,学习收获不小。最后各写个人总结,余以敢直言无隐,获得“思想开展”的评价。会中设俱乐部,进行文娱活动,余自编、导、演活报剧《放下我们的包袱》,亦得成功。

七月,参加苏南区党委宣传部汪海粟同志召开的“苏南文协筹备会”。会中推吴天石同志为主任,余先被选为委员,继又被提名为副主任,竟获一致通过,真出意外。吴为国专校友,恂恂儒者,接谈不久即成莫逆。同时订交的筹委有吴石坚、费克、亚明、袁硕与高堃夫。老解放区来的文艺工作者,皆真诚坦率,和蔼可亲,毫无官气与骄气,极易合作。余因开始动念,放弃教职,专业文艺。

八月,政府决定将苏州原国立社会教育学院与教院合并,刘季平、陶白为筹备委员会正副主任,两院各派筹备委员五人,余在内。工作进展顺利,不久即成立苏南文化教育学院,古梅奉命任院长。宋云牖为秘书,主持校务。苏州全部师生迁来。新设学习政治的文史研究班,苏州教授纪庸为主任,余副之,招收学员数十人,资历水平不一,其中有海派老作家胡山源,二年毕业,分配工作。

解放军将进军大西南,由南京军政大学、无锡苏南公学短期训练学员,成立西南服务团随军西上。长子凯南、长女泽壹、次子仲嶂皆参加,得余夫妇赞许,陆续西上。

十月一日北京举行开国大典,闻毛主席庄严宣告"中国人民站起来了",回想到鸦片战争以来整个历史,欢欣鼓舞无与伦比。

十二月初,无锡市举行各界人民代表会议,延余为代表。会后成立协商委员会,余当选为副秘书长,开始从政。12月25日至31日,苏南举行各界人民代表会,亦参加。

苏南军区有三文工团,均由吴石坚主持,其第三团演京戏,后改属地方,为苏南大众京剧团,吴仍主之。常演解放区之新编戏,余先后观摩《三打祝家庄》《九件衣》等,又获观歌剧《赤叶河》《王贵与李香香》等。演出期间,常参加座谈会,以发言对思想性、艺术性两方面,均提出个人看法,渐有戏剧评论家之名。

1950年　四十五岁　在无锡。　积极参加文艺工作,与渡江来的同志吴天石、吴石坚、章品镇、亚明等订交。十月下旬,抗美援朝,写长文《教会学校二十年》在《苏南日报》发表。　子女均在四川工作,诸弟各得其所。为苏南文化学院文史部副主任。

《年谱》：两广、四川相继解放，蒋帮遁台湾，大陆上结束了四十年来的军阀混战，政府政策方针及其措施皆合人民愿望。余深信只有共产党能救中国，决心一切紧跟，加强学习，改造自己。但同时自以为过去包袱不重，大有个人发展前途，以后错误，植根于此一念。

得四川来书，子女皆由部队转为地方干部：凯南在峨眉，泽壶、仲嶂在自贡，均从事财经工作。

苏南与无锡均成立文联（文协改称）筹备机构，由吴石坚、袁硕负责，余得暇辄访问之，学习政策，了解情况，并明了部分老解放区历史，得益匪浅。

于一次苏南日报组织稿件的聚会中，初识章品镇同志。其人温文尔正，与余一见如故，不久即调来文联，成为良友。同时又结交大众京剧团导演杨澈。

十月下旬，中国人民志愿军跨过鸭绿江援朝，首战即大量歼灭寇军，乘胜追击，进至汉城以南。百年来帝国主义侵略军从未遭遇如此惨败，为之欢呼雀跃。因写近万字长文《教会学校二十年》，充分揭发美帝文化侵略与奴化教育，发表于《苏南日报》上，藉以支持抗美援朝正义战争。

美帝以舰队保护蒋帮，阻止我军收复台湾。从此与静农、蔚卿消息隔绝，唯冀其在白色恐怖下，得保安全无恙。

六弟经过短期学习，派至戚墅堰铁路机厂工作。五月，迎养先母至常州定居，距无锡只有一小时路程，余得常去问安。二弟升任卫生研究院院长，三弟被留用，四弟仍在浙大，五弟原为地下党员，赴京接收清华大学后，参加筹建科学院。谱初大哥亦仍供职沪宁路。兄弟均安好，为之一喜。

解放后，觉旧诗词无用，即不再作，改专从事戏曲，期为人民服务。常州无锡一带流行之地方戏，称"常锡文戏"，属于摊簧系统。观后觉其曲调优美，演员中颇有人才，而过去不登大雅之堂，文人从未插手。私念按戏曲史通例，一切剧种均发源于民间小戏，经文人加工提高后，逐渐蔚为大国，倘投精力于是，便可仰攀魏良辅、梁辰鱼矣。志向既定，岁末适逢无锡市举行会演，乃积极投入之,开幕坐主席台上,主持之艺人方正介绍余曰:"过去连小学教师都不来看我们戏,现在大翻身,有大学教授来了!"台下大鼓掌。余亦喜甚,教书二十年无此乐也。事闻于市领导,副市长包厚昌同志亲语余曰:"很起鼓励作用。"会演中,先声锡剧团用幕表演出清末恶霸地主倪黄狼真人真事,颇能驳斥"苏南无封建"谬论。市委宣传部部长陈野萍同志召开座谈会,余所提的修改意见,比较具体,因被推举执笔整理,数日完成《倪黄狼》锡剧本稿,即交市委宣传部,经审查通过后,付苏南人民出版社出版发行(次年出书)。此为余第一次发表的剧本,但并不精彩。

　　是秋柳桥以肝癌殁。

1951 年　四十六岁　在无锡。　当选无锡市协商委员会副主席,四月十日,被选为反革命案件审查委员会主任,负责签名于反革命分子判决书上。九月二十日,苏南举行第一届文学艺术工作者代表大会,作开幕词,当选为文联副主席,钱静人同志来锡主持文艺工作,与定深交。　配合土改运动的锡剧剧本《倪黄狼》出版。十月,由彭饬三、陈志安同志介绍,参加九三学社。十二月,参加华东军政委员会扩大会议。初识李进同志。　三弟卒。

　　年初当选为无锡市协商委员会副主席。镇压反革命运动起,四月十日夜间,全国同时逮捕特务、恶霸与一切反革命分子。次日无锡市军管会召开动员大会,会中成立反革命案件审查委员会,余被选为主任,公安局长杨堤同志为副主任,法院院长与各界代表十余人为委员。因十二日即开公审大会,晚间全体审查第一批定死刑者卷宗二十余份,一一讨论,直至午夜二时结束,类皆罪大恶极,控诉材料累累,证据确凿,不难判罪。但为了避免冤屈,考虑研究仍极周密。在全体一致同意后,始由余签名于判决书上,作为初审定案,呈苏南军管会复核。

　　十二日晨,在公共体育场开全市公审大会,由市长主持,赴会群众二千余人,在被害者家属向反革命首恶五人控诉之后,公安部门宣判死刑,余代表案件审查委员会作简短发言,表示拥护,军警押罪犯出场,立即执行枪决。除此大会外,各分区同时开较小会,有案件审查会委员参加,程序一样。是日共枪决二十余人。

越数日,奉分工镇反的副市长刘中同志命,起草一份报告,阐明惩治反革命条例政策内容,实施情况与判刑标准。余努力做到实事求是,说明条例不同于旧法典之处,是辩证的,依靠群众的,纯重证据而不轻信口供的。刘将稿呈苏南行署主任管文蔚同志审查,竟蒙嘉许,一字不改,并命向各界人士宣讲。数日后在大剧场中开报告会,向千人讲话。自大逮捕后,无锡人士,凡过去与国民党有牵连者,未免惶恐不安,经此开导,乃转安定。原稿曾铅印小册散发,末尾署"吴白匋整理",余保留一册(后在"文革"中上缴)。

四月下旬,刘中告余,中央决定在惩治条例上,加"定死刑,缓期二年执行"一条,如罪犯在此期间,有悔改表现,可减为无期徒刑。具见严宽结合精神,自此成为定法。案件审查委员会第二次会议,即根据之量刑。五月开第三次会议,此后镇反工作采取谨慎收缩方针,因不再开。年底运动结束。

三弟卒,弟妇刘氏携遗孤二人泽宪与泽田返上海母家。

四月,松江地委宣传部部长钱静人调无锡主持文艺工作,其人美风仪,有书卷气,不久即甚投合。九月,苏南举行文艺工作者代表大会,余以筹备副主任名义,致开幕词,通过正式选举,为副主席。天石当选主席,静人亦为副主席,石坚为秘书长,主持日常工作。

八月,岳父遣散其妾,与小女周华来余家。余劝其迁寓扬州,每月由余津贴生活费度日。

十月,经同事彭饬三、陈治安介绍,参加民主党派九三学社。九三全国主委为许德珩先生,社宗旨为团结高级知识分子,从事民主、科学活动,发挥共产党助手作用。苏南分社主持人即彭饬三,为学社发起人之一。

十二月华东军政委员会在上海召开扩大会议,无锡市副市长刘中同志与余被指定为列席代表前往参加。会上听到上海、山东、安徽、浙江、福建、苏北、苏南、南京领导同志汇报工作,亲接陈毅、粟裕诸革命元勋丰采,非常振奋。大会决定五二年工作重点为增产节约、知识分子思想改造。

会后,由华东区党委宣传部部长舒同同志召开华东文协筹备委员会一日,余即便代表苏南文联参加,初识苏北代表李俊民同志、李进同志。

是年,荷女参加共产党。

1952 年　四十七岁　在无锡。　春至夏,参加"三反""五反"和知识分子思想改造运动,结束后被调为脱产文艺干部,在苏南文联办公。　八月,在苏州主持苏南剧团学习会,初与杨正吾同志订深交。十月,北京举行第一届戏曲会演,以华东观摩团员身份参加。初识田汉同志。畅观全国主要剧团与著名演员演出。亲闻周总理报告与周扬同志总结。归向戏剧界传达。

《年谱》:开年,增产节约运动发展为机关"三反"(反贪污、反浪费、反官僚主义)、工商界"五反"(反行贿、反偷税漏税、反盗骗国家财产、反偷工减料、反盗窃国家经济情报)运动。学校中"三反"与知识分子思想改造合并举行。余均参加,但重点在学校,负责调查童润之有无贪污问题,历时近一月,查明无过,据实报告来校主持运动的党领导同志。进入个人思想检查阶段,回忆有生以来所受家庭、学校教育,于小组做详细检查,结论为封建士大夫老庄放任思想与资产阶级自由思想相结合。以呈领导人栾长明同志,渠云:"确实如此,亦属一种典型,但无教育意义。"小组通过后,组长陈治安同志箴余曰:"解放后虽甚积极,仍须警惕进步基础不牢固。"旨哉斯言。

钱静人同志诚恳劝余:"思改运动结束后,可专从事戏曲工作。"苏南党委宣传部部长汪海粟同志亦同样授意。因向校方申请脱产,获得批准,八月起为文联专职干部。随即赴苏州,与吴石坚同主持第一届苏南地方剧团集训。目的在了解当时锡剧演出剧目情况。

(《凤褐老人自定年谱》至此为止。)

1953年　四十八岁　因江苏建省，移家南京。江苏省文化局设剧目审定组，余为组长，杨澍为副组长。主持整理锡剧对子戏，拟定提纲，交组员艺人俞介君、谢鸣执笔编写，成《秋香送茶》《双推磨》《庵堂相会》三种。根据扬剧《神书》，自编剧本《袁樵摆渡》《赶山塞海》两种。十月，参加第三届赴朝鲜慰问团，在伊川、铁原等郡慰问志愿军和当地人民。与同去的陈瘦竹教授订交。　返国后，在苏州、松江两专区作传达报告。

1954年　四十九岁　在南京。　八月，当选省第一届人民代表，参加大会（继续当选代表至第三届）。　九月，省文学艺术工作者开大会，被选为常务委员。　十月，上海举行第一届华东区戏曲会演，为江苏省代表团副团长，前往观摩两月。　归后，任江苏省戏曲编审室主任，拟定工作计划。

1955年　五十岁　在南京。　上半年与杨澍合编锡剧本《红楼梦》。秋，转任江苏省文联创作委员会主任。　在南京大学兼课，讲《人民口头文学创作》（继续两学期）。冬，先母弃养，赴常州六弟家奔丧。

1956年　五十一岁　在南京。　夏，赴北京，出席文化部召开的第一届全国剧目工作会议，初与张庚、马彦祥等戏曲界名流熟识。被国务院任命为江苏省文化局副局长。与郑山尊订深交。秋，赴苏州，举办第一次昆剧会演，结交徐凌云先生父子、俞振飞先生与"传"字辈老艺人。冬，至南通、松江两专区选拔剧目。

1957年　五十二岁　在南京。　夏，江苏省举行第一届戏曲会演，观摩两日后，即赴北京参加第二次全国剧目工作会议，归向省会演传达精神。省文化局设立剧目工作委员会，由我主持，收集各剧种老剧本。

1958年　五十三岁　春,随钱静人赴如东县调查群众创作并体验农村生活两月。根据一相声本改编为《神仙大会》京剧,一小演唱本改编为《采红菱》昆剧。　写《长沙乡小唱》绝句诗十六首。　夏,随省锡剧团赴京,在文化部一次座谈会上谈《专业与业余结合》问题,写文发表于《戏剧报》。　八月,在上海为全国演员讲习班讲《连台本戏问题》。

1959年　五十四岁　在南京。　春,编成扬剧剧本《百岁挂帅》与《金山寺》三折,供省扬剧团赴京演出。　十月,参加旅行团赴苏联,游莫斯科等五城市,并参观十月革命节游行。归途游览哈尔滨、长春、沈阳。

1960年　五十五岁　在南京。　编扬剧《义民册》。夏,参加第三届全国文学艺术工作者代表大会,当选为全国戏剧家协会理事。　归后,在省委宣传部具体指导下,编《吴越春秋》京剧本。为南京市编写《义民册》扬剧本。

1961年　五十六岁　在南京。发表论文《历史剧正名问题》于《江海学刊》。八月三日,妻李肃愔病故。赴苏州休养,改写《南西厢·佳期》折,扫除其黄色部分,供省昆剧团赴沪演出。开始根据正史写《王昭君》剧本。

1962年　五十七岁　在南京。春节时,胡小石师薨,赋挽诗三首。七月,与金山县任秀金女士结婚。　冬十一月,在苏州观摩两省一市昆剧会演。

1963年　五十八岁　在南京。　发表论文《谈谈昆曲剧目的继承与革新》于《上海戏剧》当年第一期。省扬剧团在苏北公演余新编的《王昭君》。冬,参加京剧现代戏《红色家谱》的编写小组。

1964年　五十九岁　春,在南京参加京剧现代戏《耕耘初记》的编写小组,夏,由余定稿,参加京剧现代戏会演于北京。九月,赴北京社会主义学院学习一年。

1965年　六十岁　春,在北京学习,六月,结业返南京。

1966年　六十一岁　在南京。　三月至六月,参加"四清"工作队赴常熟县梅李镇。　归后,进入十年浩劫。　九月十三日,与周邨、钱静人、陈瘦竹、陈嘉被登报点名批判。十七日,与周同遭大会斗争。冬,在文化局下属单位劳改。

1967年　六十二岁　在南京。　继续劳改。

1968年　六十三岁　十月,至金坛县朱林镇农村受再教育。年终返南京。

1969年　六十四岁　春节后在镇江四摆渡蚕种场劳改。九月,文化局革命派进行一次批判,定性属于人民内部矛盾,幸获初步解放。

1970年　六十五岁　编派至"五七"干校,在句容县下蜀镇学习一年,开始在墙报上以诗词表态。

1971年　六十六岁　夏,转至桥头镇干校分部。十月,调回南京,等候处置。

1972年　六十七岁　在南京。　自动赴南京博物院义务劳动,著录藏品。

1973年　六十八岁　在南京。　南京大学历史系因考古专业需"古文字学"与"书画鉴别"两课教师，申请调余担任，获得政府批准，遂于九月就职。写好《说文解字部首分类述评》与《鉴别书画》两种讲义，进行讲授。

1974年　六十九岁　因随学生开门办学，五月至咸阳、临潼、西安、洛阳、郑州访古，畅观秦、汉、唐古迹与各博物馆所藏珍贵文物。归后作诗词记之。

1975年　七十岁　在南京。　写《从出土秦简帛书看早期隶书》论文（后发表于1978年第2期《文物》杂志上）。　夏，与任秀金同游庐山一周，归作《庐山杂诗》五律八首。十月，作《七十自剖诗》绝句二十首，代"述怀"。

1976年　七十一岁　在南京。　三月，应南通博物馆邀请，鉴别所藏全部书画。　十月，与任秀金同游黄山十日，归作古近体诗十二首。

1977年　七十二岁　在南京。　六月，写《光底瓶原名的探索》论文，在南京大学校庆讲学会上宣读。　十二月中旬，代表九三学社出席江苏省第四届政协，当选为常务委员（连任两届）。

1978年　七十三岁　在南京。　春，在悼念死于"十年浩劫"的吴天石、费克同志会上献挽诗。南京大学恢复余教授职称。　夏，赴北京，遍访历劫犹存的古迹与亲友。十二月三十日，江苏省委召开平反大会，并发正式文件，为余在1966年9月被错误点名批判彻底平反。

1979年　七十四岁　春,将陈白尘同志话剧《大风歌》改编为昆剧《吕后篡国》,交省昆剧院排演(后在次年春节公演)。六月,参加省政协举办的学习参观团,赴长沙、韶山、井冈山、南昌等革命圣地拜谒,归后,纪以诗八首。秋,转入中文系,指导硕士研究生。　十一月中旬,赴北京参加第四届全国文代大会,开幕日闻邓小平同志讲话,宣布各级党领导不得干涉文艺创作。

1980年　七十五岁　在南京。　春节至成都长女家三日,复至自贡市次子家团聚,仍取道成都返南京。　四月,江苏省开第三届文代大会,代表戏剧界参加,当选常务委员。八月,主持研究生考试,录取李晓、杜朝光为戏曲专业弟子。

1981年　七十六岁　在南京。　廖蔚卿自台湾辗转来书,得悉台静农兄健在,因各寄赠一词。　《中国大百科全书·戏曲曲艺卷》编辑委员会函聘为委员,在南京开筹备会议,约定写《中国戏曲音韵》条目。　整理《凤褐盦诗词集》四卷,《热云韵语》三卷,自费油印出书。十一月,撰书《重建古崇正书院记》,次年春刻石于清凉山。

1982年　七十七岁　在南京。　指导李晓写论文《古剧结构原理》,杜朝光写《孔尚任罢官问题探索》,通过审查答辩,授予硕士学位。夏,赴北京参加《中国大百科全书·戏曲曲艺卷》审稿会议。秋八月,录取邹世毅、郑尚宪为研究生。　南京博物院将余在浩劫期间所捐献之全部书画折价收藏。九月,二弟逝世。

1983年　七十八岁　二月,至绩溪县,参加徽剧皮黄学术研讨会,写《我所知道的徽戏》论文(后发表于《戏曲艺术》1984年第1期)。四月,赴福州,观摩福建省第十五届戏曲会演。五月,应扬州市政协、文联邀请,返故乡两日,填《扬州慢》一阕。十一月,赴威海卫,参加《中国大百科全书·戏曲曲艺卷》编辑委员会总结会议,即便小游济南、烟台、蓬莱、青岛。

1984年 七十九岁 春节填《烛影摇红》一阕志庆。夏,将小石师遗著文字音韵学方面稿送交上海古籍出版社。参加省政协视察团至徐州、新海连市。归闻郑山尊同志逝世,哭以长诗。八月,参加中国民俗学会江苏分会成立会于扬州,被推为会长。

1985年 八十岁 四月十七日,中国戏剧家协会召开第四次全国代表大会于北京,前往参加。中国韵文学会于长沙开成立大会,被选为委员,未往参加,寄词贺之。指导邹世毅写《金圣叹评〈西厢记〉研究》,郑尚宪写《古典戏曲改本问题初探》,六月,通过审查答辩,授予硕士学位。郑被留校任教并为余助手。十月,赴成都与荷女、外孙、外曾孙团聚,年终返南京。

1986年 八十一岁 在南京。整理胡小石师遗著《中国文学史讲稿》《唐人七绝诗论》《愿夏庐题跋抄》《诗词集钞》成书,交上海古籍出版社。 江苏省诗词学会在南京成立,推余为副会长。郑尚宪赴中山大学深造。

1987年 八十二岁 一月,赴肇庆参加中国韵文学会年会。四月,赴北京参加首届中国戏曲艺术国际学术研讨会,发表《昆剧表演艺术体系初探》论文。夏,申请退休,获得批准。十二月,结束省政协常委工作。

1988年 八十三岁 在南京。 春写《夫子庙与秦淮河》一文,发表于《人民画报》社编印的《南京风光》。四月,与桑作楷选编《胡小石书法选集》并写前言。五月,作《瞻园歌》并书,刻石于园廊。冬,始不良于行,难以出门。

1989 年　八十四岁　在南京。　《热云韵语》卷四成。求字者渐多,门庭并不冷落。

1990 年　八十五岁　在南京。　存所有资料入档。

(《吴白匋大事年表》至此为止,以下为郑尚宪补续)

1991 年　八十六岁　在南京。　七月,华东水灾,撰昆曲剧本《金牌记》,十一月完稿,未上演。

撰《金陵词坛盛会——记南京"如社"词社始末》《唐圭璋教授墓表》等文字。

1992 年　八十七岁　在南京。

六月初,《无隐室剧论选》由江苏文艺出版社出版(版权页标注为 1992 年 3 月)。

六月底,因肺部感染,入江苏省人民医院,八月中旬出院。

八月二十五日,因身体不适,午后由女儿吴泽晶、女婿姜长生陪护,再赴江苏省人民医院求医,下午 14:25 逝世。行前为南京李香君纪念馆撰一楹联置案上,竟成绝笔:

南朝重访名姝 剩凄清桃叶渡头莫愁湖上
北里能张正气 爱壮烈香君骂贼葛嫩捐躯

2000 年 10 月,《吴白匋诗词集》由南京大学出版社出版,选录诗词 447 首。

编后记

2020年9月，母校南京大学文学院胡星亮教授打来电话，告诉我，南大计划办一次有规模的"南大戏剧学科百年华诞"纪念活动。所谓"百年"，是指吴梅先生于1922年秋来南京东南大学任教开始，而后于1928年、1932年来中央大学任教，南京大学的前身已有戏剧教学的课程、创作和研究。到2022年，即谓"百年"。

在纪念活动的计划中，有一项是编辑南大戏剧教学和研究的"大师纪念集"，其中的《吴白匋教授纪念集》就由吴白匋教授门下的弟子来做。当时我大病初愈，怕精力不济，就与同门师弟、厦门大学的郑尚宪教授商议一起编辑，尽最大的努力编好这本书。于是，我俩即开始搜集有关方面的资料。在搜集资料的过程中逐步明确了编辑纪念集的指导思想，即彰显师承有序的观念，突出吴白匋教授对其老师的敬重和从业，以及对其弟子的因材施教和开发潜力。经过一年多的搜集、编辑以及电脑植字、校对，此书终于完稿。纪念集内容有：吴白匋教授小传，吴白匋教授对师辈和友人的追忆，当代学人对吴白匋教授旧体诗词创作的研究和赞赏，戏曲学者对吴白匋教授戏曲创作和论著的评论和肯定，友人亲属及其研究生对吴白匋教授的缅怀和感恩，吴白匋教授自撰的年谱。遗憾的是，吴白匋教授曾在纪念吴梅先生100周年诞辰纪念期间，写过一篇《吴瞿安先生遗事》，我们多方搜索，未能寻获并收入此集。

吴白匋教授对其恩师各有追忆的文章,恳请有识之士指点,以成完璧。

纪念集是在中国昆曲博物馆、《江苏九三》期刊和南京大学文学院的同人、吴白匋教授的亲属等多方面的关心、支持和帮助下得以完成的。尤其要感谢扬州市档案馆给予我们的帮助,帮助我们征集联系有关文章及其作者,并在档案馆中选择有关照片作高清扫描后提供给我们。他们编撰出版的《测海楼吴氏珍档解读》给了我们有益的参考,他们收集编写的有关吴白匋先生的资料,曾给我们提供了编辑思路和收集文章的大致范围和对象。我们在此一并致谢。是为记。

李　晓

于 2022 年 2 月